El Chile perplejo

DEL AVANZAR SIN TRANSAR
AL TRANSAR SIN PARAR

ALFREDO JOCELYN-HOLT LETELIER

El Chile Perplejo

DEL AVANZAR SIN TRANSAR
AL TRANSAR SIN PARAR

Planeta / Ariel

© Alfredo Jocelyn-Holt Letelier
Inscripción N° 106.553 (1998)
Derechos exclusivos de edición en castellano
reservados para todo el mundo
© Editorial Planeta Chilena S.A.
Santa Lucía 360, 7° piso, Santiago (Chile)
© Grupo Editorial Planeta

ISBN 956-247-218-3

Diseño de cubierta e interiores: Patricio Andrade
Composición: Salgó Ltda.

Primera edición: noviembre, 1998
Segunda edición: enero, 1999
Tercera edición: abril, 1999

Impreso en Chile por
Antártica Quebecor S.A.

Para
Emilia Jocelyn-Holt Correa

«Lo amarró encima de un camello veloz y lo llevó al desierto. Cabalgaron tres días, y le dijo: `¡Oh, rey del tiempo y substancia y cifra del siglo!, en Babilonia me quisiste perder en un laberinto de bronce con muchas escaleras, puertas y muros; ahora el Poderoso ha tenido a bien que te muestre el mío, donde no hay escaleras que subir, ni puertas que forzar, ni fatigosas galerías que recorrer, ni muros que te veden el paso´

Luego le desató las ligaduras y lo abandonó en mitad del desierto, donde murió de hambre y de sed. La gloria sea con Aquel que no muere»

JORGE LUIS BORGES, *LOS DOS REYES Y LOS DOS LABERINTOS*

«Después de ti, Domingo, el silencio, a no ser que encuentre por fin los ansiados confines. Sin embargo, cuanto más avanzo, más me voy convenciendo de que no existe frontera.

No existe, sospecho, frontera, al menos en el sentido en que nosotros estamos acostumbrados a pensar. No hay murallas que separen ni valles que dividan ni montañas que cierren el paso. Probablemente cruzaré el límite sin advertirlo siquiera e, ignorante de ello, continuaré avanzando»

DINO BUZZATI, *LOS SIETE MENSAJEROS*

ÍNDICE

A esta hora se improvisa
(A MODO DE PRÓLOGO)

Resulta iluminador cómo Robert Mallet, el pionero de la sismología, hizo sus primeras investigaciones acerca del terremoto de Nápoles de 1857. Visitó los distritos devastados deteniéndose en las grietas y ruinas que luego procedió a medir minuciosamente. De ahí extrajo la información necesaria a fin de determinar la posición y magnitud exacta de la fuente subterránea de donde se habían originado los impulsos vibratorios.

Esta suerte de arqueología primaria es perfectamente aplicable a nuestra historia reciente. Los escombros están aún a la vista. Es cuestión de tabular las bajas, calcular las pérdidas, fijarse en los muros, hasta lograr precisar la dirección de la veta que nos permita dar con el epicentro. Improvisado o no, este método descriptivo es, al menos, un comienzo. Al escribir este libro he tenido siempre muy presente la figura de Mallet a la sombra de los muros.

Pienso sí que ante nuestra seguidilla de remezones en estos últimos cuarenta años, lo que corresponde primero que todo es constatar los cambios a menudo imperceptibles producidos a nivel de ejes sensibles. La historia de este país implica sacudones emotivos, pasiones que algunas veces se sintieron y luego desaparecieron, se olvidaron, contuvieron, o bien, simplemente se eliminaron o silenciaron. Si estos siniestros son elocuentes es porque han dejado fisuras aún dolorosas; se han ido acumulando trastornos que han azotado nuestras emociones y afectos más íntimos. Cabe, por tanto, rastrearlos, captarlos en el espejo, detectarlos en nuestro propio rostro y en las fachadas que improvisamos después que se ha caído todo. En fin, no queda más alternativa que volver a sufrirlos, claro que esta vez como historia, como recuento.

Con todo, dado el trasfondo personal de desgarro mayúsculo que hay en esto, no se puede abordar el tema en forma clínica o aséptica. No corresponde hacer una autopsia, y menos la propia, la nuestra. De ahí que me haya parecido fundamental, ante todo, tratar de producir una empatía básica con los lectores. De hecho, no he pretendido otra cosa que recrear el miedo, la ira, la euforia, la desesperanza que alguna vez hemos sentido en estos años, o que, incluso, aún podemos seguir teniendo dentro, muy dentro.

Por eso, me perdonarán que intente una y otra vez generar cierta complicidad, o por el contrario, emplazar, oponerme, o volver a debatir con uno que otro de ustedes. Estoy plenamente consciente, por lo mismo, que no todos van a estar de acuerdo conmigo. De hecho, sería altamente sospechoso que lo estuvieran. Este libro ha sido escrito para discutir no para aleccionar doctoralmente. Tampoco pretende ser una visión total; no todo está tratado. Ya habrá otras ocasiones.

Lo que, en verdad, me interesa es *conversar* con el lector. Insisto en esto de *conversar*, porque aunque las circunstancias exijan una suerte de monólogo de mi parte, me hace fuerza lo que dijera Michael Oakeshott alguna vez:

> La búsqueda del conocimiento no es una carrera en que los competidores se aprestan para lograr el primer lugar; no es incluso un argumento o un simposio; es una conversación [...]
>
> Una conversación no necesita de alguien que la presida, no tiene un curso predeterminado, no nos preguntamos «para qué» sirve, y no evaluamos su excelencia a la luz de sus conclusiones; no tiene conclusión, queda siempre pendiente para otro día. Su integración no está superimpuesta sino que surge de la calidad de las voces que participan y hablan, y su valor se fundamenta en las reliquias que deja en las mentes de aquellos que participan en ella [...]

Conversar también, en el sentido aquel de que cuando no se tienen certezas, pero igual se comparten inquietudes, dudas, vivencias y desafíos pendientes, cabe explicitar la historia en la que todos, de uno u otro modo, hemos sido o somos todavía cómplices. De lo contrario, puede que, de hecho, sigamos no entendiéndonos; sigamos, a lo más, haciendo como si nos entendiéramos. El silencio y el olvido suelen ser los mejores aliados de cierta connivencia amnésica.

Es más, toda discusión supone interlocutores reales y no abstractos. Hago mío, entonces, para efectos de este libro, lo que alguna vez le leí a Carlos Altamirano, *Altamiranoartistachileno*, y que en esta ocasión no puede ser más pertinente. Altamirano decía que debíamos dejarnos de pudores academicistas. Si queríamos ser mínimamente honestos con nosotros mismos y con el resto, uno debía identificarse. Desde la partida había que manifestar el *«yo hablo desde aquí; hablo desde haber estudiado tal cosa, pertenecer o haber pertenecido a tal partido político, pertenecer a tal clase o a tal otra [...] yo soy tal persona y hablo desde lo que soy y de lo que creo, de lo que conozco, veo y vivo».*

Evidentemente, ni esta historia ni ninguna, dicho sea de paso, es «objetiva». Esa es una añeja historieta positivista que ni la epistemología más actual, ni la física más de punta, aceptan hoy en día. Ahora bien, que entre nosotros se siga insistiendo en ella, bueno, ése es un problema de quienes la reiteran. Qué le vamos a hacer.

No es mala idea, en todo caso, intentar revigorizar la historia, otra más de mis intenciones. Después de todo ha sido tradicionalmente el género literario más prestigioso de este país, con la excepción de la poesía, si bien en la actualidad está un tanto decaída. Apenas si le quedan sus antiguos plumajes. Por tanto, por qué no remecerla; se ha creído demasiado el cuento de que es tan sólida, tan soberbia y gallarda, porque de lo belicosa –y eso que lo tuvo–, hablando en buen chileno, no le queda *ni el fuiste*. La pregunta es cómo sacarla de la inercia en que está. Esta es otra de las tantas preguntas que subyacen en todo este libro.

Mi opción aquí, que subrayo es *personal*, es que *todo vale*, todo sirve con tal de recrear ambientes, imaginarios colectivos, momentos, hitos y coyunturas. Alguna anécdota que escuché durante una sobremesa en casa de una de mis bisabuelas –conocí a tres de ellas, y más de una vez reaparecen en mis sueños y pesadillas–, alguna otra anécdota que me soplaron por ahí; datos escondidos en periódicos que apenas se leen y luego se botan; las tantas fotos que se han sacado en estos años, esas que en palabras de Cartier-Bresson registran *delitos flagrantes;* algún verso, alguna canción, algún texto ficticio, en fin, cualquier medio que permita registrar los altos y bajos, la *sensatez y sensibilidad,* para qué decir sus ausencias, estas últimas tan propias de nuestra época.

A pesar de estas liberalidades, también *flagrantes* y poco canónicas, que me tomo, pienso que no está de más tratar de combinar al menos cinco propósitos nuevos de puro viejos. Interpretar, o lo que es lo mismo, tratar de entender y comprender el pasado. Plantearme ocasionalmente en términos filosóficos, porque, después de todo, para qué sirve la historia si no es para pensar. Tratar de lograr una narración lo más plástica posible, de lo contrario, qué sentido tiene seguir hablando entre cuatro paredes. Llegar a un público ilustrado amplio, por lo mismo. Y, por último, intentar persuadir acerca de las virtudes de una postura política liberal moderada, que es lo que, a mi juicio, más hace falta en este país como espero habré convencido hacia el final de la lectura de este libro.

En fin, como pueden apreciar, el propósito aquí no puede ser más convencional. El *todo vale* es hasta por ahí no más.

Este libro tuvo sus orígenes allá por el año 1994, en los márgenes del río Cam, a la sombra del King´s College, cuando intenté infructuosamente convencer a mi mujer, la historiadora Sofía Correa, que escribiéramos juntos una historia de los años 50 y 60. Reconozco que mi propuesta era un poco interesada de mi parte. Es ella la que realmente domina el tema. De más está decirlo, pero gran parte de lo que sé se lo debo a su tutoría diaria, sin perjuicio que los errores y las exageraciones, tan ajenas a su rigor, no pueden ser sino míos.

Confieso también que el libro inicialmente fue concebido como un ejercicio en torno a un aniversario; estaba por cumplir cuarenta años. Qué mejor que escribir sobre el tiempo que a uno le había tocado vivir. A esas alturas había decidido afincarme definitivamente en Chile después de haber estado años fuera. Hincarle el diente al Chile muerto y al Chile vivo, el de antes y después de 1965, que es cuando partí, me parecía una manera de volver a aterrizar en éste mi país. Digo «partí» pero, en verdad, lo digo muy a medias. Estoy muy consciente de lo que plantea el poeta Lihn, uno *nunca sal[e] del horroroso Chile*, uno nunca se desarraiga enteramente *del eriazo, remoto y presuntuoso. Nunca salí del habla que* –Los Padres Franceses en mi caso– *me infligió en sus dos patios como en un regimiento / mordiendo en ella el polvo de un exilio imposible*. Quizá por lo mismo, me sentí tan en casa, luego de volver en 1979, a los patios de la Escuela de Derecho en Pío Nono, bajo la feroz mirada, como ha escrito Carlos Franz, de *esas inmóviles sombras tras los ventanales del último piso, que no quitaban el ojo de encima cautelando el orden y la seguridad durante cada recreo del año [...]*

Me sirvió mucho para reflexionar sobre el período el que, en 1994, una universidad de cuyo nombre no quiero acordarme, me solicitara exponer sobre la década de los 80; partes del Capítulo V se deben a dicha exposición. Una anterior versión del Capítulo III, que trata sobre los 60, fue presentada en el Centro de Estudios Públicos en 1995. A su vez, la parte introductoria del Capítulo IV, apareció en el libro *¿Qué hacía yo el 11 de septiembre de 1973?* (1997), a cuyos editores, Matías Rivas y Roberto Merino, y a la Editorial LOM agradezco su gentil permiso para reproducirla. La parte final del Capítulo VI es el único otro texto que ha aparecido antes, en *Utopía(s)*, publicado por la División de Cultura, Ministerio de Educación, en 1993; mis agradecimientos también van para dicho ministerio. Buena parte del Capítulo VI fue expuesto como clase inaugural del año académico 1998 en la Facultad de Derecho de la Universidad Diego Portales. Por último, presenté el texto que aparece como Capítulo VII en Jarandilla de la Vera en Extremadura, España, este último año, gracias a una cordial invitación que me extendiera Miguel Rojas Mix.

Incidió también que impartiera un seminario sobre el siglo XX chileno durante el segundo semestre de 1997 en la Escuela de Graduados de la Facultad de Derecho de la Universidad de Chile. Las largas discusiones que mantuve con alumnos y amigos en dicho seminario fueron especialmente esclarecedoras.

Sin duda, escribir en *El Mercurio* una columna de opinión en la página editorial cada quince días durante estos últimos cinco años, ha sido crucial. Me ha vuelto más atento a los hechos contingentes y me ha sensibilizado en cuanto a la necesidad de llegar a un público amplio. Agradezco especialmente a Juan Pablo Illanes y a Fernando Silva esta oportunidad, también a Pedro Gandolfo.

De igual modo, el haber participado en el programa de televisión de ARTV, *La Hora de los Perplejos*, auspiciado por la Fundación Chile 21 que dirige Ricardo Lagos, me ha servido enormemente para virar mi atención sobre este país, y apreciar con mayor optimismo su momento actual. La compañía de mis amigos *perplejos*, Sergio Marras y Rafael Otano, ha hecho tanto más incisivo y grato el repensar el trance en que estamos.

Este libro definitivamente no habría sido posible sin el apoyo cariñoso de mi querido amigo Andrés Velasco Carvallo, y de Editorial Planeta, muy especialmente de Carlos Orellana, quien además de su infinita paciencia ha hecho numerosas sugerencias al manuscrito, las que, por cierto, agradezco mucho.

Mi principal deuda es con el Instituto de Estudios Avanzados de la Universidad de Santiago de Chile. Es ésta la institución que me permite leer, pensar y escribir, privilegio único en el sistema académico chileno. Agradezco en particular a Carmen Norambuena su constante estímulo y apoyo, a Ana Pizarro su conversación, también a Elsa Domínguez, su bibliotecaria, y a los funcionarios del Instituto.

Aprovecho también la oportunidad para agradecer la colaboración en investigación que me han brindado Consuelo Figueroa y Eduardo López, y el cariño que me regala desde hace 42 años doña Lidia Lagos Bahamondes.

No puedo dejar de mencionar a numerosos otros amigos,

que han incidido directamente en este libro y en mi trabajo: a Carlos Altamirano Orrego, Enrique Barros, Juan Ignacio Correa, Arturo Fontaine Talavera, Carlos Franz, Oscar Godoy, Gastón Gómez, Santiago Letelier, Juan Diego Montalva, Miguel Orellana, Carlos Peña, Matías Rivas, Ernesto Rodríguez, Claudio Rolle, Pablo Ruiz-Tagle, Héctor Soto, Tomás Moulian, Manuel Vicuña y a mis alumnos en la Universidad de Chile y Diego Portales. Me han hecho críticas, me han invitado a dar algunas de las conferencias y seminarios o a escribir los textos que aquí aparecen, me han facilitado material, en fin, me distinguen con su cercanía y conversación. En cuanto a mis enemigos, también habría que, al menos, aludirlos; después de todo, han sido un constante aliciente para seguir avanzando sin transar. Les agradezco, créanmelo, en mi más plena perplejidad.

Por último, he dedicado este libro a mi hija Emilia por dos razones, porque me lo pidió y porque tanto ella –cumplió nueve años– como su generación son, a mi juicio, lo mejor que tiene este país: un futuro abierto y optimista, libre de pecado.

Santiago de Chile, 12 de Octubre de 1998.

Capítulo I

Antes de la tormenta

«Solamente una vez
amé en la vida
Solamente una vez y nada más
Solamente una vez en mi huerto
brilló la esperanza
la esperanza que alumbra
el camino de mi soledad.
Una vez nada más
se entrega el alma
con la dulce y total
renunciación
y cuando ese milagro realiza
el prodigio de amarse
hay campanas de fiesta
que cantan en el corazón».

Agustín Lara

Nosotros

Desde el aire, hacia fines de los años 50 y comienzos de los 60, Chile todavía parecía un paisaje cuadriculado, ordenadamente diseñado. Potreros, caminos enripiados, barrosos, bordeados por acequias, canales de regadío, sauces y álamos. Una sola franja gris, divisoria, sirviendo de columna vertebral, comenzando allá abajo en las grandes islas y siguiendo su curso rutero hacia arriba hasta perderse en el tierral estéril. Es la misma franja que luego vemos en los cuadros y grabados de Nemesio Antúnez.

A los lados, manchas verdes, a veces espesas, dan cuenta de una vegetación tipo macetero. Igual se constata una falta perenne de agua; sólo aquí o allá, raquíticos hilos urológicos rematan en el gran océano vecino. El nuestro es país de rulo que cerca su escasa efusión vegetal. País que hacia el norte lucha contra su destino desértico y hacia el sur se hunde en una confusión de bosques, espejos de agua y glaciares.

En el medio, el oasis *perimetrado* de acuerdo a una racionalidad limítrofe que gusta deslindar sus pertenencias. Divisiones que no obedecen a un orden espontáneo, sino a uno impuesto. Orden que se guarda en algún archivo de propiedad o registro de planos, entre referencias notariales cruzadas que remiten a transferencias, transacciones, posesiones efectivas, donaciones testamentarias, mejoras y cuartas de libre disposición. Chile en esta época, y siempre desde el aire, semeja un puzzle de parcelaciones inmemoriales, secuela de discretos negocios jurídicos. Paisaje tasado, inscrito, una que otra vez hipotecado. Como nunca, Chile da la impresión de un entramado, una sutil filigrana inmobiliaria. Recuerdo que en mis viajes de niño, cuando iba al sur, mis

23

tíos más viejos señalaban los nombres de los dueños a un lado u otro de la Panamericana. Aquí fulano, aquí sutano, más allá el abuelo y los suegros de tal o cual. Dato pedagógico, útil para ubicarse, geografía para nada loca, geografía con nombre y apellido.

Preside este paisaje la gran pared cordillerana, el enorme macizo andino en donde la tierra se vuelve arrugada, infértil, escasamente verdosa, a menudo cobriza: nuestra muralla china, que nos resguarda del resto del mundo, de lo que está más allá.

Si afinamos los ojos y descendemos al plano, el orden –que desde el aire es geométrico– se vuelve ostensible. Las divisiones se tornan notorias. El puzzle que hace colindar un potrero con el otro se reproduce a escala menor. De acercarnos surgen nítidamente los tranques que almacenan las pocas aguas, las plantaciones de limones y paltos, los viñedos, las naranjas, los duraznos y sandiales, la remolacha y pastizales, un rancho aquí o allá, palizadas de madera, corrales, gallineros, caballerizas, uno que otro galpón, carretas y colosos desarmados, silos, puquios escondidos, zarzales, más y más sauces, hasta llegar –suele ocurrir– a una columnata larga de álamos, túnel que conduce a un manchón rico en tonalidades, una glorieta más verde y sombría donde florecen los castaños, los boldos, las buganvillas, las palmeras y macrocarpas, las hortensias, siempre los sauces y los álamos, también los jazmines y las camelias. Protegen a este predio dentro del predio los muros a cal blanca, de adobe, coronados por una hilera de tejas que juegan a la geometría con el sol produciendo estallidos entrecortados de luz y sombra, eco mediterráneo en esta tierra algo tropical, aunque técnicamente no lo sea y, de hecho, se resista a serlo.

Estamos adentrándonos en los dominios más íntimos desde donde emerge este orden cósmico, «las casas», sometidas también a una rígida estrictez geométrica: muros, rejas, zaguanes, corredores, patios y más patios, semillas tendidas al sol, bodegas, pilastras unas tras otras, puertas y ventanas con barras, portones con trancas y cerrojos, planchones de flores y frutales circunscritos por el trazado serpentino o rectangular del boj. Aquí, de moverse una hoja es al vaivén rítmico de un viento suave todavía, viento que en años posteriores se volverá huracanado, arrasando con todo este orden simétrico, para luego volverse quieto, de sopetón, sin que nada osara moverse sin que alguien –sabemos ya quién– lo supiera.

El salto de este microcosmo confinado, un tanto uterino, al del villorrio o ciudad de provincia apenas se nota. Se trata de poblados, algo más que campamentos precarios, pero no mucho más. Prevalece lo rectilíneo, el damero romano, con alameda, plaza y bancos donde sentarse, calles numeradas según los puntos cardinales y viviendas que poco o nada dicen por fuera. El resto, mercado, feria o bazar. Ferreterías, notarías, boticas, emporios, botillerías, quizá un club, quizá un biógrafo, casi siempre un liceo, una que otra sucursal de banco, a veces una cárcel o regimiento, invariablemente un retén, varias iglesias, la calle de los prostíbulos, la estación de tren o el terminal o parada de buses, fábricas y molinos en las más grandes, talleres por doquier, bencineras y bombas de incendio. Remedo urbano, incluso en las más ambiciosas, las que apenas disfrazan su modorra provincial. Núcleos urbanos adjetivos, útiles, desde donde uno puede mandar una carta, hablar por teléfono, cambiar un cheque o bien hacer un reclamo a la autoridad, a menos que uno además viviera allí.

Santiago, en cambio, era otra cosa pero ni tanto más. Aquí el remedo es del tipo, digamos, metropolitano. La diferencia es la escala de la ciudad. Siendo no más que una aldea grande, Santiago alimenta ínfulas mayores. Por un lado está la ciudad oficial, la ciudad que últimamente invoca Enrique Zamudio, la de las ocho manzanas grises, oficinescas, con dependencias tabiqueadas y vidrios empavonados, pasillos con escupideras y ceniceros llenos de aserrín y puchos, estufas a parafina, ascensoristas, ajetreo a eso de las 12, vendedores de reglamentos y del *Diario Oficial*, notarías y más notarías, cajas de pago con rejas, pisos de madera encerados con parafina, ventanales de bloques de vidrio, carabineros dirigiendo el tránsito, o paseándose siempre de a dos como las monjas (en esa época con chaqueta blanca en los meses de verano), señores de abrigo y sombrero en las esquinas debajo de algún farol, hileras enteras de archivos «Torre», papel secante, papel fiscal, papel sellado, timbre, mosca y sello.

También está la ciudad con cierto dejo auténtico. Boliches donde venden flores, persianas metálicas, pasajes laberínticos, mucha vitrina, mucha baratija sin vender, quioscos, barquichuelos rodantes donde se confita maní, fuentes de soda que ofrecen schops y chacareros, billares, bares –por alguna razón, que me elude, subterráneos, como el desaparecido Roxy–, vendedores de números de lotería, botonerías, lustrabotas, afiladores de cuchillos, barquilleros a la salida de misa, organilleros, mes de María, estiradores de somieres, mendigos en las graderías de las iglesias, cuchepos, trolleys, el viejo de los pavos, las ventas de calugas, mozos con chaqueta blanca y servilleta en manga esperando al cliente y su propina, lugares donde tomar té, animitas, círculos de mirones observando lo que exhibe algún charlatán, vendedores de frutas, carretelas empujadas a pulso por descalzos descamisados, carrozas fúnebres como la que paseara a la Emperatriz Zita no hace mucho, paseo de huerfanitos, curas con sotanas, Hermanitas de la Caridad, afiches de circo, afiches políticos, barras donde jugar cacho, olor a marisco, vino en chuicos y una espectacular cordillera nevada aún sin *smog*.

Paralelamente tenemos la ciudad señorial. La de las grandes casas de la Alameda, República, Ejército y la calle del Dieciocho –algunas todavía habitadas–, y hacia arriba, los edificios del Parque Forestal y esos chalets de diversos estilos en las calles laterales a Providencia y el barrio de El Golf. La de los imponentes bancos con puertas giratorias, escaleras de mármol e incrustraciones de bronce lustradas; la de los grandes clubes con asientos *chesterfield*, lámparas de lágrimas, palmeras interiores, mozos obsequiosos, escalinatas con alfombra roja, comedores para proclamar candidatos, copias de estatuas mil veces antes vistas, ascensores con correderas, braseros y toldos en los jardines, cuadros, gobelinos y espejos que no caben en ningún otro lugar, mesones donde dejar los abrigos y baños espaciosos con olor aún a lavanda, aún a colonia. La ciudad del Teatro Municipal, del Congreso, el Club Fernández Concha, el Club Hípico, los hoteles

Crillon y Carrera, ciudad a la que vestía Pinaud, se retrataba donde Jorge Opazo, la rasuraban con navaja, mandaba sus regalos desde la Casa Weil, veraneaba en Zapallar y frecuentaba los baños turcos del Club de la Unión.

Y en el extremo opuesto, la ciudad-vientre que acecha: la de bajo los puentes, «el refugio del hampa capitalina», según Gómez Morel, la de los niños *a pata pelá'*, la de los huasos allá en Chuchunco, la de las poblaciones callampas, los cités y conventillos, que todavía nos recuerda periódicamente Luis Rivano escribiendo desde la calle San Diego, los quitapenas de mala muerte, burdeles, mataderos, la Vega Central, y las grandes fábricas y la feria agrícola, hacia el sur, camino a Cerrillos.

El resto, el grueso de la aldea, la gran provincia enquistada en la capital, las casas de costureras con cordel para abrir la puerta de entrada, los talleres de autos, las panaderías, la arquitectura anónima habitada por *vidas mínimas* rescatada por Cristián Boza, el almacén de esquina, el letrero que promueve el «Mejoral», los maceteros con cardenales, la infaltable señora que barre la calle, la que tiene gallo y gallinas en el patio de atrás, la que pide el teléfono prestado, la que *aguaita* detrás de las cortinas bordadas mientras oye el radioteatro con brasero y mate, o que atiende con mantel también bordado, la que usa conchas de mar de ceniceros y sueña con que su hijo llegue a ser algún día profesor de estado, contador o si el niño es especialmente habiloso, abogado o médico.

Esta es, más o menos, la escenografía del Chile que amanece a la década de los 60, década terremoteada.

Acércate más

Curiosamente no hay nada muy emblemático que sintetice y evoque los años finales de la década de los 50 en Chile como sí lo hay para los decenios siguientes. Esta época se resume en un conjunto de imágenes ya gastadas que venían de antes. Es que el período tiene mucho de disconexo, lo que le impide aparecer como un todo coherente. Los 50 hacen las veces de preludio de algo que nadie sabe que viene aunque se sospeche, y de epílogo de algo que en ningún caso se supone que se va, aunque se goza como si estuviera por llegar a su fin. *It´s twilight time...*

Recorro álbumes de fotos y crónicas pero nada distintivo o propio emerge. Hago recuerdos pero no se me ocurre nada. El Barrio Cívico, quizá, pero viene de un tiempo anterior, de modo que no sirve. Lo mismo ocurre con el paso peatonal por debajo de los portales y a través de los patios de La Moneda, o bien el Estadio Nacional, la Escuela Militar o el edificio matriz del Banco del Estado. Todos calzan con los 40 ó los 50 ó incluso los 60, lo que confirma que ninguno representa el período en cuestión.

Más elocuente me parece un detalle que suelen recoger las fotos de época: la poca cantidad de gente que circula en las calles, la que no pareciera querer asomar todavía su nariz. Aún no se atreve. Nada que ver con los atochamientos que suele uno asociar con principios de siglo o los que en los últimos diez años han comenzado a atiborrar la capital. Quizá por lo mismo se me han grabado las visitas de estado, y el consiguiente barullo producido cada vez que se recibían ilustres mandatarios extranjeros –De Gaulle, Goulart, Eisenhower, Lübke, Erhardt, Perón, la Golda Meier–; pero nuevamente, una de las más brillantes, la de la reina Isabel de Inglaterra, corresponde a varios años después, así es que también habría que descartar dichas visitas. No tengo una imagen física del «Loco Marín», un deficiente mental, de vieja estirpe, que cambiaba monedas, y ante el cual la guardia de La Moneda se cuadraba cuando cruzaba el edificio; por lo mismo, también la descarto. Morandé 80 ciertamente tiene estatura paradigmática, pero no puedo borrar de mi memoria la última vez que aparece en la historia de este país, que es cuando en verdad tapiaron aquella puerta, y eso –lo sabemos– corresponde al `73. De modo que todas las imágenes o no coinciden o simplemente atraviesan los 50; no le pertenecen exclusivamente.

En fin, me quedo con la imagen de un Santiago que me resulta aún familiar –es cuestión de andar por el centro hoy en día y uno se puede transportar a esa época– pero añadiéndole el toque relativamente desértico aludido anteriormente. Señal que define en parte a todo este período y que luego desparecerá. En efecto, la escasa masa humana indiferenciada que habría de irrumpir posteriormente singulariza a este período como todavía tradicional, incluso colonial, claramente provinciano no obstante ciertos alardes de modernismo arquitectónico. Como si la falta de gente en las calles lo hiciera a uno suponer que la foto retrata un día domingo cualquiera cuando, seguramente, se trataba de un día de semana cualquiera. Menos autos, pero a la vez acaso más gigantescos. Menos árboles, pero cuando los hay, más soberbios, más sombríos; árboles fachosos, auténticos, no recién trasplantados.

Mi primera impresión de los 50 es que todo era nítido. Desde luego, la pobreza era difícil de disfrazar. Las diferencias de clases se notaban. Uno podía identificar a la empleada doméstica en su día de salida, no sólo cuando acompañaba a los niños bajo su cuidado. El cartero parecía cartero; al verdulero lo delataba su delantal blanco; el mecánico vestía el overol azul propio de su oficio; las señoras elegantes parecían serlo aún más, supongo que debido a que todo lo que las rodeaba era más vulgar. A un director de banco que venía de cortarse el pelo en el Club de la Unión difícilmente se le podía confundir con un funcionario de Aduanas o con alguien que trabajaba en Contraloría, Tesorería o comandaba algún regimiento. Algo similar ocurría con un conservador puesto al lado de un radical o bien con un comunista, quien poco o nada tenía que ver con un liberal. De hacerlos hablar no sólo habrían dicho cosas diferentes, pronunciarían distinto; el idioma usado no era el mismo. Así era, así tenía que ser. Mi abuelo sostenía como artículo de fe que a un caballero jamás lo pillarían usando zapatos café con traje oscuro. Sé de señores que le avisaban a su mujer que la comida, en casa, qué le vamos a hacer, sería de puros hombres; seguramente, uno que otro comensal usaba chaleco de lana con el «vestón». Hoy, en cambio, todos tienen «vehículo».

Pensándolo bien, nada específico distingue a la década de los 50 en cuanto a imágenes, claro que si uno compara con lo que viene después, asombra lo visiblemente diferenciados que éramos en ese entonces; debe ser porque en el entretanto nos hemos vuelto todos más o menos iguales.

En verdad, para ser una época tan aparentemente poco singular, lo curioso es que todos nos distinguiéramos tan claramente unos de otros. Y eso que el período, tomado en su conjunto, es más bien incoherente. Insisto, esto se debe a que la década de los 50 es el preludio de lo que viene aunque no se anuncie y epílogo de un pasado que rehúsa marcharse. Es una década que si hemos de examinarla en lo visible –algo de eso hemos visto–, nada o poco dice. Es una década contradictoria. Podría incluso decirse que errática. Así y todo, es precisamente en virtud de ese *sin sentido* que la década se vuelve más elocuente, más de lo que cabe deducir de su aparente enigma superficial.

En términos generales, pienso que la década hizo caminar al país a donde finalmente habría de llegar: al rompimiento de sus ejes hasta entonces fundamentales. Ello no ocurrió definitivamente sino durante los años 60. Pero fueron los 50 con su indefinición, su incoherencia, su falta de perfil, los que hicieron posible el período posterior y su característica más sobresaliente: la desarticulación sísmica de la sociedad.

Todo acabó

Dicha desarticulación ya algo se vislumbra en las distintas coyunturas políticas de los 50. Estas fueron tres y corresponden a la triada administrativa que gobernó el período dejando tras de sí toda una estela de desaciertos que contribuirían a desestabilizar al país.

En primer lugar, tenemos el desgaste mortal que sufriera el partidismo cupular, a punta de barajar y volver a barajar alianzas distintas, como quedaría claro luego de que Gabriel González Videla rompiera con sus aliados de extrema izquierda y cortejara a la derecha, la misma contra la cual había despotricado no hacía mucho, no escatimando epíteto posible, cuando todavía *el pueblo lo llama[ba] Gabriel*. Si los 50 son incoherentes, esto se debe en gran medida a que un gobernante como González Videla introdujo la incoherencia política, también la social, como praxis posible. Cuenta en sus *Memorias* cómo «por su total consagración al trabajo, mis padres no mantenían relaciones sociales, y mi madre [...] pasaba el día remendando y cosiendo `la ropa de los niños´». Una vez en La Moneda se encargó de recuperar el tiempo perdido.

Es fácil responsabilizar a un personaje caricaturesco como González Videla de este tipo de incoherencia. Hay en él algo sumamente frívolo. Basta con recordar su sonrisa permanente; no ha habido mandatario más sonriente en toda la historia nacional, en la cual ha predominado la gravedad. Uno está tentado a suponer, por tanto, que es esa liviandad tan personal la que a final de cuentas hizo posible una de las verónicas más extraordinarias, mejor dicho uno de los deslizamientos político-danzantes –González Videla era un gran bailarín de rumba y samba– más impúdicos en la historia de este país. Pero el hecho es que la incoherencia venía de antes.

De haber sido, alguna vez, una expresión de un auténtico sentir social de clase media, formada y disciplinada en liceos y logias científico-positivistas, bajo el alero benefactor estatal, con los años el radicalismo se transformó –al menos para la opinión pública de los 50– en un mero vehículo clientelístico y prebendario, sinónimo de despilfarro fiscal. Ricardo Puelma habla de una «espantosa marea burocrática, que devora sin conciencia, esos millares de puestos fiscales, ociosos, inútiles y bien rentados, donde se consumen todas las entradas de nuestro presupuesto... Se necesitan por lo menos diez mil hojas de parra para tapar las desnudeces morales de nuestros grandes burócratas fiscales», y eso que Puelma escribe a principios de la década de los 40. El radicalismo, por tanto, no sólo se desperfiló sino además perdió el timón. Quince años en el poder cansan a cualquiera. *Se te olvida...*

En palabras de Aníbal Pinto, el radicalismo «no consiguió atenuar el disgusto de gran parte de la opinión pública con un

31

régimen que se estimaba huérfano de ideas, carente de solvencia moral, frívolo y zigzagueante». De ahí que se reclamara lo contrario: la austeridad, el fin de la politiquería de partido, la figura paterna carismática, parca en el hablar y presumiblemente clara en su gestión, una dictadura que *barriera* con el aprovechamiento partidista del estado. Consiguientemente, el deseo de una amplia mayoría, casi absoluta, se hizo realidad para luego sin embargo también agriarse.

Caracterizan a los años 50 el girar siempre a cuenta y el sentirse en plena fiesta. Girar, por de pronto, a cuenta de prestigios pasados. Más que una década de innovaciones, los 50 es una época en que se terminan por archivar algunos fósiles de ayer. *Se te olvida...* En ese sentido, al menos, los 50 habrían de hermanar a Carlos Ibáñez del Campo con los radicales.

Si los radicales demoraron quince años en perder poder, Ibáñez –la segunda versión administrativa que se ensaya durante esta época– desde muy al comienzo defraudó. Su desgaste fue inversamente proporcional a las esperanzas cifradas en su persona. Recorriendo su período se tiene la impresión de que se está frente a un permanente intento por crear la ilusión de gobernar sin tener un norte más allá del querer aparecer ante la historia como gobierno respetuoso, atento a las reglas del juego institucional... *pues llevamos en el alma cicatrices imposibles de borrar...* El mismo Ibáñez lo reconoce. Le confiesa a Luis Correa Prieto:

> [...] se había calumniado tanto a mi primera Administración. Si el pueblo depositaba de nuevo su confianza en mí, era la reparación que buscaba [...] no se repetirían aquellos errores en una nueva Administración. Tendría buen cuidado de no poner el pie en la trampa. En mi segundo período he cumplido como nadie con la letra de la Constitución.

Paradójicamente, sin embargo, Ibáñez aspiró a lo contrario de lo que quiso el electorado que votó mayoritariamente por el «General de la Esperanza». Intentó ajustar sus cuentas con la historia y desatendió lo que se esperaba de él. A cambio de lo cual se reveló errático, una tímida sombra del hombre fuerte que había sido en el pasado. Rotativas ministeriales –en los 33 primeros meses hubo 41 cambios–, apoyos de uno u otro lado, de la izquierda, de la derecha, de los militares, del centro independiente, de los nacionalistas, en fin, de cualquiera que no fueran los derrotados el año ˋ52. Como si el ibañismo no hubiera querido otra cosa que prolongar su estruendoso triunfo, pero sin saber a ciencia cierta qué se podía hacer a partir de ahí. Con lo cual ratificaría su propio fracaso, su falta de apoyo más allá de un electorado rebelde y a disgusto, pero sin que tampoco supiera qué era lo que quería, qué era lo que visceralmente rechazaba.

Políticamente hablando, Ibáñez es crucial porque representa un dato siempre soslayado aunque elocuente: que el poder de las urnas gana elecciones pero no garantiza ningún triunfo posterior. La carta populista, la carta que apuesta a un sentimiento negativo coyunturalmente mayoritario, es una carta medianamente segura en la corta, pero débil a la larga cuando se necesita algo más que un sentir popular ambiguo para gobernar. Por lo mismo, fracasado Ibáñez –se dice que al finalizar las ceremonias de transmisión del mando, después que lo pifiaran, Graciela Letelier, su mujer, habría comentado: «Qué bueno. Al fin terminó todo»–, fracasado Ibáñez, decía, habría de reemplazarlo su antítesis, como ya ocurriera con González Videla, repitiéndose la costumbre de ahí en adelante hasta nuestros días. Curiosa costumbre la de la ciudadanía chilena, el querer a sus líderes y luego repudiarlos con igual pasión. *Love me tender, love me true.*

Como si se tratara de un sino fatal, la misma trayectoria le correspondería luego a otro triunfador, quien desembocaría en similar derrota: Jorge Alessandri Rodríguez. Vástago de una de las dinastías políticas más frondosas de este siglo, *lo mismo que la hiedra,* Alessandri ofrecería un modelo de político novedoso. Independiente, aunque ni tanto, pese a los esfuerzos que se prodigaron para hacerlo parecer técnico, ingenieril, eficiente, austero y grave. El prototipo de empresario que apaga las luces y sabe lo que vale un peso aunque luego deba atenerse a un precio considerablemente menor en escudos, Alessandri también habría de estrellarse con un país que se volvía cada día más difícil de gobernar.

La frustración nuevamente saldría a relucir. Contribuyó que su triunfo fuera casi fortuito; 30 y tantos mil votos de diferencia con Salvador Allende no eran como para sentirse seguro. Así y todo Alessandri, en realidad unególatra como los ha habido pocos, no era el tipo de persona que se sintiera disminuido por un detalle como ése. Se le presentaba como la personificación de un «Viejo Chile», aunque la verdad sea dicha, su estilo y procedencia eran bastante recientes. Cultivaba cierta austeridad ...*yo no tengo vanidad, de mi vida doy lo bueno, soy tan pobre ¿qué otra cosa puedo dar?* También cierta impersonalidad, la que parecía confirmar su aura tecnocrática gerencial; lo que era bueno para la empresa privada habría de ser siempre bueno para el país. Así al menos se pensó durante los primeros tres años, luego tendría que desmentirse.

Se ha dicho que su carisma era paradojal: atraía su falta de personalidad pública, ya que la privada, con un alto componente neurótico que todavía sus íntimos se encargan de proteger, sin por ello acallar especulaciones al respecto, pareciera ser mucho más compleja. Lo mismo supongo se puede decir de Ibáñez, *caudillo enigmático*, inescrutable, al punto de que suele presentársele como un simplón. Ambos parecían ofrecer su garantía personal. Ambos, sin embargo, descubrieron que la maquinaria gubernamental excedía con creces su supervisión personal. De ahí que se diera esa vegetación fecunda al alero de estos robles presidenciales, cierta callampería ambiciosa, maleza camarillesca, la cual en verdad gobernaba. No hace mucho, mientras estudiaba Derecho, me tocó conocer a uno de estos ujieres, ya vuelto de la oscuridad pública –gracias al gobierno militar– a la que lo había marginado un Alessandri no siempre *paleteado*. El personaje tenía mucho de siniestro. En efecto, a veces, excesos de los «orejeros» solían atraer la ira suprema hasta no quedar más alternativa que la expulsión de palacio. A pesar de tanto esfuerzo contrario persistiría todavía mucho del antiguo espíritu radical abominado. *Se te olvida...* No es de extrañar, por tanto, que el mismo Alessandri tuviera que volver a cortejar a la mesocracia partidista, ...*pues tu amor lo tengo muy comprometido...*, la que incluso se promovió como su posible continuación a fin de salvar lo poco que quedaba aún de su gobierno. Con lo cual se quiso volver a una derecha como la de los años 40, transaccional y de fáciles componendas, compañeros de ruta de un radicalismo cansado que sólo ofrecía votos.

Un Alessandri que le dejaba el paso libre a un Julio Durán era señal palpable de que la alternativa por encima de los partidos había llegado también a su fin. Cuentan que Julio Durán en los prolegómenos de la campaña del '64, cuando se discutía cómo iban a sortear las diferencias entre anti-clericales y conservadores en la nueva alianza, contestó: «Ah, sí, ustedes quieren saber cómo nos vamos a repartir el chanchito». Todos se miraron, y uno que otro, ahí mismo, decidió apoyar a Frei.

Moscas sobre el mármol

¿De qué nitidez estoy hablando entonces si a la larga los intentos de superar los años 40 y al radicalismo volverían todo a fojas cero? Insisto, la incoherencia corre por cuenta política, la nitidez en cambio es, ante todo, social.

¿Fue tan así?

En parte. Decía que los años 50 semejan a una fiesta que llega a su fin... *y bésame así, así, así, como besas tú...* La nitidez está dada por el disfraz, la máscara, la escenografía, el vestuario, el maquillaje, las luces que los tramoyistas hacen descender sobre el tablado. *...Pero besa pronto, que me estoy muriendo...* Y al igual que en toda fiesta en su hora crepuscular, al final queda una sensación de vacío, de hastío, de que se ha bailado todo, *...no estás tú ya viendo, que te estoy queriendo...* se ha comido todo, se ha corrido el rímel, *... sin saberlo tú...* Duelen los pies, *...y más y más, pero mucho más...*, ya no queda champaña, *...ven por Dios a darme...* hay que mandar a comprar más cigarrillos, *...ese beso tuyo...* se fueron los mozos, *...que te pido yo...* En fin, hay que volver a escuchar los mismos boleros, o bien ya nadie quiere una ronda más de *cha cha chá*.

Tengo en mis manos varios números del *Zig-Zag*. Llama la atención todo el tiempo destinado a una intensa vida social, la infinita e inagotable variedad de motivos con que se dispone para pasarlo bien. Da la impresión que los fotografiados se hubieran dedicado a ello como si hubiese sido vocación de clase. Matrimonios, malones, comidas-bailables, banquetes, «El Ensayo», recepciones, fiestas con fuegos artificiales, bodas de oro, estrenos en sociedad, tés, jornadas filantrópicas, grandes premières, *parties* informales, cenas de honor, veladas a bordo, almuerzos, pediduras, kermesses... Todo el mundo, el mundo de la «gente conocida», haciendo su enésimo debut, retratándose para la foto, participando al resto de su alegría, sus residencias, sus visitas a embajadas o a palacio, o quizás algo más íntimo, simplemente reuniéndose en sus propios salones, sus terrazas y pérgolas, exhibiendo sus ajuares, sus cortinajes, sus sofás, sus coromandeles, su *bric-à-brac*, heredados o recién comprados en la última gira por Europa, acompañados por los amigos de siempre, los parientes o el último galán de la temporada.

Llama también la atención el nuevo padrón de belleza que se va imponiendo. Abundan las rubias, supongo que de ojos azules, las fotografías son a blanco y negro, una que otra morena agraciada, algunas más pavitas, haciendo un enorme esfuerzo para sacarse partido. A veces el efecto es grotesco; especies de *starlets* camino al estrellato criollo, Shirley Temples creciditas jugando a ser Jean Harlow, Ava Gardner, Lana Turner o Anita Eckberg, *igual que palomas mensajeras de luz*. Los hombres también cultivan esa pátina hollywoodense de revista de cine; gusta más bien lo fome, de corte serio, muy viril, bien peinados, bien trajeados, bien parecidos, ojalá no muy lúcidos de mente, tal como siempre impresiona a mamá. No se dan los galanes tipo Clark Gable ni tampoco los Errol Flynns, supongo que por demasiado fogosos, lo que hacía presumir que no fueran buenos proveedores. No, la tónica la marcan los Gary Cooper, los Tyrone Power, los Stuart Granger, los William Holden, los Trevor Howard, los Gregory Peck. El ideal de pareja: James Stewart y Grace Kelly, Spencer Tracy y Katherine Hepburn, Humphrey

Bogart y Lauren Bacall, Rock Hudson –antes de que se supiera todo– y Doris Day.

El efecto producido, sin embargo, a lo más alcanza a ser pseudocosmopolita. Se ha seguido demasiado al pie de letra el modelo prestado y ello se nota. El formato es copiado una y otra vez. Es cuestión de estar suscrito a las revistas correspondientes, hacerse traer el molde –de la hechura se encarga la costurera de calle Gorbea abajo–, y nunca dejar de ir al nuevo estreno; no sólo entretiene, se entera uno del último grito de la moda.

Eso tiene la década de los 50 y comienzos de los 60: la estética predominante comienza a ser la lógica serial. Si uno escudriña con ojo crítico, hay mucho ahí para suponer una especie de *Manual de Carreño* estilístico semiescondido. «*Yo, como Susan Hayward y miles de artistas de Hollywood, sólo uso... dentadura postiza!*» Las casas debían ser de Cruz Montt, los muebles de Valdés, los vestidos imitaciones de Fath, Dior y Chanel. A la vieja casa patronal había que remozarla, hacerla más moderna manteniendo el carácter criollo pero recreando efectos escénicos variados: las caballerizas como de *manor house*, la capilla: barroca-española por supuesto, la piscina a la medida de una Esther Williams, la lechería holandesa, los viñedos a la francesa, y la música ambiental ¿de quiénes sino de Piaf, Bécaud, Sinatra, Aznavour, Cuco Sánchez, Pedro Vargas, Los Panchos o Gardel? En otras palabras, «*Dentol después de las comidas. ¡El dentífrico con gustito a whisky escocés!*», todo lo más parecido al *Vogue*, *Paris Match* o *House and Gardens* con su *qué será, será*, cómodo, autocomplaciente, un poco aburrido, conservador, jamás audaz.

La falta de audacia es otra de esas pinceladas que dan pistas para entender el período. Desde luego, predomina el tono festivo aunque discreto, se podría decir que casi doméstico. Es la gran época del *cocktail*, no el cóctel en grande como los de ahora, el institucionalizado con «promotoras» o su modesta versión, el «vino de honor», sino más bien el *cocktail* íntimo en que el dueño de casa prepara él mismo los tragos. En realidad, hay un retraimiento hacia lo privado, a lo pequeño-burgués. No es de extrañar por tanto que la legendaria bohemia santiaguina que había alcanzado su máximo esplendor en los 40 tendiera a retroceder. Por lo mismo quizá la escala monumental de las residencias del Barrio Alto de ese entonces, no nos impresione tanto hoy en día. Al antejardín del *petit Trianon* como que siempre le faltan metros cuadrados. El menú solo a veces contempla langostas y *foiegras.* La *buena mesa* puede resultar un poco cara. Mucho más frecuente es una carbonada o un charquicán. Exhibicionismo sí, pero con presupuesto no siempre holgado.

Intuyo que detrás de este ambiente superficialmente glamoroso estamos en presencia de un proceso social sutil. Recién aludía al *Manual de Carreño*. También decía que la oferta recreativa social se había vuelto de repente más variada. Estamos ante un proceso de aprendizaje cosmopolita que abarca a todo aquel que disponga de medios para hacerlo. Mi impresión, sin embargo, es que el radio mimético se ha expandido. Son cada vez más los que pueden gozar de esta nueva exclusividad.

Durante los años 50 pareciera haberse producido un quiebre en los padrones sociales. Si al principio de la década la rigidez era fortísima, al punto que uno podría hablar de cierto cierre social, hacia al final y comienzos de los 60 se produce un no despreciable grado de apertura. De hecho es precisamente aquí cuando se incorpora un contingente económico-social de alta burguesía, más vasto, de cepa inmigrante y mercantil: siriopalestinos, yugoslavos, alemanes, italianos, españoles. Por consiguiente, intuyo que detrás de esta escenificación de fines de los 50 lo que hay es una de esas periódicas aperturas sociales, tan propias de la élite chilena tradicional. La década de los 50 marca entonces un quiebre desde un cierre tajante hacia una versatilidad y flexibilidad social, mayor a lo que se podría suponer, y ello lo hace posible o al menos la legitima esta permanente farándula social. De ahí su creciente frecuencia, su ubicuidad, su conspicua necesidad.

Si hoy día nos cuesta entender los años finales de los 50 es en buena medida porque sus actores parecieran ignorar el sentido de la época en que les tocó vivir. En las capas altas más que reflexionar o pensar se tendió a gozar, pero ello no significa que no supieran en los recesos más íntimos qué era lo que estaba ocurriendo. No hay que confundirse. Los 50, en los sectores altos, es una década marcada por el exclusivismo y por el lujo, pero un exclusivismo discreto, de la misma manera que el privilegio era para callado y el lujo había que manifestarlo sin que se notara demasiado. Exhibicionismo sí, ostentación ni tanto. Nada debía desentonar; de lo contrario se corría el riesgo que lo descubrieran, lo tildaran de arribista o *siútico*. Había que «ser», aun cuando se tratara de un recién llegado, en cuyo caso mejor era callarse y aprender. Se trataba de formar parte de un todo, asimilarse en lo posible al ambiente predominante. En suma, lo ideal era sumirse en un caldo endogámico que no delatara diferencias originarias. *Difícil, muy difícil...*

Más que de una clase alta propiamente tal, de lo que hay que hablar en el contexto de esta última época, la de fines de los 50 y comienzos de los 60, es de un *establishment* como núcleo de poder institucionalizado; curiosamente el término se usa por primera vez en un artículo del *Spectator* de 1955. En efecto, en Chile hacia mediados y fines de los 60, un alto grado de simbiosis social se ha producido en las altas esferas. El radio se ha expandido, y en eso la convivencia social, que destella en las postrimerías de los 50, ha actuado como medio de legitimación. La riqueza sirve, el apellido también, para qué decir el poder o el futuro político. Si se tiene algo en la cabeza ¿por qué no?, si se es buenmozo o se destaca en el deporte también, ser extranjero o recientemente encumbrado no importa, como tampoco incide el haber empobrecido. En fin, no pesa tanto el *status* en sí como el frecuentar los espacios sociales cada vez más amplios disponibles; en otras palabras: el que se le haya cursado la invitación y haber sacado a bailar a la dueña de la fiesta.

Inicialmente nos preguntábamos si en los 50 se había dado una fuerte nitidez social. Sin duda que sí, y, desde luego, más intensa al principio. Paradojalmente el mismo mundo que en sus inicios hacía tanto más nítida la diferenciación social, muy luego habría de proporcionar un caldo endogámico parcialmente democratizador, al menos para los que ya tenían entrada por de-

recho propio o bien a los otros, los que accedían quizá por primera vez por los motivos más diversos a una esfera de creciente
presencia social.

En este sentido lo que ocurre en la esfera social es muchísimo más exitoso que lo que pasa en el orden político. Este último
(*te he buscado por doquiera que voy y no te puedo hallar*) se vuelve un
callejón sin salida, dejando el paso libre para que viniera algo
diametralmente opuesto. La movilidad social, en cambio, anuncia una ampliación de la esfera del poder aun cuando la camufla,
la esconde, mediante una constante aura de supuesto privilegio
y conspicua frivolidad. En fin, si los 50 están marcados por el
fracaso político, no se puede decir lo mismo del orden social a
nivel cupular.

Reloj que marcas las horas

No hay que dejarse engañar por la aparente superficialidad de
los 50. Hay todo un trasfondo que cruje, que condensa energías
que posteriormente habrían de irrumpir. No se dan aún las grandes fisuras, pero aquí y allá comienzan a aparecer las grietas, las
que discretamente dibujan el perfil que arrojará la tormenta luego que ésta se desate.

En los 50 se comienzan a perder los ejes que hasta entonces
hacían gravitar ordenada o, al menos previsiblemente, a la sociedad. El cambio más notable aunque difícil de percibir es el demo-
gráfico. Si la población total del país en 1950 ascendía a 5.9 millones, ésta se pega un repuntón hasta llegar a los 7.4 millones en
1960. En efecto, la tasa de crecimiento poblacional de la década
de los 50 sube del 1,8% al 2,5% anual. Más aún, la sociedad se
vuelve crecientemente urbana, al punto que en 1960 tan sólo un
32% seguía siendo rural. De ahí que no sea raro que al llegar al
año 1960 se calculara en 500 mil unidades el déficit habitacional.
Ya en esta misma década, Santiago alcanza a concentrar un tercio
de la población total del país. En otras palabras, estamos frente a

una sociedad que galopa hacia la masificación en un sentido doble, tanto en números absolutos como en mayor concentración.

Con todo, este crecimiento se hace dentro de los parámetros de una sociedad todavía tradicional marcada por fuertes desigualdades. Un Chile hasta entonces *desconocido* comienza a revelarse como «subdesarrollado» según el lenguaje, hoy diríamos políticamente correcto, que se introduce en esta época.

Estimaciones calculan a la clase alta como un 10% de la población durante el período, la clase media en un 15%, mientras que la clase baja arroja un remanente de 75%, siendo un 25% de la población nacional todavía analfabeta. A su vez, un 10% de los principales propietarios de tierras en los años 50 tenía a su haber el 86% de la tierra cultivable, mientras que el 75% de los que trabajaban en el sector poseían a lo más el 5% de la propiedad agrícola. Más gráfico resulta aún la desproporcionalidad de la riqueza; hacia fines de los 50, el 9% de la población activa percibía por lo menos el 43% del ingreso nacional. No es de extrañar, por tanto, que se le hiciera difícil a una economía, todavía fuertemente centralizada como la que existía desde el Frente Popular, mantenerse a la zaga de este crecimiento progresivamente vertiginoso y desigual.

Ha llegado a ser un lugar común decir que dicho modelo de sustitución de importaciones o paternalismo capitalista estatal, como se quiera llamarlo, se encontraba agotado o al menos habría perdido dinamismo hacia comienzos de los 50. En efecto, comienza el ascenso espectacular de las cifras que revelan un país en ningún caso más rico. Por el contrario, estamos frente a un país si no más pobre, con diferencias sociales más pronunciadas, las que se notan cada vez más.

El saldo que había ido arrojando este modelo, si bien favorecía al sector medio y no afectaba negativamente al alto, no sería aprovechado por otros sectores que se fueron literalmente marginando de la distribución de la riqueza. Entre 1940 y 1953 el ingreso nacional en términos reales aumentó en un 40%. Para la clase alta esto significó un aumento en ese mismo período de un 60%, y a su vez para la clase media de un 46%, mientras que para los trabajadores su aumento sólo logró ascender un magro 7%. Un dato aún más gráfico muestra cómo entre 1940 y 1957 los ingresos per cápita de la clase alta aumentan 12 a 14 veces más que los de los trabajadores. A su vez los de la clase media superan 4 a 5 veces al sector obrero.

Otros guarismos arrojan sombras cada vez más preocupantes. Si en la década de los 40 el aumento de la población se estaba acercando peligrosamente al crecimiento del ingreso per cápita, correspondiente a un promedio del 2%, ya a principios de los 60 la proporcionalidad amenaza con quebrarse al aumentar la tasa de crecimiento de la población al 2,5%. A esto hay que añadirle el abrupto descenso del crecimiento de la producción industrial: había sido de un 6% entre 1946 y 1952, alcanzando sólo un 1% entre 1953 y 1959. En agricultura ocurre otro tanto. En la década de los 50, el sector contribuye en un 12% menos al PIB, y específicamente en el gobierno de Ibáñez, la productividad desciende en un 20%. Esto explica en buena medida por qué el mundo rural se fue despoblando a costa de un abultamiento urbano sin precedentes. En efecto, si en 1940 el 37% de la población activa se vinculaba al agro, ya en 1960 sólo se alcanzaba un 31%. ¿Qué atracción podía tener el campo si además los ingresos de los campesinos descendieron en un 18% entre 1940 y 1952, situación que se agravó con una caída aún mayor, del 38% entre 1953 y 1960?

La inflación es otro de los síntomas de la calamidad económica creciente que azotaba al país. En 1955 ésta habría de llegar al 83,8%. A lo anterior se puede añadir la escalada de huelgas que comenzó a producirse: 85 entre 1939 y 1946, 136 entre 1946 y 1952, y por último, 205 entre 1952 y 1958.

En fin, es evidente ya hacia fines de los 50 y comienzos de los 60 que no se había logrado un crecimiento económico sostenido, que la industrialización se había estancado, que la producción agrícola afectaba gravemente al desarrollo; de hecho, en este período no satisfacía las necesidades alimenticias internas. La inflación había comenzado a acelerarse de modo alarmante, y no se veía que el sector público disminuyera sus gastos. Todo esto dentro de un marco de una economía monoproductora, en que el

cobre representaba el 50% de las exportaciones y junto con el salitre, un 80%, cifras impactantes si las miramos desde hoy. En esta
época Chile, económicamente hablando, da la impresión de un
cristal muy frágil a punto de trizarse irremediablemente.

La política, que hasta ese entonces solía gozar de cierta autonomía con relación al cuadro social y económico, comienza a gravitar cada vez más alrededor de estos nuevos ejes manifestando
un sentir progresivamente desgarrado, angustioso, y desde luego, desorientado. Ya aludí a las tres erráticas administraciones
que gobernaron el país durante los años 50. A pesar de que una y
otra intentaron ser una negación de su antecesora –tanto Ibáñez
como Alessandri pretendieron ser alternativas al centrismo–, a la
larga demostraron estar todavía suficientemente pegadas al modelo impuesto durante las administraciones radicales. Revisando esta época, uno se queda con la impresión de que era necesario que se aumentaran las expectativas de cambio a la vez que se
vieran éstas frustradas, para que, de ese modo, no quedara más
remedio que cambiar de folio forzosamente. Esto, lo sabemos, es
lo que ocurre en los 60, aun cuando para ser precisos ya en los 50
se había producido la transformación política que sólo en la década siguiente van a aprovechar plenamente –es decir, expresar
ideológicamente y potenciar electoralmente– los nuevos conglomerados político-partidistas emergentes.

¿En qué consiste esta transformación política que ya ha tenido lugar durante los 50? Desde luego, se ha cristalizado quizá lo
crucial: el profundo sentido de malestar que comienza a embar-
gar a todos los sectores de opinión y reflexión. El país sigue teniendo una extraordinaria y sólida construcción político-
institucional a su haber, pero, así y todo, la economía y la
marginalidad social manifiestan crecientes niveles de retraso,
amenazando la estabilidad y el orden. El hito más gráfico y alarmante lo constituye el «reventón histórico» (el término es de
Gabriel Salazar) que se fue produciendo entre febrero y abril de
1957: jornadas de protesta ocurridas en el centro de Santiago que
significaron cerca de treinta muertos, cuatrocientos heridos, detenidos, destrozos...

Que los años 50 evidencian una transformación política anticipatoria de los 60 queda aún más patente si reparamos en el extraordinario crecimiento electoral que se produce. En efecto, en los años 30 y 40 el universo de votantes ascendía tan sólo a un 10% de la población total del país, cifra que se mantiene constante en una época de consolidación del modelo económico-social propuesto por las administraciones radicales. Sin embargo, en la elección presidencial de 1952 los inscritos alcanzan a un 18% de la población del país y seis años después, en 1958 (votan 1.250.000), esta cifra crece a un 21%, llegando a ser un 23% en 1961, y 35% en 1964 (votan 2.530.000). En otras palabras, se duplica el número de votantes entre las elecciones presidenciales del '58 y el '64; cabe señalar que estamos hablando, además, de otro contingente social, en que se van incorporando marginales urbanos y rurales. Lo anterior se hace más gráfico aún al constatar que el crecimiento del universo que vota entre 1961 y 1964 aumenta desde 1.8 millones a 2.9 millones de inscritos, debiéndose tener en cuenta además que en el entretanto se introduce la cédula única y la inscripción se vuelve obligatoria. De modo que no sólo hay malestar sino, además, existe una proporción cada vez mayor de la población a la que se le permite hacer sentir su malestar por vía electoral.

Esta creciente incorporación de nuevos sectores al universo electoral no sólo es distorsionador desde un punto de vista numérico sino además, y esto es lo más significativo, lo es también desde una perspectiva cualitativa. Estamos hablando en una primera etapa de mujeres y luego inmigrantes campo-ciudad y eventualmente campesinos, segmentos sin ninguna formación política previa; por ende, proclives a influencias de diversa índole, o a conductas que se van a revelar como imprevisibles o erráticas a primeras. La sorpresa que significó el «terremoto» ibañista de 1952 fue un primer aviso de lo aleatorio que podían llegar a ser las elecciones. De ahí la confusión que embargó a los partidos políticos tradicionales, acostumbrados a tener una clientela relativamente cautiva y predecible.

El punto anterior es crucial toda vez que, como ha dicho Sergio Molina, tanto en 1952 como en 1958, también en 1964, el segmento que va a decidir la elección –en todos estos casos contiendas presidenciales, por lo demás– lo viene a constituir una masa independiente difícilmente encasillable dentro de los parámetros partidistas existentes a la fecha.

En efecto, los 50 introducen un elemento potencialmente azaroso en la política chilena que en la década siguiente se tratará de minimizar, infructuosamente por cierto. Con todo, mientras no se logran canalizar estas nuevas fuerzas, el sistema político pasa por un período de profunda rearticulación y rediseño. Los partidos tradicionales deberán tener que entrar a competir por el voto, en ocasiones –particularmente el año '57– dentro de un espectro atomizado; ese año compitieron cuarentitantos partidos. O bien, debieron presenciar cómo el mapa electoral era borrado y dibujado una y otra vez de distintas maneras. De ahí que los años 50 hayan significado para los partidos tradicionales –estoy pensando en los partidos Liberal, Conservador y Radical– si no un período que anuncia sus eventuales desapariciones, al menos un momento complicadísimo en que se hace evidente su incapacidad de adecuarse dentro de una lógica electoral enteramente distinta. Lógica que sería aprovechada, en cambio, por alianzas de izquierda y por la naciente Democracia Cristiana, los novedosos actores políticos del nuevo período que se inicia. A final de cuentas, fueron estas estructuras partidarias las que terminarán con el sistema tradicional de partidos. Desde luego, lograron formular propuestas de organización partidista de una naturaleza enteramente novedosa y con ello se adecuaron al emergente orden electoral que se había producido, evitando a la vez el comportamiento aleatorio observado en las tres contiendas presidenciales antedichas.

En suma, la geografía política luego de los 50 y principios de los 60 sufre un ajuste subterráneo significativo cuyas consecuencias más evidentes comienzan a revelarse únicamente a partir del triunfo de Eduardo Frei el '64. En el entretanto el *tic tac* ya nadie lo detiene, y no más nos quedan las horas que faltan hasta enloquecer.

Aquí no ha pasado nada

El título anterior es de un cuento de Claudio Giaconi escrito en la década de los 50. Lo he elegido porque retrata la sensación paradojal, no necesariamente contradictoria, que embarga a todo este período. Nada pasa aunque todo pasa y esto ocurre a una misma vez.

Acción. Toma Uno: En el cuento el narrador-niño enfrenta la muerte de su padre, la que todos a su alrededor parecieran negarle no obstante su evidencia cada vez más notoria. *Nosotros, que fuimos tan sinceros...* En otras palabras, el engaño envuelto es parcial. El niño descubre la muerte por lo mismo que se la esconden. No porque ésta no dé la cara o nadie diga su nombre significa que no esté ahí. Al contrario, la atmósfera de luto que el cuento revela se vuelve más elocuente en la medida que transcurre su existencia larvaria en espera de que el narrador descubra por sí solo el engaño que, a su vez, no es tal.

En otro registro, el sentido implícito del título y del cuento parece más bien un eco garcíalorquiano: *Nos hundiremos todos en un mar de luto, pero ¡Silencio, silencio, he dicho! Silencio*, parece decirse, *¡aquí nada ha pasado!* A la muerte hay que mirarla cara a cara, negándola. Sólo así se puede seguir viviendo.

Lo anterior suena a eco conocido, muy nuestro, de siempre tal vez, y no sólo a García Lorca. Suena, en verdad, *actual*, lo que no es de extrañar. Después de todo, lo nuestro, lo de hoy, se remonta directamente a esta otra época, a la de los 50, en que por primera vez en Chile el trasfondo psicológico colectivo, dramático, tortuoso, oscuro, monstruoso incluso, hace su entrada.

Es en el teatro de Egon Wolff, Sergio Vodanovic y Jorge Díaz donde mejor se constata esta nueva profundidad interior, este descenso al infierno subterráneo de una sociedad en vías de morir y renacer.

Toma Dos: Uno de los puntos de partida es la imagen de un mundo que decae, que ha dejado de ser, que se ha vuelto ruinas, idea que se vuelve clisé y está presente en otros narradores. Pienso, por ejemplo, en uno de los primeros cuentos de José Donoso,

Veraneo, en que unos niños dan con una antigua casa de balneario, «el palacio», que a pesar de su decrepitud tiende aún sombras del pasado.

> [...] de casa le quedaba poco. Los pájaros habían anidado durante años entre sus vigas plomizas, volando por lo que fuera comedor, sala, dormitorio. Era sólo un esqueleto. No más de treinta años haría que nadie la habitaba, que el viento estaba circulando por esos cuartos donde antes sonaran voces; que la arena se había encargado de ahogar el espectro de sus jardines; que los temporales del invierno hicieran volar sus techos; que la necesidad de calentarse de los pobres la había despojado de puertas, paredes, ventanas; y sobre todo, que las deslealtades del gusto y de la moda la transformaron en cosa ridícula.

Lo notable del teatro es que esta imagen se potencia albergándola en el fuero interno de los personajes, como cuando Portus en *El Signo de Caín* dice al pasar: «A veces se me hacen insoportables los recuerdos [...]» Y eso que no queda del todo claro cuál es el origen social de Portus, personaje que ha renegado de un pasado que igual, a la larga, da con él, lo visita y atormenta. En efecto, ésta es una sociedad que en su conjunto comienza levemente a tomar conciencia de su fragilidad a la luz de los cambios que han comenzado a acelerarla, sociedad que por consiguiente apenas se reconoce en su autenticidad perdida. Sociedad en que todos mienten, unos a otros y a sí mismos, generando una carga de culpabilidad que ha de volverse pesadilla insoportable.

Se vive dentro de una pesadilla, la más de las veces la pesadilla del renegado, del desclasado, no sólo el que se pauperiza voluntariamente como en el caso de Portus, sino también el que se vuelve víctima de su propio arribismo, debiendo por último enfrentar su naturaleza parásita una vez fracasado el intento de simulación, la aspiración a ser lo que no puede ser, emblematizado en Jaime Mericet de *Parejas de Trapo*.

Que Wolff supone que estamos frente a una tragedia más

colectiva queda claro, sí, cuando algo similar le ocurre a Matilde y a su familia de clase media en *Discípulos del Miedo*. A esta familia el arribismo no sólo la hace perder la felicidad doméstica ya alcanzada sino además la hace caer en la miseria marginal. Otro tanto ocurre con Esteban en *Deja que los Perros Ladren*, de Sergio Vodanovic, aunque en este caso se cae en la miseria moral, habiéndose perdido los principios de probidad, entereza y decencia que hasta ahora definían a la clase media.

En fin, el retrato que emerge de estas obras es el de una sociedad en la que, de repente, seres intrínsecamente débiles se dejan seducir habiéndoseles ofrecido un camino de fraude para así continuar capitalizando el éxito ya alcanzado. La advertencia es evidente. Se está viviendo un momento sumamente peligroso. Se han logrado conquistas no desdeñables. Los matrimonios por amor y entre gente de distintas clases sociales ya se dan; ascender es posible. Más aún, la clase media ha alcanzado una dignidad que la prestigia. El mundo tradicional se bate en retirada. La vieja casa palaciega se ha vuelto un esqueleto; hace ya treinta años que no la habitan, sus dueños la han dejado, yace en ruinas.

Con todo, el terreno que se pisa es movedizo. Un mundo desaparece pero nadie está enteramente a salvo. Nadie está a salvo de sí mismo, de la atracción que pueden ejercer la autotraición y el autoengaño, el afán de querer ser más dejando de ser lo que se era. Nadie está a salvo tampoco del miedo que se ha ido apoderando de los que ingresan a esta carrera loca, miedo que uno se pueda –en palabras de Ricardo en *Discípulos del Miedo*– quedar atrás, de que alguien distinto pueda ganar más, o bien de que otros vayan a hacerse ricos a costa propia. En suma, nadie está a salvo del mismo tipo de vorágine que amenazando ruina estaba ya terminando con el mundo tradicional.

La otra gran imagen que emerge del teatro de fines de los 50 y comienzos de los 60 es la de una sociedad que comienza a enfrentar su conciencia, su mala conciencia, los monstruos que ella misma engendra, los que comienzan a merodear y a acechar. La obra que magistralmente revela este trasfondo, aún más subterráneo, es también de Wolff: *Los Invasores* (1963).

48

Toma Tres: La puesta en escena empieza con la llegada de los dueños de casa después de una fiesta. El escenario donde se va a exhibir la pesadilla está preparado. Se trata de «un living de alta burguesía. Cualquiera: son todos iguales». El matrimonio está dichoso. Lo han pasado bien; es propio de gente de la alta burguesía gozar de la vida, ser feliz. Después de todo son «ricos, ricos, ricos, ricos», aunque Pietá, mujer reflexiva, se pregunta si «¿es sólido todo eso?» No hace mucho, 25 años antes –en 1937–, habían partido con tan poco. De repente, sin embargo, la gente ha empezado a perder «sus nervios» dice el marido. «Ha habido tanto palabreo, últimamente, de la plebe alborotada, que todos hemos perdido un poco el juicio». *Las palabras no se buscan, simplemente se hablan, se hablan...* No importa, no se puede sentir uno culpable. ¿De qué? Si además «nadie puede perturbar el orden establecido», el que todos están interesados en mantener. A propósito, no puedo dejar de reparar en el hecho de que estoy releyendo esta obra en 1998.

El matrimonio se va a acostar. Las luces se apagan. Justo entonces se oye un golpe, se rompe un vidrio, se abre una ventana, entra un harapiento, un andrajoso, un esperpento. Su nombre lo dice casi todo: se llama China. Vuelve el marido que ha despertado y se topa con el intruso, quien le pide un pan. Discuten. El dueño de casa se muestra «práctico» y «misericordioso». Quiere echarlo pero no puede, o bien no quiere, quizás no se atreve, no sabe mucho *qué hacer*. Al final lo autoriza a quedarse por la noche a condición de que se vaya por la mañana. Se marcha. De inmediato la atención se vuelve de nuevo al ventanal. Entra una mujer, una niña, igualmente esperpéntica. Viene del frío. Baja de nuevo Meyer, el marido, y se entera que el número ha aumentado. Toletole –la niña– hace cosas raras; baila tristemente, recorre la sala, toca los objetos –todos caros–, y «lanza pequeñas exclamaciones de estupor y encanto». La fiesta recién comienza.

A continuación se da curso a una comedia social. Del diálogo se desprende que nadie es un extraño para el otro; rememoran tiempos pasados; se hacen alusiones a deudas impagas, deudas que han ido a dar al desván del inconsciente y que ahora afloran.

...En la vida hay traiciones que nunca pueden olvidarse, imborrables momentos que siempre guarda el corazón...

También filosofan su poco. China le comenta a Meyer: «No sabe que la riqueza es una especie de [...] martirio». Este último asiente: reconoce que sí, «en cierto modo». China se autodefine; dice ser «un hombre que merodea», no alimenta venganzas, recomienda «paciencia». Meyer, sin embargo, la pierde. Estalla. Se entera que hay otras «visitas» afuera esperando entrar. Han colgado al perro guardián. Llama a la policía, pero es demasiado tarde; parece que se han tomado también el cuartel. Renuncia a seguir con la farsa. Resignado, se retira. Por último, China exige a sus colegas tener un poco más de consideración con los propietarios; «viven al borde mismo del susto» según él. Ordena que todos se vayan a acostar. «Mañana va a ser un poco más duro». Cae el telón. Fin del primer acto.

Lo que sigue es el clímax apocalíptico de la pesadilla, el pasaje más horrendo de este drama sin final. Lo inimaginable, lo que una comunidad amante de la seguridad, de que le paguen su sueldo a tiempo, que cuenta con que siempre existirán garantías suficientes para seguir gozando tranquilamente del lujo, del privilegio o al menos de que nadie, ningún factor extraño altere su rutina, lo que esta comunidad más teme, pues... sucede. Y, lo que no es de extrañar, no faltan tampoco los que en busca de una razón de existir bautizan a lo que viene como una salvación. El hijo idealista –siempre hay al menos uno en cada familia– lo anuncia.

Los vi llegar, anoche. Caminando... Casi flotando, en grupos de marcha compacta, cruzando potreros, saltando alambradas. Cientos de ellos. Miles. Cantaban mientras venían cruzando las carreteras, papá. ¡Un enorme hormigueo humano de alegría! ¡Hombres! ¡Mujeres! ¡Niños! ¡Al fin, papá! ¡Al fin!

¿Quiénes son? ¿Son los que sabemos? ¡Curiosa obra ésta! Wolff tiene algo de pitoniso; recordemos que la escribe el '63. De he-

cho, muy luego se sabrá, muy luego se encargarán de decir-
nos.[1]

A continuación se materializa la invasión, a punta de bailo-
teo, guitarreo, clamor vociferante, degenerando en rito dionisíaco.
Todo atisbo de orden simplemente desaparece. Sólo cabe *llorar la
amarga desventura*, castigarse, proferir autorrecriminaciones, abrigar falsas esperanzas.

> Dejamos que su número creciera demasiado... dema-
> siado. Algún día tenían que venir, más aún si nosotros nos
> arrinconamos como conejos asustados... Todo pasará, como
> todo pasa alguna vez... Nadie me había dicho que esto pu-
> diera suceder. Se hablaba, es cierto, pero era tan increíble
> que nadie perdía un minuto en pensar en ello.

El círculo –el *vicioso* como nos ha hecho ver últimamente German
Marín– se estrecha. Los bárbaros están ya aquí.

Decíamos que el efecto dramático corresponde a una pesadilla. En concreto, ésta va y viene. Al principio parece real, sin
embargo, luego hacia al final Meyer despierta. Pasa el susto. Eran
sombras, *sombras nada más*. Así y todo, *Los Invasores* se lee como el
cuento de Giaconi; de tanto insistir en que nada pasa, uno cae en
la cuenta que todo o mucho está ocurriendo. La duda persiste.
Falta tan sólo la certeza aún por verificar, que es cuando se logra-
rá finalmente el revelamiento cabal. En efecto, uno intuye que el
pánico del público espectador, en esa su hora presente, sigue la-
tiendo. El autor lo confirma. Las instrucciones finales de la puesta en escena ordenan:

> Los cuatro [personajes] están ahí, en medio de la habi-
> tación, cuando, al fondo, en la ventana que da al jardín, cae

1. Cabe señalar que en 1967 se calculaba la llamada marginalidad como
el 50% de la población de Chile; ello incluiría, desde luego, todo el ámbito
rural (32% del país), un 25% de la población urbana (17% del país), y otro 5%
adicional que abarcaba al subproletariado y a los artesanos pobres.

un vidrio con gran estruendo y una mano penetra, abriendo el picaporte.

Los bárbaros están ya aquí. Se siente, se siente... el tufillo revolucionario, y *aquello que un día nos hizo temblar de alegría, es mentira que hoy puede olvidarse. Se te olvida...* Nuevamente cae el telón. Es el fin.

El fin ¿de qué? Pienso que de un viejo Chile que pasa, para que otro, un nuevo Chile, nazca, el que a juzgar por este trasfondo retratado augura sin embargo algo cojo, incómodo, incierto, inseguro, imbunche, tullido, donosiano. Un Chile que duda de las certezas a las que ha ido accediendo últimamente. Un Chile en que todavía sus muros son aparentemente fuertes, aunque débiles como el adobe del que todavía están hechos. Un Chile que ha ido descubriendo nuevas *ansiedades, llenas de emoción*: que ganando mucho igual se pierde, que los éxitos no son siempre tales, que el fraude, la hipocresía, el arribismo, las autotraiciones son también parte de la conciencia, de la mala conciencia, *imborrables momentos que siempre guarda el corazón*, y de éste, nuestro cuento, *sabor a mí*. Un Chile que esperando un *quizás* entra en uno de los períodos más aventureros de su historia sabiéndose, pero no conscientemente, de que es frágil, cambiante, desgarrado, víctima de su propio acecho. Un país sombrío, cada vez más nocturno, retraído, confundido, grisáceo, país en que sus monstruos –otrora relegados a un rincón de la noche pesada– comienzan a despertar.

En fin, un país que debe marchar, a otra fiesta, *a otros brazos, doloroso tal vez*. Como en los boleros, en que se es feliz siendo infeliz; en que a pesar de tanto que se quiere, hay que separarse; en que *–no por falta de cariño* (en verdad, éste más bien sobra)– se busca la dicha diciendo adiós, un adiós que atraganta, arrancado de nosotros mismos... y por el bien, supuestamente, de todos. Corte.

Capítulo II

La llaga secreta

«[...] se amenaza, petulantemente, de muerte a lo que no puede morir»

GREGORIO MARAÑÓN, *ENSAYOS LIBERALES*

«Imagínate que tienes una herida en alguna parte de tu cuerpo, en alguna parte que no puedes ubicar exactamente, y que no puedes, tampoco, ver ni tocar, y supón que esa herida te duele y amenaza abrirse o se abre cuando te olvidas de ella y haces lo que no debes, inclinarte, correr, luchar o reír; apenas lo intentas, la herida surge, su recuerdo primero, su dolor enseguida: aquí estoy, anda despacio. No te quedan más que dos caminos: o renunciar a vivir así, haciendo a propósito lo que no debes, o vivir así, evitando hacer lo que no debes.»

MANUEL ROJAS, *HIJO DE LADRÓN*

Todas íbamos a ser reinas

Desde nuestros más tempranos balbuceos la historia del siglo XX chileno está marcada por ese «íbamos» mistraliano inexhausto e infinito. En el Centenario *íbamos* a remediar lo que cien años de legado independiente y trunco nos parecía aún inconcluso y por cumplir. En 1920 *íbamos* a poner fin al dominio oligárquico. En la década de 1930 *íbamos* a convertirnos en país plenamente industrializado a fin de corregir nuestro ancestral atraso económico. En resumidas cuentas: les *íbamos* a bajar «el moño» a los pechoños, al país lo *íbamos* a gobernar educando, y lo que es más, a los chilenos se nos *iba* a volver iguales. Y si no, vendrían otros, vendrían tiempos mejores, ellos sí se harían coronar, lo dijimos embriagados, lo tuvimos por verdad.

Con todo, ni en 1920, con la ascensión al poder de Arturo Alessandri, ni en 1938 y el Frente Popular, se produjo el relevo esperado por algunos, temido por otros.

Alessandri estaba todavía demasiado apegado a la vieja clase política como para ser todo lo auténticamente novedoso que presumía. ¿Qué hubiera sido de Alessandri sin su protector Fernando Lazcano, caudillo liberal de viejo cuño, o sin el mismísimo parlamentarismo al que se proponía más bien reformar sin jamás pretender –ni en sus delirios más demagógicos– revolucionarlo? Después de todo, lo había catapultado nada menos que al estrellato zoológico político.

En sus odios y amores, además, Alessandri fue siempre un inconstante errático. De hecho, su incuestionable genialidad improvisadora consistía precisamente en saber sacarles provecho a sus impulsos volubles. Nadie registra a Alessandri sentándose

55

a pensar *qué hacer.* En todas las fotos de época está siempre acompañado por un séquito gregario o posando solitario para la posteridad; nunca, que yo sepa, aparece reflexionando. Lo extraordinario en su caso, sin embargo, es que ensayando y errando lo que le convenía, no ha habido político chileno más hábil a la hora de encarnar la temperatura ambiente. En 1891 fue un exaltado opositor a Balmaceda. Sin embargo, una vez en el poder pretendió revivir el legado balmacedista auspiciando un presidencialismo fuerte del que los mismísimos seguidores del presidente mártir tiempo atrás se habían desembarazado un tanto impudorosamente. Más aún, en el año 20 puede que se le haya tildado de enemigo de los oligarcas; claro que no mucho antes había sido el abogado pleitero de uno que otro por ahí. Si en 1920 fue populista y de izquierdas, una *amenaza para todos,* ya en 1932 se desdijo y lo desmintió.

Es más, nada sustancial que postulara Alessandri en 1920 lo distanciaba del grupo dirigente tradicional. Si uno examina con cuidado los programas de las candidaturas de Luis Barros Borgoño y del «León», no se ven diferencias categóricas entre ambas posturas. Según un escrito propagandístico electoral que circulara para dicha elección:

> Legislación social, sindicatos obreros, guerra a los acaparadores, bancos populares, habitaciones baratas, amparo al contrato de trabajo, seguros obreros significa el triunfo del señor Barros Borgoño.

Por tanto, lo que vuelve distinto al «León» no es el contenido de sus ideas sino el estilo empleado. Arenga a las multitudes, recurre a efectismos operáticos, se erige caudillo tribunicio de un pueblo aún políticamente inexistente y primitivo, que creía que el estuco de los muros de su casa en la Alameda poseía virtudes medicinales. A Alessandri le debemos que la política se volviera un melodrama circense. La vuelca a la calle, la torna multitudinaria, la vierte en contra de la oligarquía parlamentarista. Pero, así y todo, nunca corta lazos con la «Canalla Dorada». Puede que lance al pueblo enardecido el abrigo bien cortado de Cornelio Saavedra, pero el suyo, al igual que el propio pellejo, ése no lo suelta así no más, no lo sacrifica. Lo reserva para una mejor ocasión, para cuando tuviera que asilarse en la delegación norteamericana o entrevistarse con *Il Duce* y el Papa, o cuando le tocara revisar tropas milicianas comandadas por otrora opositores, o bien, cuando apadrinara el `38 como postulante presidencial a Gustavo Ross Santa María –su ministro de Hacienda–, lejos el más distante y altivo candidato de nuestra historia política contemporánea; el mismo Ross que se trasladaba en tren especial y –cosas de la política– sólo a regañadientes saludaba a la «chusma» electoral.

Alessandri, en cambio, no podía sino seducir. De ahí que acudiera a los cuarteles y a la oficialidad, rompiera con ellos cuando ya no les quería, para luego, una vez más a su lado y nuevamente ganoso, volver a complotar. «El odio nada engendra, sólo el amor es fecundo», solía sentenciar. Sí, fue enamoradizo. Un gran seductor. Hizo de la política una conquista infiel más, un juego veleidoso, inconstante, donjuanesco, desvirgándola a vista y presencia de todo el mundo. *Triunfo seguro, del gran Arturo, Ay, Ay, Ay, Ay.* En el fondo, Alessandri vulgarizó la política, hizo patente su perfidia oportunista, pero así y todo fue incapaz de asestarle un golpe mortal al orden establecido.

Otro tanto podríamos decir del Frente Popular y los gobiernos radicales. Tampoco resultaron ser el quiebre que se temió o quiso que fueran. Al igual que Alessandri –el del '20–, Pedro Aguirre Cerda fue mucho menos rojo de lo que se vaticinaba. Por esas paradojas únicas de la política chilena llegó al poder hasta con votos «nacistas»; tengo al frente mío una foto extraordinaria en que a un Aguirre Cerda, medio hitleresco, apenas se le ve entre tanto camisa negra y saludo fascistoide. Desde un principio, el abanderado frentepopulista, además, les bajó el perfil a los comunistas. «En Chile, dijo, no hay comunistas. Hay hambre, miseria, tragedia, hombres que se llaman comunistas ansiosos de mejor vida». Los comunistas, de hecho, no tuvieron presencia en el gabinete. Es más, los conflictos ya tradicionales, tanto en lo político institucional como en el ámbito sindical, entre éstos y sus camaradas socialistas no cesaron. Los socialistas se dividieron una y otra vez. Paralelamente, los radicales más moderados, quienes venían desde hacía tiempo entendiéndose con el alessandrismo, tendieron puentes hacia la derecha. Por su parte, el empresariado asumió posturas calculadamente pragmáticas, toda vez que el modelo de desarrollo industrial auspiciado por el gobierno le podía acarrear suculentos beneficios.

A esto habría que añadir que el margen de la victoria presidencial frentepopulista fue magro, y que el Congreso estuvo dominado por liberales y conservadores hasta 1941, sin que después hayan perdido tampoco demasiado poder, todo lo cual aconsejaba una línea política, en general, cauta. Se dieron además diferencias en el seno de la coalición en torno a si era más conveniente ensayar medidas redistributivas o, por el contrario, aumentar la producción a través de la expansión industrial. No menos agudas fueron las pugnas por nombrar adherentes en la abultada burocracia estatal.

Ya con Juan Antonio Ríos las divisiones internas entre socialistas se tornaron aún más intensas. Como si esto no hubiera sido poco, las agitaciones obreras fueron duramente reprimidas. Los comunistas una vez más prefirieron no participar en el gobierno. El tema de mantener la neutralidad o declarar la guerra a las potencias del Eje volvió a motivar divisiones dentro de la alianza gobernante. Por último, el triunfo el '46 de González Videla, quien provenía del ala izquierdista del radicalismo y contaba con apoyo de los comunistas, tampoco sirvió para reflotar la unidad de las izquierdas. El movimiento sindical se fragmentó. Los Estados Unidos presionaron para que la política chilena se enmarcara dentro de los padrones de la Guerra Fría. Como consecuencia de lo anterior, el Partido Comunista fue marginado del sistema político, iniciativa que contó hasta con votos socialistas, y González Videla se volcó hacia la derecha liberal-conservadora y luego hacia el sector socialcristiano y falangista.

En fin, la política coalicionista emprendida durante los gobiernos radicales favoreció acuerdos moderados descartándose toda opción extrema. Si alguna vez se pensó que el radicalismo iba a constituir un quiebre político significativo, esa posibilidad, hacia la década de los 50, definitivamente no se había materializado. De consiguiente, al igual que con Alessandri, con el correr del tiempo los radicales terminaron por ser domesticados.

En lo económico-social primó también el gradualismo reformista consensuado. Por de pronto, la política sustitutiva de importaciones no surgió durante los gobiernos radicales, sino que venía de antes, al menos desde la primera administración de Carlos Ibáñez, siendo incentivada durante la segunda administración Alessandri como respuesta a la crisis económica de fines de los 20 y comienzos de los 30. Incluso la candidatura de Ross era abiertamente proclive a un intervencionismo dirigista. De ahí que la CORFO, institución de fomento emblemática del modelo económico «hacia adentro», creada en 1939, lo que hizo fue consolidar y expandir una estrategia para nada extraña u opuesta a los intereses de la derecha política y empresarial. La SOFOFA, por ejemplo, estuvo de acuerdo en otorgarle una función más activa al Estado, siempre y cuando ello redundara en mayor protección a la producción nacional. La misma organización empresarial favoreció también la idea de un programa nacional de desarrollo con tal de que significara recursos al sector privado. Y si bien se opuso a la creación de empresas estatales, no objetó esquemas mixtos. La SNA, por su parte, expresó su explícita complacencia con la nueva institución. Es más, en el Consejo administrador de la CORFO se le confirió una representación de cuatro miembros a la Confederación de la Producción y del Comercio. Primó, también, en su manejo administrativo un carácter técnico, autónomo del Ejecutivo y de la política parlamentaria. Por último, cabe recordar lo planteado por Aníbal Pinto: que el estrecho vínculo entre la CORFO y la empresa privada fue constantemente objetado desde la izquierda; de hecho, un número de empresas privadas profitaron de un monopolio productivo y comercial irrestricto gracias a esta política intervencionista.

De modo que los éxitos de dicha política económica de fomento nacional pertenecen a todo el espectro político, de igual manera que corresponde compartir su eventual estancamiento en la década de los 50, puesto que administraciones de distinto signo siguieron auspiciando la misma línea. En efecto, los resultados de la estrategia «hacia adentro» fueron mixtos.

El país no tardó en volverse autosuficiente en rubros manufactureros esenciales, específicamente en bienes de consumo general. El modelo sustitutivo, en virtud del cual el Estado actuaba como aval, permitió, además, optar a créditos internacionales, preferentemente norteamericanos, en condiciones que a la empresa privada por sí sola no le era posible acceder. Entre 1940 y 1952 se obtuvieron sustanciales aportes en producción y extensión de servicios relativos a electricidad, acero, petróleo, azúcar y procesamiento del cobre. No menos crucial fue la creación de grandes empresas que habrían de formar una sólida capa técnica y gerencial de altísimo nivel profesional. Otro aspecto importante fue plantearse en términos nacionales. Su mejor ejemplo es el proyecto de electrificación, llevado a cabo por ENDESA, que involucró inicialmente a siete zonas con centrales, subestaciones e interconexiones regionales a lo largo del país. Chile en estos años se llenó de siglas –ENDESA, CAP, ENAP, IANSA– que junto con otras posteriores (IMMAR, MADECO, MADEMSA, INGELSAC, INSA y tantas otras), se constituyeron en sinónimo de empleos, servicios y productos, en suma, progreso inédito para un creciente número de chilenos, cuyas repercusiones benéficas aun hoy en día, más de cuarenta años después, se dejan sentir, aunque –confesémosnos– algo más que olvido nos enmudece a la hora de reconocerlo.

Pero no todo fue auspicioso. El crecimiento industrial, en la década de los 40, fue levemente superior al experimentado antes de la crisis del 30. La economía interna además no logró independizarse del sector externo; mantuvo, si no más, los mismos niveles de dependencia que antes. El carácter marcadamente monoproductor de su sector exportador no fue modificado. El cúmulo de restricciones burocráticas, particularmente fijación de precios y barreras arancelarias, estimuló prácticas clientelísticas y oligopólicas, todo lo cual desincentivó una competencia que bien pudo ser mayor. En fin, la creación de nuevos empleos y la oferta de bienes a bajos precios no fue suficiente para satisfacer una demanda en creciente aumento. Cabe señalar, también, que no hubo cambios sustanciales en el agro. Ni la concentración de la propiedad rural ni la imposibilidad de avanzar en la modernización del campesinado se vieron alteradas por el modelo sustitutivo. De hecho, la productividad agrícola a partir de 1948 estuvo por debajo del crecimiento poblacional. Es más, por primera vez en su historia, Chile desde 1942 se vio obligado a importar alimentos. Finalmente, el tamaño del Estado creció. El número de empleados aumentó en 60% entre 1940 y 1955. Y en el período 1939-1954 la CORFO controló un poco menos de un tercio de la inversión total en bienes de capital, más de un cuarto de la inversión pública y casi un quinto de la inversión bruta total. Todo lo cual, obviamente, centralizó más la economía, produciéndose los consabidos efectos negativos que ello suele generar.

En suma, el cambio de eje productivo centrado en industrialización vía intervención y fomento estatal, durante los gobiernos radicales, fue insuficiente. Con lo cual, queda claro que no corresponde seguir insistiendo lo que demasiado a menudo se afirma taxativamente: que durante los gobiernos radicales estamos ante un vuelco trascendental. Este vendría después, en la década de los 60, sin perjuicio de que lo que ocurre a partir de la crisis del 30 es –qué duda cabe– altamente significativo y contribuye eventualmente a poner fin al orden económico y social tradicional.

Sin brújula

Ahora bien, pienso que este quiebre, anunciado pero sin que pudiera materializarse, no se produjo debido a un factor estructural específico. No se logró porque lo que se esperaba desde 1920, nuevamente el '38 y de ahí en adelante, es decir, el fin del Antiguo Régimen, requería de un liderazgo político y social más maduro. Es cierto, la conducción principal de dicho proceso la asume, desde 1920, la clase media. Sin embargo, esta clase media tiene necesariamente que entrar a compartir el poder y transar políticamente su liderazgo. No exhibe por sí sola suficiente peso, no alcanza a ser todavía una burguesía autónoma del orden tradicional persistente.

Estamos hablando, desde luego, de un número, un porcentaje de la población de clase media en ningún caso mayoritario. Estimaciones citadas por Federico Gil para el año 1949 le adjudican al grupo medio emergente un total de un millón cien mil personas, es decir, un quinto de la población del país en ese entonces. Efectivamente, se trata de un grupo, cualitativamente hablando, de crucial gravitación. Incluye el 90% de los profesionales (15 mil personas), más del 90% de los docentes universitarios y la totalidad del profesorado (25 mil), el cuerpo de oficiales de las fuerzas armadas y de la policía (8 mil), dos tercios de los empleados públicos (20 mil), dos tercios de los empleados particulares (100 mil), a todos los pequeños industriales, comerciantes y rentistas (70 mil), y un número relativamente pequeño configurativo de la clase media rural (100 mil), de los cuales no más de 15 a 20 mil eran medianos propietarios. Conste que estamos hablando, en el mejor de los casos, como se destacó en el capítulo anterior, de un 20% de la población total del país, de corte eminentemente urbano, una cantidad que, sin embargo, hay que cotejar a la par con un 10% proveniente de la clase alta y un 70% restante que correspondería a trabajadores manuales.

A la insuficiencia numérica global de la clase media hay que agregarle su notoria indefinición. El desglose anterior da una idea a lo más aproximada de lo que era esta clase media, asunto que admite una mayor complejidad. En efecto, ¿de quiénes realmente estamos hablando cuando por un lado serían de clase media supuestamente quienes ejercían profesiones liberales –no más del 2% de la población activa en 1930– y, por el otro, incluiría a los que Alberto Cabero en 1926 denominaba «los elementos mestizos más vigorosos, surgidos del pueblo»?

A mayor abundamiento, la literatura especializada suele suponer como parte de este sector un margen no despreciable, aunque imposible de determinar, de personas provenientes originalmente de la clase alta socialmente venidas a menos. El reverso de este fenómeno es el número también impreciso de individuos que venidos a más acceden a la clase alta vía méritos o por vínculos matrimoniales pero que, de igual modo, tratándose de una sociedad fuertemente jerárquica y llena de sutilezas adscriptivas, es reacia así como así a aceptar incondicionalmente al nuevo allegado. Por ejemplo, de tratarse de un inmigrante no era desatendible la proveniencia nacional u étnica del sujeto en cuestión. Es más, una cosa eran los hijos de un matrimonio socialmente mixto, otra muy distinta el padre o, aunque casi nunca en esta época, el caso de la madre ascendente. Así y todo, bien podría admitirse el vínculo, no así las ínfulas, como se desprende de la anécdota que consigna Joaquín Edwards Bello.

> En el Parlamento, algunos años ha, don Joaquín Walker Martínez llamó siútico a don Eliodoro Yáñez. Con una voz sibilina don Eliodoro, encogido y sonriente, respondió:
> —¡Si lo oyera su suegro!
> Don Patricio Larraín Gandarillas, suegro del señor Walker, llevó el penacho del clan más orgulloso de la nobleza colonial. Se había opuesto a darle la mano de su hija al seductor de Copiapó. Todo lo genial y buen mozo que quieran, pero «nuevo» en la capital.

A modo de paréntesis, cabe señalar que entre los descendientes del señor Walker Martínez, muchos de ellos militaron posteriormente en la Falange y hasta el día de hoy engrosan las filas de la Democracia Cristiana.

Suele contarse otra anécdota de similar tenor. Encontrándose en el mismo barco cruzando el Atlántico una pareja conspicua de la oligarquía de la época, el marido le alaba a su mujer la inteligencia de Arturo Alessandri, lo cual suscita tal interés de parte de ella que sugiere invitarlo a su mesa, hospitalidad que el patricio termina por desestimar porque simplemente no correspondía. Obviamente Alessandri no era todavía el anfitrión. Si bien, posteriormente, él terminó superando bochornos humillantes

–como el recién relatado– reciprocando tales desprecios con magnanimidad inversa, nada menos que desde la más alta magistratura, igual –me atrevo a conjeturar– no se libró enteramente del pelambre mordaz. No por nada el «León» sostuvo que La Moneda era una casa donde tanto se sufría, juicio que, por cierto, otros ocupantes del palacio bien pueden confirmar.

Otro aspecto a tener en cuenta a fin de comprender el carácter indefinido del sector mesocrático es su reciente aparición y rápido ascenso. En las últimas dos décadas del siglo XIX, el número de funcionarios en algunas reparticiones públicas crece hasta en un 700% –son los «siúticos» del período balmacedista– y eso que en igual período la tasa de crecimiento poblacional es de tan sólo 25%. A la altura de los años 20 y 30, ¿qué eran socialmente entonces los descendientes beneficiados por dicho ascenso? Está claro que no eran pueblo, pero ¿qué es la clase media cuando todavía en 1932, Carlos Vicuña afirmaba que el legado colonial dejaba como saldo dos grupos y no más: «gente decente» y «rotos»? Adjudicárselos a uno u otro de estas dos categorías, en ese momento, habría dependido de juicios puramente subjetivos, ya sea que se les viera desde el sector alto, o bien del sector medio, o desde abajo. Por de pronto, quien estuviera en la mesocracia raramente se habría autocalificado de tal. Mientras que, desde arriba, habría bastado con no considerarlo «gente decente» para automáticamente rebajarlo a calidad de «roto».

A lo que voy, es que ser de clase media aún no significaba tener conciencia *de sí*. Domingo Melfi en *Sin Brújula* (1933) lo dice con todas sus letras: se trataba de «una clase sin sentido de clase». Ascender socialmente tenía como pretensión llegar a la clase alta, no así contentarse con pertenecer a la clase media. Según Gabriela Mistral, la clase media «lo que menos quiere es ser media». Estar ubicado en la clase media no era de por sí permanente o constitutivo de una identidad que lo volviera a uno plenamente satisfecho; era un estadio por el cual se transitaba a algo mejor o peor, y ello porque las categorías que se barajaban no le daban un sentido propio aún a dicha pertenencia y rango social. En el mejor de los escenarios, se era de clase media porque se quería dejar de ser pueblo, o bien, se aspiraba a ser algo distinto, invariablemente, dejar de ser *mediopelo*. En ese sentido todavía gravitaba la visión decimonónica al respecto, la de *Martín Rivas*. Era precisamente dicho afán de ascenso lo que supuestamente lo volvía a uno lo que era, o dicho de otro modo, pertenecer a la clase media implicaba necesariamente ser un arribista, un advenedizo. Estamos dentro de una cosmovisión social de orden dual, lo cual volvía incómodo y equívoco al que evidentemente no estaba en ninguno de los dos polos extremos de la pirámide jerárquica. Intuyo, por tanto, que hasta el Frente Popular la clase media era un limbo, una tierra de nadie, incluso para quienes habrían cabido dentro de su clasificación.

Conste, además, que el ser de clase media en buena medida lo fijaba la ley. Era la legislación laboral la que distinguía entre «empleado» y «obrero». A ello habría que agregársele el hecho de que el sector medio, desde el siglo XIX, venía creciendo al amparo del empleo burocrático; Melfi sostiene que en 1933 «la mitad de la población vivía del Fisco». Por cierto, Melfi exagera, así y todo queda claro que la pertenencia a la clase media en no poca medida quedaba virtualmente asociada al relativo peso que ejercía el aparato estatal, de por sí una manera un tanto vulnerable de precisar la estratificación, condicionada a los vaivenes que pudiese experimentar el factor empleo. Insisto, ser de clase media en este período no suponía nada muy definitivo.

Históricamente, además, todos los intentos recientes encaminados a darle realce político a la clase media habían fracasado. Balmaceda suscitó fuerte oposición y sospecha al querer incorporar a «siúticos» en sus planes de gobierno, y eso que en ningún momento se le ocurrió siquiera que ello conduciría a reemplazar a la oligarquía. La elección de 1920 en cuanto intento de sustituir el orden establecido –ya lo hemos visto– también fracasó, si es que alguna vez se pensó efectivamente, lo cual es dudoso. Quizás el único triunfo, a la fecha, de la clase media –digamos que del sector profesional y universitario– había ocurrido el `31 cuando logró derrocar a Ibáñez, pero ahí en todo caso el golpe que se dio también fue parcial. Se dirigió en contra de una de las tantas versiones mesocráticas que habían ido surgiendo: –la militar caudillesca y dictatorial. Se eliminó a Ibáñez, es cierto, pero para ello fue necesario unirse a la clase dirigente tradicional, que proporcionó, al menos, las viandas, desde el Club de la Unión, para alimentar a los miembros de la FECH amotinados en la casa central de la Universidad de Chile, y por último, no se logró sacar a los militares de la política. En fin, no había antecedente histórico alguno, previo al `38, que permitiera suponer que a la clase media le era posible conducir el país por sí sola.

Por último, se ha dicho que la Segunda Guerra Mundial es un hito que marca un cambio en las estrategias de los sectores medios. Si bien, antes de la guerra se detecta una tendencia favorable hacia la izquierda, con posterioridad vemos que ocurre lo contrario. La suerte misma de la clase media pasa a estar progresivamente asociada al desarrollo económico del país, el que a su vez depende crecientemente del vínculo externo. Es más, los logros alcanzados hasta ese entonces y que habían redundado en hacer más sólida a la clase media la habrían predispuesto, de ahí en adelante, a querer consolidar lo ya obtenido. Todo lo cual hace razonable el vuelco de parte de estos sectores medios hacia una postura más de derecha.

En definitiva, el fin del Antiguo Régimen no se produjo. Ni en el '20 o el '38, como tampoco durante la década siguiente. *Ibamos* hacia ello, pero, a final de cuentas, no se alcanzó lo esperado. De cuatro ideales que entonces se propusieron –Esperanza con Democracia, y Progreso con Igualdad–, ninguno fue todo lo que se quiso. De ahí que habrían de ser otros quienes harían suyos iguales postulados, otros los que, a la larga, *iban* a triunfar.

Balances patrióticos

Fue creciendo de tal manera la expectativa de quiebre –de que había que cortar con el pasado, de que éste tenía necesariamente que ocurrir– que a los nuevos grupos emergentes hacia fines de los 30 los marcará para siempre este sello rupturista.

Quien mejor ha resumido este carácter es nada menos que Mario Góngora, privilegiado historiador, quien participa directamente de la agitación que se apodera de aquel entonces. Según Góngora, «la generación intelectual que se formó hacia 1931-1945 se sintió en total ruptura con la generación anterior y, por tanto, con la herencia decimonónica, bebiendo con ansiedad del tiempo contemporáneamente vivido en Europa, particularmente en Francia, España y Alemania». En otro escrito, Góngora califica lo antedicho agregando un sutil matiz. Señala: «lo que hicieron [...] (*o, en todo caso, pretendían estar haciendo*) fue romper definitivamente con la mentalidad del Chile del siglo XIX» (el énfasis es mío). Como lo expresara una y otra vez *Lircay*, órgano de la Juventud Conservadora o Falange (desde 1936), y del cual Góngora fue director durante gran parte de su duración:

> [...] queremos una revolución espiritual real y el advenimiento de un régimen ideológico nuevo [...] El orden político social en su sentido más amplio es injusto, ante él tenemos una actitud de crítica total: propiciamos su íntegra renovación [...] La Falange llama a todos los chilenos para la gran tarea de rehacer material y moralmente a la nación.

Ya antes, en la Convención de 1935 del Partido Conservador, Ricardo Boizard, posterior militante falangista y luego democratacristiano, diría lo mismo de manera aún más brutal.

> Al expresar nuestro pensamiento de verdadera estirpe revolucionaria, queremos decirle al Partido Conservador que miramos muy lejos y que nuestro grito, en el alto sentido de la palabra, no es de paz ni es de concordia. Por el contrario, *nuestro grito es de revancha*. Revancha contra un siglo que debe rectificarse en el sentido de imponer la suprema, la impetuosa, la verdadera revolución.

Ningún hombre de esta generación que vio la guerra y la desocupación o que las presintió desde lejos, ninguno de nosotros está tranquilo con su existencia burguesa. Nadie ha pensado en hacer el porvenir ni en construir una situación económica. Estamos preparados para una cosa esencial, para algo que pone tenso los nervios y que agita el corazón. *Queremos la revancha* (el énfasis es mío).

A pesar del alarde histriónico, Boizard y sus correligionarios falangistas no estaban diciendo nada tan novedoso. Recogían un viejo malestar exteriorizado desde principios de siglo y que cobrara nuevo vuelo con ocasión del Centenario. Malestar remontable, incluso, más atrás; vagamente desde la década de los 50 del siglo pasado, y ya expresamente en los 70 y 80, cuando se comienza a hablar en Chile de «cuestión social», «cuestión obrera» y otros tópicos de similar índole.

En breve síntesis, este malestar daba a entender que se vivía una *crisis moral* de alcance nacional, por ende, común a todos los grupos sociales, y que hacía del futuro una interrogante angustiosa sin respuesta. Para algunos de los exponentes que participan y alimentan este descontento, el problema radicaba en la decadencia de los grupos dirigentes, concretamente en la relajación moral de una aristocracia recientemente plutocratizada por el salitre y que desatendía sus otroras obligaciones públicas. Según otros, la clave residía en el problema económico, sea que éste se debía a la inconvertibilidad monetaria, al lucro de unos pocos a costa del resto, o bien que nuestra postración económica tenía causas estructurales, tales como la pérdida del sentimiento nacional, cierta inferioridad racial que indisponía a los chilenos a abrazar un espíritu auténticamente industrial, o perniciosas influencias educativas no conducentes a hacer efectivo un ánimo de progreso. No faltan tampoco quienes desde una perspectiva socialista, marxista incluso, hacen hincapié en el divorcio entre *ricos y pobres*, en el capitalismo, no estando ausente, por cierto, la condena al imperialismo económico. A menudo, la crítica es de corte racista; se habla de desprecio al «roto» y de degeneración

68

racial. Por último, se fustiga la esterilidad de los conflictos doctrinarios y religiosos acarreados desde la década de los 80 del siglo pasado. Se comienza a identificar al parlamentarismo, al «frondismo» liberal, como el gran culpable de nuestra progresiva descomposición económica, política y social. En fin, sobraban los motivos, como también proliferaba en esta literatura –en esto todos los autores concuerdan– un ánimo positivo de *regeneración*. Una regeneración igualmente profunda y de idéntico alcance moral a la que posteriormente se plantearía en las décadas del 30 y 40 de este siglo.

Evidentemente, nos estamos refiriendo a figuras señeras como Enrique Mac-Iver, Francisco A. Encina, Nicolás Palacios, Tancredo Pinochet, Alejandro Venegas, Luis Emilio Recabarren, Alberto Cabero, Alberto Edwards y algunos otros más. Pensadores, publicistas, historiadores, políticos, sin cuyo concurso previo planteamientos como los de la Falange difícilmente podrían haber tenido articulación, sentido, resonancia familiar. Dicho de otro modo, lo que la generación de los Góngora, de los redactores de *Lircay* o de los Boizard –para sólo mencionar a los ya aludidos– hacían aparecer como algo original y propio no era más que un eco revificado, quizá un tanto tardío, de algo que se venía hablando desde hacía mucho tiempo.

¿Qué, entonces, era lo nuevo?

Desde luego, el *ataque anti-oligárquico* es infinitamente más preciso. Y el ánimo de regeneración del país tiene, ahora, amén de una urgencia mayor, un sentido renovado y concreto. Se trata de que la clase media asuma ya definitivamente el protagonismo hegemónico que hasta entonces se le había negado injustamente. La crítica en lo esencial, por tanto, puede que sea la misma, pero el uso de ella, el propósito a que está apuntando ha cambiado. Por de pronto, nadie, hasta ahora, había pedido «revancha».

Examinemos dos textos en que se detecta la diferencia a la que estoy aludiendo. Por un lado, el artículo denominado «Balance Patriótico» de Vicente Huidobro, publicado en la revista *Acción* de 1925, y, por el otro, *Chile Desconocido*, el primer ensayo escrito por Eduardo Frei Montalva de 1937. Se trata, por cierto, de

dos textos que comparten más o menos el mismo enfoque general. Ambos coinciden en que nosotros los chilenos no sabemos a
dónde vamos, no somos lo que debiéramos ser. El supuesto aquí
es que estaríamos sumidos en decadencia. En resumidas cuentas,
los chilenos podríamos ser distintos. Pero, hasta aquí y no más,
ya que las similitudes se acaban. En realidad, los dos escritos, a
pesar de la aparente concordancia, no podrían estar más en las
antípodas el uno del otro.

El desparpajo y altivez del poeta no son equiparables a la
prudencia precoz y algo premeditada, pulida, del político. Si Frei
ofrece su libro como «gesto de buena voluntad para todos los
chilenos», Huidobro, en cambio, lo que quiere es denunciar, epa-
tar, salirse de madre. A Frei jamás se le hubiera ocurrido decir
«¿Hasta cuándo, señores? ¿Hasta cuándo?». Para Huidobro, en
efecto, el problema es mucho más desgarrador, mucho más
angustiante. El problema es de siempre; es de Chile.

> En Chile cuando un hombre carga algo en los sesos y
> quiere salvarse de la muerte, tiene que huir [...] Por eso Chi-
> le no ha tenido grandes hombres, ni podrá tenerlos en mu-
> chos siglos. ¿Qué sabios ha tenido Chile? ¿Qué teoría cientí-
> fica se debe a un chileno [...]? ¿Qué teoría filosófica [...]? ¿[...]
> qué producto del alma chilena se ha impuesto en el mundo?
> ¡Pobre país; hermosa rapiña para los fuertes! [...] Vengan los
> cuervos. Chile es un gran panizo [...] Chile aparece como un
> inmenso caballo muerto, tendido en las laderas de los An-
> des bajo un gran revuelo de cuervos [...] 'Todo huele a po-
> drido en Chile' [...]

Frei, en cambio, concentra su crítica en un tema específico. El
que más lo obsesiona: el de las clases sociales. Y es ahí donde
deja caer su más acerada censura catilinaria.

> En Chile [...] existió una aristocracia [...] gracias a esa
> clase dirigente y a sus cualidades pudo la más pobre y leja-
> na colonia de España [...] llegar a ser la más próspera de las

naciones de la América, mantener un gobierno regular, sostener dos guerras victoriosas y formar una tradición política [...] Sin embargo, esta aristocracia, como todas, se gastó. Encerrada en sus privilegios, olvidó que éstos se justifican cuando sirven y se desprestigian y acaban cuando son pretexto de comodidades y abusos.

Pudo mantenerse en el pasado porque se renovó [...] Esto le dio vitalidad, sangre nueva, espíritu de lucha y empresa. Sin embargo, sea por el desgaste que produce el poder, los honores y el dinero, ese espíritu se fue perdiendo en los últimos cincuenta años [...]

En el momento preciso en que nuevos poderes sociales se formaban, que la situación general en el mundo y en el país exigía una rápida evolución y que ascendían al plano de las luchas ciudadanas nuevos elementos, esta clase necesitaba de todo su vigor para afrontar los acontecimientos y renovar su orientación de acuerdo con la época. Ante una clase media que surgía y un pueblo que se agitaba, se requería tino y previsión. Hubo en cambio ceguera [...]

Y es así. No tuvo el talento de los señores ingleses que integran y armonizan su poder con los nuevos que nacían. Quisieron cerrar el paso y fracasaron como era natural [...]

Por lo demás, si fueron muchas sus virtudes, tuvo también sus defectos y entre ellos una cierta estrechez de criterio, producto del espíritu de grupo y una falta absoluta de imaginación. Estos defectos agudizados por un liberalismo que relajó la antigua austeridad doctrinaria y moral, crearon un ambiente de *laissez faire, laissez passer* y no se afrontaron en su debida oportunidad los hondos problemas que se estaban planteando [...]

Las consecuencias para el país de la decadencia de la clase dirigente han sido lamentables. La clase media recién en formación no era capaz de hacer gobierno y menos aún las clases populares. Precisamente entonces por las nuevas fuerzas y la complejidad de las cuestiones esa clase dirigente se hizo más indispensable y falló. Posiblemente el fracaso se deba a innumerables causas; pero sin duda que la de fondo es de orden moral.

Huidobro también se refiere al cambio producido en la aristocracia, pero nótese cuán distinta es la manera como él trata el asunto. Dice Huidobro:

> Frente a la antigua oligarquía chilena, que cometió muchos errores, pero que no se vendía, se levanta hoy una nueva aristocracia de la banca, sin patriotismo, que todo lo cotiza en pesos y para la cual la política vale tanto cuanto sonante pueda sacarse de ella. Ni la una ni la otra de estas dos aristocracias ha producido grandes hombres, pero la primera, la de los apellidos VINOSOS, no llegó nunca a la impudicia de esta otra de los apellidos BANCOSOS.

Huidobro habla desde el pasado al presente. Frei desde un presente que mira al futuro. Y, mientras Huidobro, gran señor y rajadiablos, reparte imputaciones, prodiga y despilfarra acusaciones al por mayor, Frei simplemente puntualiza, tasa, cicatea al menudeo:

> El dinero, el poder y los privilegios desgastan. Poco a poco esa aristocracia sobria se hizo derrochadora; de austera, se contaminó de vicios; de emprendedora y laboriosa, se hizo perezosa y formó la clientela de los centros de lujo y diversión.
>
> Ya no fue el talento la medida, ni el servicio del país una obligación tradicional. El dinero justificó el privilegio y el privilegio conseguido sirvió muchas veces para seguir obteniendo el dinero.
>
> Se entiende ahora pertenecer a la aristocracia cuando se tienen los billetes suficientes para ir a determinados sitios y poder ostentar determinados lujos. Quien se compra una gran casa, automóviles y llega a tal o cual hotel, se siente aristócrata [...]

Es conveniente, indispensable, que exista una clase de los mejores que debe irse renovando [...] pero cuando esa renovación se basa y alcanza por la materialidad del dinero solamente, entonces esa categoría no se forma, degenera.

Asistimos a la liquidación de una gran parte de la antigua clase dirigente chilena.

De hecho, según Frei, no hay nada que hacer. Intente lo que intente, la clase dirigente está condenada.

Ni una cultura renovada y superior, ni espíritu de sacrificio, ni moralidad individual o familiar justifican ya su existencia y de ahí su desprestigio.

Junto con esta decadencia moral muchas veces producida por espíritu de imitación como ciertas costumbres cinematográficas que son de *cocottes* y adoptan ciertas niñas, se ha producido en parte una decadencia económica.

Esa misma causa moral, los continuados viajes al extranjero, la falta de previsión en los gastos, una actitud cerrada y tonta respecto a la vida produjeron su empobrecimiento [...]

El momento de la verdad moral –según Frei– había llegado.

En suma, son muy distintos. A Huidobro le inquieta nuestra falta de grandeza («nunca hemos tenido hombres, nunca hemos tenido un alma, nos ha faltado el Hombre»). El que exista o no la clase media lo tiene sin cuidado; las únicas clases para él son la aristocracia y el pueblo. No conoce otras.

En el fondo, Huidobro es un rabioso. Un colérico que descarga su bilis, cáigale al que le caiga. No apela a la sensatez. No le importa mucho si convence o no, si lo que está diciendo tiene razón. Lo dice porque le parece, porque lo tiene que exorcisar; no se sentiría tranquilo si no lo dijera. Hace de su diagnóstico una catarsis, no un programa de acción. No aspira a redimir. No pretende nada. Su discurso es anárquico, un estallido de ira comprimido, un desacato escéptico. Lanza mierda con ventilador. No teme ni espera nada. A lo más, cifra esperanzas en la juventud. Pero esto lo dice porque, de lo contrario, ¿a qué otra cosa y de quién se podría esperar? Además, siempre ha sido así.

> Entre la vieja y la nueva generación, la lucha va a empeñarse sin cuartel. Entre los hombres de ayer sin más ideales que el vientre y el bolsillo, y la juventud que se levanta pidiendo a gritos un Chile nuevo y grande, no hay tregua posible.
>
> Que los viejos se vayan a sus casa, no quieran que un día los jóvenes los echen al cementerio.
>
> Todo lo grande que se ha hecho en América y sobre todo en Chile, lo han hecho los jóvenes [...]
>
> Que se vayan los viejos y que venga juventud limpia y fuerte, con los ojos iluminados de entusiasmo y esperanza.

Huidobro es fatalista, un descorazonado, un desengañado. Habla desde un mundo que se perdió aunque siga adelante. Frei, en cambio, alimenta ilusiones. Lo de él aún no ha conocido triunfos, no ha entrado en la historia, no ha tenido su oportunidad. De ahí que enjuicie, mientras que Huidobro constata. El pasado a Huidobro no le impresiona pero tampoco lo denigra. Por muy negativo que sea, en Huidobro todavía se desliza cierta generosidad remanente para con dicho pasado. Huidobro es el pecador que confiesa su ruina. Castiga en conciencia; en el fondo, se autocastiga. Frei, en cambio, alzado por encima de todo y, además, escudado en la moralidad, en la rectitud que se autorreconoce correcta, elige para sí el papel del gran inquisidor. Su discurso es prédica purgatoria, no una confesión. Lo que en Huidobro es desgarro autolacerante que culmina en estallido dinamitero, Frei lo convierte en misil, flecha, intencionalmente dirigidos a dar en el blanco. Huidobro hace el gran gesto, admite su condena. En cambio Frei, a ésta la pondera, mide y calcula, luego la imparte y, de paso, ofrece su cura, el bálsamo subliminal, el purgatorio de las penas. De los dos, Frei es el purista, el maximalista, el auténtico regenerador. Huidobro, el que carga la cruz y se deja crucificar.

Por último, y quizá lo crucial del texto de Frei, se trasluce un no del todo disimulado rencor completamente ausente en el manifiesto de Huidobro. En su «Balance Patriótico», Huidobro las embiste en contra de todos. Su ira es universal, no tiene objeto determinado o causa específica que le dé origen; no hay *un* culpable. En cambio, Frei, aunque superficialmente no parezca rabioso, no puede ocultar totalmente el motivo de su encono.

Frei ocasionalmente en *Chile Desconocido* revela, haciendo como si nada la cosa, la razón que lo ha llevado a escribir este opúsculo. Su prólogo reconoce que se vive –termina, de hecho, en esta nota– «en [un] mundo de puños airados, de odios de clase y de raza y de grupo» del que él y el movimiento juvenil en que milita, por supuesto, no forman parte. Pero ¿qué tan cierto es este desmentido? Toda su reflexión está imbuida de clasismo, todo su pensamiento gira en torno al problema de las clases sociales. Es el tema al que más espacio le destina. Hacia el comienzo se pregunta por qué históricamente no ha habido una clase media en Chile. Más adelante les confiere a las clases medias un «papel decisivo en toda sociedad orgánica».

> Son elemento de equilibrio y fuerza económica e intelectual decisiva. De allí salen generalmente los tipos de selección y sus virtudes modestas son una considerable reserva moral.

De paso reconoce que la única versión de clase media que desde el siglo XIX ha existido en nuestro país ha sido laica, racionalista, cientificista, enemiga de toda idea religiosa, habiendo permeado todos los espacios mesocráticos. A renglón seguido, sin embargo, sentencia categóricamente que «esta influencia no puede clasificarse como feliz», cuestión que deja hasta ahí. No explica bien por qué, salvo cuando una vez más, sin profundizar, afirma:

> No significó la clase media ese verdadero poder, considerado en toda la amplitud que debía y no representó un aporte valioso en el desarrollo de nuestra nacionalidad.

75

De lo cual se infiere que, para Frei, *no cualquiera clase media vale*. Evidentemente, las prefiere de otro tipo. Si es que las hay. He ahí el asunto que obsesiona a Frei. Porque cuando llega al séptimo capítulo, el más largo, el que versa precisamente sobre «las clases sociales», vuelve a sorprender con todavía otro juicio tajante.

> [...] Hay quienes creen que reconocer la existencia de las clases y su lucha es marxismo. Eso es una ingenuidad. Reconocer la existencia de un hecho no es aceptarlo como finalidad, sino como medio. Se le puede reconocer para modificarlo (antimarxista) o para ayudarlo (posición marxista en este caso). Dos son las clases que están en pugna: la clase capitalista y el proletariado, según la tesis de Marx. La concentración progresiva de la riqueza en pocas manos y el empobrecimiento de las masas y la proletarización de la clase media, traerán consigo la intensificación de este choque violento. Y la realidad es ésa. El mundo camina hacia un capitalismo internacional cada vez más poderoso y a la formación de masas más extensas y unidas. *Las clases medias tienden a desaparecer*.
>
> La multiplicación de las clases sociales que es saludable, va desapareciendo, y aunque estrictamente el análisis de Marx no es totalmente efectivo [...], la verdad es que sus pronósticos se van cumpliendo, (el énfasis es mío).

No se piense que la postura de Frei es sólo suya. Fernando Vives Solar, jesuita, mentor de los jóvenes conservadores y falangistas, en un artículo titulado «Espíritu de clase y lucha de clases» (1935) argumenta lo mismo:

> Confundir el espíritu de clase con el espíritu de lucha de clases, que es el abuso, y desviación de las clases, sería tan injusto como asimilar el patriotismo luminoso con el nacionalismo agresivo.

76

[...] Pero no resulta de allí que todas las manifestaciones de la lucha de clases sean condenables siempre y en todas partes.

[...] Nadie habría deducido [...] que una guerra de legítima defensa y la preparación que ella supone sean injustas.

[...] Si las organizaciones obreras pueden producir abuso, y por esto se han de condenar por las mismas razones, ¿no debiéramos prohibir las grandes concentraciones capitalistas?

Para la doctrina social católica, la lucha de clases debe ser un mal necesario con la mira siempre a la paz [...]

Es una vieja historia. La lógica detrás de la prédica de oficiantes y acólitos de una «guerra justa» en contra de los poderosos es archiconocida. Es lamentable, inconveniente, no nos gusta, no la favorecemos, se puede evitar, pero... qué le vamos a hacer, ya se está dando «una lucha tenaz, enconada entre las clases sociales», entre los decadentes de arriba, y de los que poco o nada se puede esperar. «En una palabra, nuestro pueblo se está degenerando, pudriendo», dice Frei. Además, ¿de qué nos sirve la vieja clase media, carente de personalidad, «de formación rápida, casi artificial [...] compuesta casi exclusivamente por empleados públicos o particulares, o sea, gente asalariada [...] un verdadero lastre», fracasada «en su misión histórica», y, además, camino a proletarizarse? Sólo cabe fomentar una clase media productiva, «que vayan al campo a cultivar la tierra y formen una clase media agrícola de pequeños propietarios [...] al comercio, a la industria y al trabajo productivo en general».

Todo esto se podría conseguir sólo si un Estado con visión nacional, entiende su trascendencia y crea nuevas condiciones [...]

Es indispensable crear en Chile una verdadera élite intelectual que eleve el tono de las ideas y cree valores efectivos del pensamiento [...]

Chile ha evolucionado más que ningún pueblo americano; falta sólo la mano que le dé estructura y expresión adecuada a un movimiento que naturalmente se ha ido produciendo y que brota desde el fondo de nuestra nacionalidad.

En fin, el programa está claro ya en 1937. *O lucha de clase*, en el mejor de los casos sostenible incluso como «guerra justa», *o bien, una nueva clase media*, fomentada por el Estado, liderada por una élite renovadora que haga las veces de movimiento nacional. Amén.

El resentimiento tiene su hora

Pero volvamos al encono que inspira este programa ya esbozado en *Chile Desconocido* y que se intentará ejecutar cuando Frei llega a la Presidencia el '64.

Resentimiento es una palabra dura, fuerte, presupone –según Max Scheler– la existencia de un «impulso de venganza», «un acusado sentimiento de `impotencia´».

La máxima carga de resentimiento deberá corresponder, según esto, a *aquella* sociedad en que, como la nuestra –agrega Scheler–, los derechos políticos –aproximadamente iguales– y la igualdad social, públicamente reconocida, coexisten con diferencias muy notables en el *poder* efectivo, en la riqueza efectiva y en la educación efectiva; en una sociedad donde cualquiera tiene «derecho» a compararse con cualquiera y, sin embargo, «no puede compararse de hecho».

De haber resentimiento hay envidia. Sigo con Scheler. Es decir, la impotencia se produce porque mi aspiración la entorpece un *otro* que sí posee el bien al que yo propendo. «Nos parece que el otro y su posesión son la *causa* de que nosotros no poseamos (dolorosamente) el bien». En el fondo, sólo existe resentimiento

78

cuando se da por hecho una igualdad, o peor, una superioridad, que no se materializa, y alguien por ahí la obstaculiza. Es la «llaga secreta» de que habla Alone refiriéndose a Santiván.

Acaso, si en vez de verse forzado a responder en esas ocasiones «Fernando Santiván» o «Santibáñez», nombres que él considera sin duda nobilísimos, aunque mucha gente no lo estima así, pudiera pronunciar los de «Fernando Irarrázaval» o «Fernando Errázuriz», que, probablemente, él no encuentra superiores a los suyos, pero que poseen la virtud de hacer surgir en las imaginaciones pechos con bandas, palacios con escudos, grandes haciendas, casas, lagos, bosques, embajadas y señores que cruzan la calle dejándola perfumada con el humo del cigarro, podemos estar ciertos de que esa llaga se curaría o no habría existido nunca; lo cual, por otro lado, al quitarle su enfermedad o trizadura, convirtiéndolo en un ciudadano vulgar casi seguramente le quitaría todas las cualidades que han hecho de él un artista, dándole una visión original del mundo y, también, andando el tiempo un renombre que no sólo equivale sino supera a las palabras mágicas «Irarrázaval», «Errázuriz», con cuanto encierran de fórmula aristocrática y evocación histórica.

En efecto, el resentimiento puede ser paralizante, como cuando la «víctima» se contenta, encuentra placer incluso –dice Scheler–, en el mero pretexto de desahogarse, cuando no importa siquiera atender a posibles remedios. Esta es su variante más radical. Pero el resentimiento puede ser también creativo, como cuando lo positivo se transmuta en negativo, cuando por inversión ejerzo una «sublime venganza», al decir de Nietzsche. Lo que no puedo alcanzar, lo termino por despreciar; así me libero de una pasión que me atormenta.

[...] el resentido se percibe ahora a sí mismo –nuevamente cito a Scheler– como «bueno», «puro», «humano», en el proscenio de su conciencia, salvado del tormento de tener que odiar, y tomar venganza –sin poder–; aunque en el fondo entrevé su envenenado sentimiento de la vida y vislumbra los valores auténticos, a través de sus valores ilusorios, como a través de un velo transparente.

¿Cabe hablar de *resentimiento*, por tanto, en el contexto histórico al que nos estamos refiriendo? Pienso que sí. Me parece que a ello se apunta cuando Boizard dice que lo que anima a las juventudes conservadoras y falangistas es sed de «revancha». También hay resentimiento cuando Frei advierte que la clase media («donde el país debe y puede encontrar la más rica veta en hombres y virtudes [...] Allí se forjan los *mejores* caracteres e inteligencias» –el énfasis es mío–), repito, hay resentimiento cuando se piensa que esta clase media corre el serio riesgo de desaparecer o no arribar *a causa* de una creciente polarización entre ricos decadentes y «masas miserables» que no va dejando espacio para nuevos sectores emergentes. Es más, tiendo a pensar que el propósito de ruptura de esta generación –lo que decía Mario Góngora– entendido como algo intrínseco, definitorio, identitario, está dando cuenta de un rencor profundo. Góngora tiene razón. Había algo más que un deseo de diferenciarse con un siglo XIX marcado por el liberalismo materialista y burgués.

De los cuatro costados de la tierra sube hasta nosotros una fuerza viviente, un grito que contiene todo el sentido de la miseria y del dolor del hombre: el llamado de la revolución, la necesidad de la revolución [...] La vida, la bondad, la belleza, todo lo que es divino y humano en el hombre, están hoy día en lucha contra el poderío de la burguesía capitalista, y ni el dinero ni la propaganda, ni la violencia, triunfarán contra los deseos y valores más profundos de la humanidad.

En este instante de la historia en que miles de hombres encuentran en la revolución un sentido, una justificación de sus vidas y sus muertes, la juventud tiene un deber que prima por sobre todas las necesidades contingentes de la política práctica: la virtud de la sinceridad, de la total y trágica sinceridad con nosotros mismos, con la idea y sentimientos que constituyen nuestra actitud revolucionaria.

Palabras de Mario Góngora en 1937 reproducidas en *Lircay*. En efecto, una generación que se define a sí misma como revolucionaria si no está inspirada en una animadversión radical, odiosa, agria, extrema, en una predisposición acrimoniosa, ¿qué es?

Pienso, además, que hay razones históricas concretas que justifican detenerse en las juventudes conservadoras y en la Falange, como he venido haciendo en este capítulo, y que explican y confirman el que fuera ahí donde mejor se manifiesta este resentimiento. Les recuerdo que es ahí, además, donde se habla expresamente de «revancha».

Los distintos grupos conservadores que van surgiendo o consolidando en la década de los 20 y 30 (*v. gr.* la Asamblea de Propaganda Conservadora, «Encuentro de los Lunes», la Liga Social, la Juventud Conservadora, la Asociación Nacional de Estudiantes Católicos, ANEC, la Acción Católica, la Falange Nacional) se caracterizan por hacer coincidir en su seno a miembros que provienen de un amplio espectro social. En general, el Partido Conservador hacia estas décadas ya era un partido pluriclasista. Había recepcionado, además, la doctrina social de la Iglesia. Claro que esto, lejos de volver más fácil la convivencia, muy pronto comenzó a generar tensiones. Alberto Cabero escribiendo en 1926 nos informa que «en su seno comienzan a exteriorizarse tendencias contrapuestas de clases sociales y se notan rebeldías que desdicen de su disciplina y cohesión del pasado». Como es bien sabido, el Partido Conservador, a diferencia del Liberal, se distinguía por ser especialmente compacto y respetuoso en el cumplimiento de las directrices partidistas. Más ilustrativo me parece el comentario de Ricardo A. Latcham, publicado en 1930.

Cuando jóvenes de la clase media entran al Partido Conservador, creyéndolo de buen tono y provecho, ya es tarde. Se había perdido la enseñanza y un caudillo ilustre del partido le dice a Barriga con motivo de una recomendación:

81

–Es siútico todo el que pertenece al profesorado.

A lo que voy es que no obstante compartir tienda política y, cada vez más, espacios de socialización, las diferencias sociales generaban no poca antipatía, y, peor aún, comenzaban a hacerse públicas.

Por último, cabe traer a colación ese capítulo un tanto nebuloso de la historia de la ANEC al que con frecuencia se hace referencia pero siempre un tanto solapadamente, capítulo que nadie, que yo sepa, ha clarificado del todo. Ricardo Boizard, por ejemplo, deja entrever algo de lo ocurrido. Escribe:

> La Asociación [ANEC] había pasado ya por el período brillante de los Pizarro Espoz, de los [Eduardo] Cruz Coke y de los [Pedro] Lira, personajes que tuvieron el destino trágico de abandonar la bandera en mitad del camino; bajo la dictadura [de Ibáñez] *se enseñoreó de la vieja casa un conjunto de pitucos* que confundieron la lucha ideológica con la vida social; y después, al conjuro del espíritu de Bernardo Leighton, Manuel Francisco Sánchez, Manuel Garretón, Eduardo Frei, Ignacio Palma y varios más, la ya decenaria organización estudiantil se había transformado otra vez en una colmena bullante de adoctrinamiento masivo y de acción social (el énfasis es mío).

Eduardo Frei en sus *Memorias* se refiere al asunto, también de manera oblicua, aunque agrega elementos que proporcionan algunas pistas sobre el asunto.

> Hasta el año que ingresé a la Universidad, la ANEC era una especie de club social donde se reunían los universitarios y donde se daban algunos bailes. *El más famoso y elegante de los cuales era el baile de honor de la Reina de las Fiestas de la Primavera, al cual se concurría de frac.* Era, pues, todo lo opuesto a la Federación de Estudiantes de la Universidad de Chile, con ribetes revolucionarios, que la dictadura había perseguido tenazmente.

Poco a poco nos íbamos reconociendo los que pensábamos en forma diversa. En los debates que surgieron, *pronto se destacó la figura de un estudiante del curso anterior al mío. Era bajo, moreno, esmirriado.* Hablaba en los corredores y a su alrededor se formaban grupos donde se discutía acaloradamente. Apasionado en sus palabras, nunca era odioso y atraía aun a los que no compartían sus posiciones. Pronto nos hicimos amigos. Se llamaba Bernardo Leighton.

Junto a otros, pensábamos que la ANEC debía ser un centro de formación espiritual y moral donde, además, se plantearan los problemas sociales. La falta de vida política y el desconocimiento que teníamos de ella, nos mantenía desinteresados de ese tema. Más aún, muchos sentíamos desconfianza de quienes habían actuado como *políticos*.

Dimos, pues, la batalla para conquistar la ANEC e imponerle un nuevo rumbo. Antes de un año habíamos triunfado plenamente en nuestro objetivo. Los antiguos participantes se fueron, y *la ANEC pasó a ser lo que esperábamos* (el énfasis es mío).

Llama la atención en este pasaje, por de pronto, la conciencia de clase, y el reproche un tanto defensivo de parte de Frei, respecto a la naturaleza de la ANEC. Está bien que no les gustaran los bailes (*¿pitucos?*) a los que había que ir vestidos de etiqueta –entiendo bien que les incomodara–, pero resulta un tanto extraordinario que a partir de ello se propusieran, cual cruzada sanitaria, revertir lo que, años más tarde, se vendrá a llamar «correlación de fuerzas», hasta que finalmente pudieran *tomarse* la ANEC. Cabe notar, sí, que en la fiesta de la ANEC –nos cuenta George Grayson– «la reina de la primavera [...] invariablemente provenía de una familia aristocrática», y eso, agreguémosle, evidentemente pugnaba con el «todas *íbamos* a ser reinas» que los inspiraba.

En el fondo, hay aquí un conflicto subterráneo de proporciones, de índole social, en que lejos de explicitarse, lleva a unos, suponemos que a los *agraviados*, al menos en sus pretensiones de coherencia doctrinaria social (la ANEC es una institución católica, *ergo,*

83

no puede involucrarse en algo tan evidentemente frívolo como un baile), a verse obligados a apoderarse de la Asociación. Conste que no armaron un asunto paralelo. Al parecer tenía que ser el mismo espacio aunque, por cierto, con muy distinta gente a fin de exhibir su contrastante seriedad. Conste también que, según las palabras de Frei, esto nada tenía de político. Lamentablemente para los efectos persuasivos del pasaje, llevamos años en que cada vez que se nos dice que algo *no es político* levantamos cejas.

Claro que esto no es todo. Un baile es tan sólo un baile. No olvidemos que detrás del nuevo grupo conservador más de punta, hay nada menos que clérigos también muy de punta. Ya mencionamos a Vives, pero hay otros –Oscar Larson, por ejemplo–, quienes están en situación análoga a los futuros falangistas. Se les margina, se les exilia incluso, la jerarquía eclesiástica los destina a otros lugares, en fin, la tensión al interior del bando católico era amén de real, polifacética. En el fondo, el Partido Conservador presenta en esta época una contradicción vital. Por un lado recepciona una doctrina papal de corte más igualitario y cobija en su interior un pluralismo no despreciable tanto social como doctrinario religioso, y, digámoslo, también político, a la vez que representa junto con el Partido Liberal la máxima expresión de la clase dirigente chilena. Es más, los jóvenes conservadores, algunos de los cuales terminarán en la Falange y eventualmente en la Democracia Cristiana, mientras que otros seguirán militando ya sea en corrientes socialcristianas o simplemente de derecha, constituyen la flor y nata –la generación más destacada a la fecha– del catolicismo militante. Eran *la apuesta* que tenía el catolicismo para revertir el permanente fracaso en sus luchas contra el campante laicismo que se había apoderado de la educación pública, las profesiones, los aparatos del Estado, las fuerzas armadas, y el grueso de la élite ilustrada del país. Es decir, estamos frente a un catolicismo que se siente marginal, desplazado, y en condiciones óptimas para pretender ahora, por decirlo de alguna forma, también *su revancha*.

De consiguiente, lo que está en juego aquí –bailes más, bailes menos– es cuál de todas las versiones eventualmente habría de representar la militancia católica, el movimiento de regeneración católico. Que el problema social –el de la militancia, no el «encíclico»– paralogizó la dinámica que se venía dando, por cierto. Que esto generó una división partidista al interior del catolicismo, también. Pero lo crucial, a mi juicio, es lo otro. En el origen mismo de la Falange, el asunto de la marginación y desprecio, al igual que el aprovechamiento de los espacios –de hecho, se podía ser miembro de la Falange y no militar en el Partido Conservador–, se involucran otros factores que el meramente doctrinario. Siempre lo ideológico entraña algo mucho más profundo, vital, identitario, subterráneo y entre individuos colectivamente organizados que se perciben a sí mismos como «revolucionarios», pues, ¿por qué no habría de involucrar, además, cierto encono social?

Me he detenido en el *resentimiento*, «la llaga secreta», al decir de Alone, no por un prurito descalificatorio, mezquino, voyerístico, el vamos descubriendo «yayas», que algunos historiadores –no muy profesionales a mi juicio– han considerado de buen tono cultivar últimamente.[2] Me interesa el resentimiento por razones estrictamente históricas conforme a lo que el historiador, tantas veces citado en este capítulo, Mario Góngora, puntualizó a la revista *Noreste* en una ocasión: que «la única cultura americana es la del resentimiento». Efectivamente, su generación, y concretamente su entorno político e intelectual, figuran entre los más resentidos de nuestra historia, ciertamente de la historia contemporánea. De ahí, quizás, su impacto.

---

2. Me refiero a textos, cuyo tenor es más o menos el siguiente:

Fulano, famosísimo personaje de la historia contemporánea, quien, algunos creen, murió en circunstancias análogas al Presidente Félix Faure de Francia en 1899...

Sutano, no, no es homosexual, aunque todos dicen que es; sabemos que señora Fulana de tal, habría dicho una vez, a la mañana siguiente, que la noche antes llevaba puesto el «pijama de moletón»...

Merengano, personalidad oscura y compleja, algunos le proclamaban invertido, homosexual o no, probablemente homosexual, o quizás bisexual, el hecho es que tenía obsesión por construir piscinas...

Aunque no está claro, circunstancias hacen suponer que sí, sí hubo una «mano mora» a la hora de la muerte de....

Conforme con sus originales.

Decía que ni el '20 ni el '38 resultaron ser el quiebre que se pretendió. No lo lograron porque el protagonismo lo asume la clase media, y esta clase media tiene necesariamente que entrar a transar. Carece de poder y, es más, en los recesos de su conciencia se sabe, se siente aún, inferior. Esta es una clase media que, además, se hace eco del discurso pesimista de fines de siglo y principios del XX, lo cual la predispone a cierto fatalismo, que le impide ver las virtudes heredadas, los puntos positivos que se habían ido logrando, y que habían hecho posible incluso su propia existencia. Por tanto, le embarga un profundo resentimiento. Sabe que el poder le corresponde, que su hora le ha llegado, pero que no puede materializar lo que se propone. Ya hacia los años 50 surgirán nuevos desafíos, nuevos sujetos. De ahí que el liderazgo político e ilustrado de clase media intente cambiar sus alianzas. Liderando al pueblo, pueden distanciarse, por fin, del peso tradicional, y constituirse en auténticos timoneles, conductores del proceso. Pueden de ese modo, esta vez vía revolución, no sólo pensada sino activada, confirmar la supremacía que el vínculo todavía pendiente con la clase alta los seguía poniendo en su lugar y les impedía constituirse en auténticos jinetes del cambio.

De tanto ir y no llegar, el *íbamos* mistraliano con que comencé esta discusión, el *íbamos* con que permanentemente se intentaba dejar de ser para finalmente llegar a ser, el que una y otra vez *iba* quedando en el camino, y al que había que lamer secretamente para no desesperar, bueno, ese *íbamos* se transformó en una de las fuerzas más extraordinarias de nuestra historia reciente. Vivimos sus consecuencias. Nuestra historia, nuestro presente, para bien o mal, han sido forjados con ese metal, ese cuchillo, ese martillo, ese puñal.

Capítulo III

De la euforia al desmadre

«Me aseguró que el 4 de septiembre, en las urnas, Feín daría el batatazo. Me explicó algo que había predicho la Adivina Gabriela. No recuerdo bien la frase, pero era más o menos ésta: `Yo no estaré ahí, mas he de regocijarme cuando Chile quede sepultado para siempre bajo la tumba, si mi pobre Feín llega a ser Presidente´. Durante una sesión de espiritismo, explicó mi entrevistado, llamaron a Gabriela para preguntarle cuándo iban a cumplirse esas palabras, que pronunciara hacía muchos años. Y el vaso fue derivando por las letras hasta formar la palabra A-H-O-R-A.»

SILLIE UTTERNUT, *REVOLUCIÓN EN CHILE*, «TRADUCCIÓN»
DE GUILLERMO BLANCO Y CARLOS RUIZ-TAGLE

«De repente menguaba la fiesta, nos poníamos un poco más serios, y en medio de la angustia hamletiana derivada más del pisco que de un verdadero interés en la cuestión, comenzábamos a discutir sobre la `línea´ que debía tener el grupo. Esta parecía perpendicular a la superficie de la tierra porque rápidamente se arrancaba hacia el infinito en conversaciones inagotables sobre lo que había que hacer y no hacer [...]»

EDUARDO CARRASCO, QUILAPAYÚN,
LA REVOLUCIÓN Y LAS ESTRELLAS

Primeras tomas

Tengo al frente mío una secuencia de cinco fotos que resumen el período que va de los años 60 a los 70 en Chile. La primera retrata a un conocido político de la época, vestido con poncho, saludando a unas pobladoras sonrientes, guagua incluida. Una siguiente foto muestra al mismo político, esta vez de gala –¡por fin se puso el frac!–, con sombrero de copa en la mano, haciendo un saludo digno de monumento; es notable cómo los políticos anticipan sus honores póstumos. A continuación, tengo a mi vista un retrato de un grupo de campesinos portando algo así como lanzas con banderines nacionales. Se les ve triunfantes. En la cuarta fotografía veo nuevamente a un político, distinto al anterior, parado en un convertible descapotable, con banda terciando su busto pechugón, saludando. Los políticos suelen saludar, y este último lo venía haciendo desde años. No muy lejos, detrás, se aprecia una figura a caballo, marcial, con casco, que desde hace largo tiempo nos resulta demasiado familiar, al menos a juzgar por la frecuencia con que todavía aparece en los periódicos, en los hemiciclos, testeras y en la televisión, claro que últimamente avejentado, no tan severo, un hombre todavía *indispensable, inmortal o detenido*; así al menos se le quiere presentar. Por último, quiero traer a colación, una foto de un joven que mira intensamente a la cámara, rodeado de soldados con cascos y metralletas. Impacta su expresión. Es el único momento en que en esta secuencia fotográfica han desaparecido la certeza y el gesto grandilocuente y se vislumbra una oscura sombra confusa.

Hay algo muy dramático en toda la secuencia. Estas fotos juntas retratan no sólo momentos sino además dan cuenta de un cambio de sentimientos. La foto final es la que da la pauta, la que termina por aterrizar forzosamente el mensaje, aunque éste no parece para nada claro. La cara del joven pareciera estar emplazándonos con una pregunta, o mejor dicho con una suerte de perplejidad, un enigma difícil de desentrañar.

Mirando la secuencia me dan ganas de ponerle título. Se me vienen a la mente varios. *Ilusiones Perdidas, Crimen y Castigo, Arauco Domado, Anteparaíso, El Fin de la Historia y el Ultimo Hombre, Psicosis*. Se me ocurre también que si acompañáramos la muestra con música de fondo, la secuencia se volvería más elocuente. Empezando con «Brilla el Sol», seguido por «Help!» y el «Venceremos», interrumpido por algunos acordes de la «Marcha de Radetzky» o los «Viejos Estandartes», terminando con algo melancólico, un «Gracias a la Vida», lento, como si se estuviera dudando de lo que se agradece, pero igual, hay que seguir cantándolo.

No logro librarme de la cara del joven. Por mucho que se la quiera olvidar, no lo deja a uno en paz. Persigue como fantasma; quizá lo sea. Debe ser porque su mirada abre una serie de interrogantes que aún no respondemos o no queremos enfrentar. Su confusión es la nuestra y la foto hace las veces de espejo.

¿Cómo llegamos a que se produjera lo que ocurrió? ¿En qué fallamos? ¿No éramos un ejemplo de civilidad, un país en que se respetaban el derecho, la institucionalidad, la libertad? Dicho de otro modo, ¿por qué la secuencia anterior? ¿Por qué la cara de extrañeza con que culmina?

Noche de ronda

Los años 60 marcan el fin irreversible del Antiguo Régimen en Chile. En efecto, estamos frente a una sociedad todavía tradicional al borde de entrar a la modernidad. Ya algo se vislumbra en la década anterior, la de los 50, en que se apodera del grupo dirigente un prematuro sentido crepuscular, de impotencia semisuicida que deriva en jolgorio hedonista, auguran-

do de este modo su fin hegemónico. *In the after-glow of day /
it´s twilight time...*

Estoy pensando en esos años 50, el de los grandes bailes y estrenos en sociedad reporteados en las páginas del *Zig-Zag*. Son muy
importantes los bailes en este país, por eso insisto majaderamente
en ellos. Epoca en que al interior de la élite se fueron produciendo
cambios que sin embargo se pretenden ocultar detrás de esta fachada autocomplaciente. Epoca de entronques sociales con nuevos grupos –colonias de inmigrantes–, de cambios en la estructura de poder
–derecha económica a la par con el tronco terrateniente–, en fin, de
ascensos y descensos que se camuflan con ese maquillaje
hollywoodense tan propio de la época.

Durante los años 50 tuvo lugar también el desplome de la
estructura política que había gobernado desde la década de los
30. De hecho, nadie lograría salvarse. Los radicales culminaron
en la liviandad voluble de González Videla, coqueteando con la
derecha y la izquierda a la vez. La salida paternalista-carismática
que había retornado a Ibáñez al poder con una sorprendente
mayoría, muy luego, se agrió; más allá de la imagen de tipo
caudillesco, no tenía nada que ofrecer. Por último, se le dio la
oportunidad a la derecha empresarial con Jorge Alessandri, pero
su propuesta modernizadora capitalista no alcanzó sus propias
metas, de ahí que abortara.

Paralelamente a que se iban sucediendo y acumulando estos
fracasos, el país caminaba aceleradamente hacia un destino poco
cierto. El crecimiento poblacional sumado a una creciente urba-
nización, concentrada en Santiago, anunciaban la llegada de una
sociedad de masas. Más aún, dicha masificación se veía agrava-
da por el estancamiento del modelo económico de sustitución de
importaciones que se venía imponiendo desde los 40. Por lo mismo, la década de los años 50 vino a ser un período de creciente
conflicto social, marcado por una espiral inflacionaria inédita que
trajo consigo huelgas, reventones y demandas que repercutieron
en el orden político.

Curiosamente, sin embargo, estas presiones no quebraron el
sistema político, aunque sí lo fueron tensionando cada vez más.

Las fuerzas armadas mantuvieron su papel obediente y subordinado a la autoridad civil. Los partidos políticos que se venían dividiendo y que sufrieran el terremoto ibañista se repusieron muy luego. Así y todo, con el correr del tiempo, el desgaste se terminó por hacer evidente. La izquierda logró unificarse después de haber pasado por un largo período de fragmentación, al punto que en las contiendas de 1958 y luego 1964 se perfiló como una clara opción política elegible. A su vez, la Democracia Cristiana, de haber sido un partido pequeño con una insignificante fuerza electoral, se transformó en el principal conglomerado político con una amplia mayoría electoral capaz de asumir el Ejecutivo en 1964 y constituirse, por vez primera, en un gobierno monopartidista.

Dato importante para entender a los años 60, es el hecho de que la sociedad puede estar en pleno proceso de transformación, lo que trae consigo fuertes presiones que en ningún caso ponen en cuestión al sistema político aunque lo sobrecargan y tensionan. De ahí que el legado de los 50 no haya sido sólo la acumulación de problemas y conflictos sino además la certeza en el planteamiento de que éstos todavía podían ser resueltos por vías políticas. Son años de frustración sin odios visibles, de pluralismo sin dogmatismo, de crecientes conflictos pero sin que se quebrara una todavía sana aunque cada vez más dificultosa convivencia. *Difícil, muy difícil...*

Fue precisamente este frágil equilibrio el que se quebró en los 60. ¿Por qué ocurrió?

Como siempre sucede en la historia, por múltiples factores. Por cierto, incidió el factor externo. Cuba, *la que al cantar el gran Gautier / llamó la perla de los mares*, Cuba el '59 es un antecedente decisivo. Inicialmente dio la señal de que se podían intentar profundas transformaciones a espaldas de las grandes potencias. Muy luego quedó en evidencia que ello no era tan así, con lo cual se produjo una dinámica política que quiso apoderarse del potencial revolucionario que este hito anunciaba ya sea para un lado u otro de un espectro político cada vez más polarizado. Después de Cuba la solución no pudo sino ser revolucionaria. La única duda era si dicha revolución era posible dentro de los parámetros democrático-liberales que habían ya soportado un alto grado de presión. Las dos grandes fuerzas políticas que emergieron luego de los años 50 se matricularon con esta tesis. A su vez, los dos bloques mundiales dieron su aprobación. Chile sería un *test case* que comprobaría si ello era posible o no. *It´s now or never / come hold me tight...* De ahí que Chile se embarcara en la aventura que capituló el '73, comenzando con la «Revolución en Libertad», reforzada por la «Vía Chilena al Socialismo».

Confirmada la bendición de las dos potencias, se plegarían las restantes estructuras de poder: la Iglesia, la intelectualidad, los técnicos, los medios de comunicación, incluso el empresariado. Incidió también la frustración acumulada acarreada de la década anterior. Frustración que serviría para dejar a un lado a las fuerzas desprestigiadas que ya habían tenido su oportunidad para anticipar y resolver los conflictos crecientes sin tener éxito: el centrismo radical socialdemócrata, el caudillismo paternalista y el empresariado de derecha.

Brilla el sol

Al equilibrio frágil y gastado de los 50 le seguirá el desenfreno eufórico de los 60. Todo comenzó al desatarse la pasión por el cambio. Había que revisarlo y cambiarlo todo. ... *Come-on, baby, do the loco-mo-tion...* La frustración clamaba algo nuevo y en la Democracia Cristiana se encontraría el eco parlante adecuado.

La Democracia Cristiana ofrecía una mezcla rarísima, pero –hay que reconocerlo– ella misma era una fiel expresión de la heterogeneidad que se había ido fraguando en los años anteriores. Su gran mérito como conglomerado era que a pesar de su pluralidad intrínseca se planteaba como un todo uniforme, legado de esa pequeña célula disciplinada que había sido la Falange. No importaba la procedencia con tal de tener claro el propósito. Se podía ser técnico de clase media o niñito bien del barrio alto y

ser DC. Judío converso o pechoño conservador, provinciano, inmigrante, campesino o poblador, ex ibañista, ex radical, ex Padena,
antes nacionalista o simplemente un desencantado, ex cualquier
cosa con tal de pensar un nuevo país, dolerle Chile, sufrir su miseria, asumir una postura humanista comprometida, solidarizar
con el pueblo sin ser pueblo. Es indiscutible el talento que tiene
este partido de cobijar en su seno una verdadera bolsa de gatos,
hacer que aparezcan como de una misma camada, y que chillen
con un solo «miau». Hoy, cada vez menos.

La DC, en ese entonces, ofrecía mística, unidad e ilusiones. La
política se había desacreditado, *ergo* había que cambiar la política.
De ahí que se ofreciera pureza e integridad, solvencia técnica y
capacidad movilizadora, fe y esperanza, visión futura y crítica,
confiable y fraternal, amor a la Patria sin dejar a un lado el compromiso continental, el «sueño de Bolívar», certeza en los principios
sumada a un permanente ánimo de lucha. Ofrecía también una
utopía, es decir lo que aún no se tenía; de ahí que frecuentemente
se ofreciera lo que otros ya poseían. Más aún, pretendía remozar la
vieja coreografía política. La DC le cambia la cara al quehacer político. Había que subirse a las grandes tarimas, hablarles a los mares
humanos, abrazar a los chiquillos moquillentos, retratarse con cuan-
ta matrona poblacional habían acarreado al mitin, ponerse un casco con linterna y adentrarse en la mina, citar a los poetas en los
discursos, sacarse la chaqueta, tomar la pala, subirse al camión.

Frei Montalva es el gran articulador de esta estrategia apos-
tólica. En él se encarna la idea de que la política es otra manera de
hacer religión. La oratoria toma prestado la retórica del púlpito;
se nota que ha escuchado muchas prédicas. Los tonos de voz se
alzan y bajan cadenciosamente. El político asume el papel de pro-
feta. El Moisés que ha de liberar al pueblo, el que abre los mares,
en fin, el que nos conduciría a *la tierra prometida*. En el más
interactivo de sus discursos declama:

> Me figuraba anoche, o creí oírlo tal vez en un medio
> insomnio, ¡cómo podría saberlo! Yo veía que un niño venía
> corriendo y le decía a su padre:

–¡Ahí vienen! ¡Ahí vienen! ¡Vienen desde Arica! ¡Cruzan Tarapacá! ¡Van por Concón, por Placilla! ¡Miren cómo montan sobre la Cuesta de Chacabuco! ¡Miren los otros, cómo pasan por Cancha Rayada, por Rancagua y llegan a Maipú! Padre, ¿quiénes son? ¿Son los democratacristianos?
– No, son más que eso...
– ¿Son los freístas?
– No, hijo, mucho más que eso...
– ¿Qué son, padre?
– Hijo, ¿no ves las banderas? Son los mismos, los del año 1810, los de 1879, los de 1891. ¡Son la Patria! Sí, amigos míos, ustedes son eso. Son la Patria. ¡Son la Patria, gracias a Dios!

En otra intervención sentencia: «[...] Nosotros, en esta hora, no somos un partido, ni un hombre. Somos un pueblo [...]» Expuesto el nuevo decálogo, la *masa invasora* ha de acarrear la cruz. Chile con la DC entra en peregrinaje. *Venid y va-á-mos to-ódos...*, busca su redención, y convierte a la política en cruzada salvífica.

Lo anterior fue posible porque se tocó una fibra delicada que el centrismo revolucionario capitalizó a la perfección. Aludo a una vieja idea que se remonta a comienzos de siglo: la *crítica antioligárquica*. Curiosamente esta idea se origina en sectores de derecha de principios de siglo. La auspician miembros de la élite que se vuelven pesimistas frente al parlamentarismo. La articula magistralmente la apostasía liberal nacionalista: los Alberto Edwards Vives y Francisco Antonio Encina. La explota el conservadurismo socialcristiano. La usa el primer Alessandri para ungirse en caudillo populista, y recurren a ella también los oficiales jóvenes de los años 20, y el nacionalismo de los 50. Frei y la Democracia Cristiana, por tanto, no hacen nada nuevo. Desentierran la vieja tesis y la acomodan a las nuevas circunstancias, más proclives a recepcionarla y cosechar oportunamente sus dividendos.

En un sentido al menos, este ánimo anti-oligárquico rinde ahora sus frutos. Desde luego era un discurso no ajeno a la derecha, de ahí que incluso a ésta le pareciera plausible. Frei y sus discípulos no eran unos tránsfugas, unos herejes. Eran una versión díscola, juvenil si se quiere, pero familiar. Además, el diagnóstico subyacente a este discurso no estaba demasiado fuera de la marca. El grupo tradicional se había vuelto especialmente superficial en el último tiempo. Más que liderazgo parecía enclave colonizador. Una derecha que se refugiaba en sus jardines y pérgolas, en sus clubes y balnearios, en los directorios de bancos y grandes conglomerados empresariales asociados al sistema dirigista estatal, en sus *gins and tonics* y *whiskies* de contrabando, recluidos en sus cuevas de piratas con alfombras, *boiserie*, gobelinos, caquemonos, jarrones, bronces y platería, atendidos por mamas, mozos y choferes, dedicados a jugar *golf* y *bridge*, y a remozar sus caballerizas y construir piscinas olímpicas, no podía erigirse en el constructor y baluarte de una sociedad cada vez más compleja en franco afán de hacer sentir sus necesidades y demandas. Frei y sus discípulos, al menos, no eran abiertamente frívolos. Un poco arribistas si se quiere, pero por lo mismo, cooptables. Gente aparentemente sensata que, si uno se lo propusiera, podría llegar a apreciar la *boullabaise* y aceptar un habano regado con Cointreau, aunque nunca públicamente.

¿Equivocó su cálculo la derecha? Sí, por supuesto, aunque no creo que haya sido porque la «Patria Joven» no fuese cooptable. En estos «Nuevos Tiempos» que transitamos –los del hijo– sabemos muy bien que cualquiera encuentra irresistible una esmerada atención. Al contrario, pienso que la derecha se confió en que nada muy distinto podía llegar a ocurrir en este país. Leyó mal las cartas; no supo descifrar la escala Richter. Apostó soportar un pequeño temblor, *mira como baila el esqueleto...,* lo que parecía como mero gradualismo reformista, sin darse cuenta que lo que se venía encima era nada menos que un terremoto cataclísmico revolucionario de proporciones... *mira como se menea por completo...*

A lo que apunto no es el manido cuento que hace aparecer a Frei padre como el «Kerensky chileno», sino al hecho de que la revolución venía implícita en la oferta reformista, sin que nadie lo supiera con certeza. No hay conspiración aquí; a lo más se da una suerte de miopía, que es quizá infinitamente peor.

¿Qué era lo revolucionario? ¿Chilenizar? ¿Reformar el agro? ¿Incentivar el estatismo desarrollista? ¿Predicar la libertad? No lo creo. Todo ello podría haberse hecho, o bien se había hecho ya, sin que se desarticulara la sociedad. Ciertos sectores de la derecha venían auspiciando algunas de estas ideas desde hacía tiempo. Más aún, la clase dirigente tenía habilidades probadas de que se podía ser modernizador y tradicional a la vez. Hasta esta época la derecha nunca había sido reaccionaria. De modo que por ahí no va la cosa a mi juicio.

Lo revolucionario consistía en no capitalizar lo ya logrado. Lo revolucionario fue el mesianismo redentor que se apoderó del liderazgo político sin que hubiera factores que lo equilibraran. Frustración acarreada de los 50 más esto último, resultaron ser una combinación feroz. *...Tó-ma-la / mé-te-le / re-ma-ta...*

El problema con el mesianismo es que siempre cree que lo puede todo. Y de hecho, se pretendió negar y reescribir 150 años de historia nacional. Debíamos dejar de tener la estructura agraria que teníamos porque era injusta, y eso que si no hubiese sido por dicha estructura es difícil que nos hubiésemos podido configurar como sociedad. *...Tó-ma-la / mé-te-le / re-ma-ta... / ...Go-o-o-ol...* La explotación de la riqueza minera en manos extranjeras debía ser expropiada, aun cuando en el pasado pudimos tener precisamente este esquema y ello contribuyó a que el país fuese más rico. *...Go-o-o-ol / Go-o-o-ol / de-Chi-le...* La clase dirigente había que aborrecerla por explotadora; sin embargo, la clase dirigente chilena era vista en términos comparativos como excepcional en cuanto a ilustración, respeto al derecho y compromiso social. *...Un so-no-ro-ce-a-che-i... / bailaremos rock´n roll...*

Ahora bien, no cabe duda que en más de algún sentido las críticas al orden tradicional eran válidas. A lo que voy es que la coyuntura no admitía este tipo de matices. De una plumada se daba la espalda a la historia de este país. Y fue eso lo que desequilibró el orden político.

De hecho, había al menos uno o dos aspectos del grupo dirigente que fueron descartados en este afán de borrón y cuenta nueva y ello, a la larga, fue fatal. Nadie reparó en que la élite, históricamente hablando, se relacionó frente al poder con cierto escepticismo, por ejemplo. Escepticismo respecto al Estado, por la enorme fuerza que éste podía esgrimir; 1829, 1860, 1891, 1931, son todas fechas en que la élite sirve de equilibrio frente al aparato burocrático-administrativo. Para qué decir del escepticismo respecto al orden tradicional. O si no ¿cómo entendemos la modernización que trajo consigo el liberalismo? ¿De quién si no de esta élite pragmática y no dogmática emanó el reformismo que posibilitó que en los 60 se pudiera profundizar dicho cambio haciendo uso de los medios de legitimación y los cauces institucionales disponibles? El nuevo mesianismo anti-oligárquico no contabilizó para nada esta faceta crucial del orden establecido chileno.

Por el contrario, se pensó que toda la historia había sido superada. Había que reemplazarla con una fulminante mezcla de fe, pasión, resentimiento, ilusión y racionalidad constructivista. Un cóctel fortísimo sin que se pudiera graduar su impacto. De ahí que de repente pareciera haberse apoderado una especie de fiebre, mareo, que tiene su cuota de lucidez aunque predominara el desvarío. En efecto, durante los años 60 Chile se vuelve alucinante. Se produce una corriente eléctrica que se apodera de todos los nervios y circuitos. No hay esfera, no hay actividad que quede fuera de esta oleada transformadora y crítica. Se pierden los ejes que para bien o para mal hasta ahora habían servido para balancear. Se viene encima una ola, una *nueva ola*, que lo abarca todo, lo invade, y lo tuerce y retuerce al igual que los bailes que por ese entonces empezaban a enloquecer. *Bienvenido, bienvenido, amor... / Bienvenido, bienvenido, amor... / Esperaba que llegara / que llegara con la primavera / ese amor que siempre llega...*

Elemento adicional que hay que tener en cuenta es la espiral discursiva que acompaña a este mesianismo. Este no es un período elocuente, pero así y todo se habla mucho, se dice mucho, se repite otro tanto. Se habla y se habla. Con cigarrillo en la mano, *lo fumo y boto la cola y recójalo el que quiera*, donde sea, en la calle, en la fuente de soda, en las tiendas, en la sobremesa dominical, en clase, fuera de clase, en misa, en el Coppelia, en los sindicatos, en los conciertos y peñas, *prendo un cigarro de a vara y me caliento la cara*, en todas partes, de tal manera que se genera una suerte de asambleísmo plebiscitario permanente. *Something here inside can´t be denied / Smoke gets in your eyes...* Y cuando no se tiene un público con quien hablar, se habla solo, como el profesor que aparece en *Palomita Blanca* de Raúl Ruiz.

Curioso fenómeno esta sociedad que de pronto para, deja de producir, se da un respiro. Pide un minuto, una hora, varias horas, jornadas enteras para reflexionarse a sí misma, repensarse, autorrecetarse un *auto de fe*, hacerse un *mea culpa* lacerante. La palabra se convierte en silicio; la reflexión deviene en confesión. Y ¿por qué? Se habla porque se piensa que hablando se va a cambiar el mundo, mundo que se transformaría a punta de verbo y adjetivo en imagen y forma de nuestro creciente y deslumbrante *bla bla.*

A propósito de esta eterna verbalización, llama la atención otro aspecto: el que tenga tan poca consistencia, tan precaria materialidad. Frei Montalva nuevamente me parece el mejor exponente. Leyéndolo impresiona su facilidad extraordinaria de moverse en la abstracción. Siguiendo a Maritain, insiste mucho en esto del humanismo, de que el hombre no caiga en la alienación, sin embargo, es difícil *muy difícil* ubicar al hombre de carne y hueso en sus discursos. Lo de él es ante todo una mirada sociológica, platónica, vaporosa. No hay que confundirse, las veces que invoca a sujetos –Frei siempre invoca– cae siempre en el clisé: *muchachos de Chile, juventud de Chile, artesanos, trabajadores, mineros, pobladores, mujer chilena...* En realidad sus discursos se arman alrededor de conceptos, de ahí que devengan en un despliegue de entelequias rimbombantes: *cuestión social, política y espíritu, reconstrucción del hombre, solidaridad, una nueva edad histórica, integración, una nueva sociedad, crisis de la civilización, opción y esperanza, revolución moral, promoción popular, cambio social, la hora de Chile, misión histórica, la tarea de hoy,* etcétera. En el fondo, son todas nubes. A veces diáfanas; a veces cargadas, amenazando tormenta, volviéndose negras; o bien deslizándose tenuemente y dejando aparecer el brillo del sol. Frei habla para la historia, a partir de la historia, a propósito de la historia, para terminar con la historia. Este es un pensamiento atmosférico que asciende con demasiado simplismo lírico a las alturas hasta quedar confinado en las más altas cúpulas del firmamento celestial.

Llama la atención también el afán por problematizar la realidad en este tipo de discurso. Chile, de ser un país supuestamente tranquilo, ordenado, tolerante, pasó a ser un *país-problema*, un país que había que auscultar, diagnosticar, medir, clasificar, prototipificar, en fin, analizarlo críticamente, experimentar con él, y luego, volverlo a hacer. De modo que este hablar pretendía además convertirse en acción. Esto es enteramente nuevo. En el XIX la política fue un medio para *hacer país*, mejor dicho, fue una manera de pensar e imaginar el país. Luego, con el tiempo, la política se volvió instrumento participativo.

En las décadas que estamos analizando, sin embargo, la política se redujo a una mera fuerza de cambio y movilización. Lo crucial es que al convertirse la política en acción encaminada al cambio se olvidó que con demasiada frecuencia la realidad se está moldeando sola y no por causas motrices inducidas por la praxis o el discurso político. La misma DC es un buen ejemplo. Cualquiera que la estudie en sus fuentes doctrinarias puede confundirse, como de hecho se confunden sus ideólogos y seguidores. Pensaron que lo suyo era fruto de su propia elaboración doctrinaria, cuando de hecho el partido mismo había surgido de las condiciones de frustración legadas por la década anterior. Pensaron que eran una vanguardia renovadora cuando en verdad sus cuadros obedecían a una renovación social previa que ya había arrojado nuevos sujetos que a lo más el discurso habría de confirmar u omitir. Miradas así las cosas, no es que la DC haya liderado un proceso sino que ella misma era parte del proceso. Fue tal el afán de capitanear el curso histórico que ignoró lo anterior.

De igual manera no se entendió que una cosa es movilización y otra es gobernar. Movilizar desde luego no garantizaba un ordenado manejo de demandas. Tampoco aseguraba un disciplinado accionar político. En efecto, lo que se generó, particularmente después de 1967, fue una avalancha de expectativas, de ilusiones, que resultaron imposibles de satisfacer y frenar.

100

No pudieron ser retribuidas porque por un lado se predicaba gradualismo a la vez que se aceleraba el cambio a nivel de estructuras. *Difícil, muy difícil...* Se planteaba la necesidad de reformar el agro supuestamente dentro de los cauces legales; pero a la vez se predicaba a los campesinos que ellos eran los artífices de su futuro. El mensaje era equívoco. Revolucionar lo social sin alterar lo político, a la vez que buscar en lo político el medio para revolucionar lo social, no era otra cosa que una flagrante contradicción. Lo político aparecía, por consiguiente, como cauce y como freno del cambio, a un mismo tiempo. Esto, lejos de aliviar la frustración que se acarreaba de la década anterior, la terminaría por acelerar.

La flecha rota

Le he cargado la responsabilidad a la DC porque pienso que fue ésta la corriente que, desde el gobierno, desenfrenó el proceso político chileno. Desató dinámicas que luego no supo controlar. Ofreció más que lo que finalmente fue capaz de concretar. Desaprovechó ventajas comparativas, históricamente inéditas, que inicialmente hicieron cifrar desmedidas esperanzas en el futuro, pero que, en definitiva, seis años después, ya no volvieron a contentar al electorado; un electorado que en 1964 le había brindado algo tan insólito entre nosotros como lo era en ese entonces una mayoría absoluta, victoria muy superior incluso al «terremoto» ibañista del `52. Hacia el final, el gobierno de la DC decepcionó, frustró e irritó al país, y de paso trastornó todo lo que se puso entre sus miras.

El desenfreno producido por el gobierno de Frei Montalva respondía a un nuevo escenario. Era fruto de un conjunto de circunstancias que permitieron la irrupción sorprendente de una fuerza novata, sin gran experiencia anterior de gobierno, salvo la participación en uno que otro ministerio y el liderazgo que comenzara a catapultar a Frei durante la administración Ibáñez. Se trataba de

101

un equipo de reserva que había estado relegado largos años a la antesala política, aun cuando venía ganando presencia desde que se fue produciendo el deterioro de los partidos tradicionales durante los años 50. Hasta 1956 había obtenido menos de un 5% del electorado. En las elecciones parlamentarias de 1953 (todavía Falange) eligieron sólo un senador y tres diputados (2,87%). La situación viene a cambiar en 1957, cuando alcanzan 15 diputaciones, y en 1958, cuando la candidatura de Frei a la Presidencia consigue el 20,5% de las preferencias, ratificado en las elecciones parlamentarias del '61 que les reportó 23 diputados y 4 senadores (15,4%). Ya en las municipales del año siguiente la DC al lograr un 22% se convierte en el principal partido político. En la era del *sputnik*, la DC era literalmente una flecha, aunque de reciente alcance y, como ya veremos, de corto vuelo parabólico.

El desenfreno tenía mucho que ver también con una fuerza disciplinada, doctrinariamente compacta a la fecha, y que había hecho del sacrificio, de la larga espera, una de sus principales y legendarias cartas de presentación. De ahí que los democratacristianos al acceder al poder trajeran consigo un cúmulo de voluntad frenada, alimentada por el corrosivo gusano de la postergación resentida. Una vez encumbrados en la Presidencia pretendieron moldear el país a semejanza de sus esfuerzos, de su propio posibilismo ansioso y revanchista. Por eso la euforia a la hora del triunfo, y el estallido delirante, invencible y maníaco de actividad que le imprimieron a un gobierno que desde un comienzo se empecinó en el principio de que «todo tiene que cambiar» inspirado, además, en un éxtasis reivindicativo nunca antes visto. Ahora o nunca, ahora y siempre. *América del mañana, Democracia Cristiana... It´s now or never...*

Prometieron una «Revolución en Libertad», ser una alternativa al marxismo, humanizar y cristianizar el «mensaje» y la acción política, volvernos «socialistas comunitarios». ¡Hasta el lenguaje lo quisieron cambiar! Dijeron que *iban* a gobernar a lo menos treinta años e *iban* a hacer desaparecer a la derecha. Se propusieron arrasar con el latifundio, apropiarse de las riquezas naturales en manos extranjeras, reformar la Constitución, seguir industrializándonos, crecer económicamente, promover y movilizar a los marginados, cumplir el ideario bolivariano continental, en fin, soñaban con nada menos que transformar a un viejo país en una «Patria Joven». Por último, dijeron que *iban* a solucionar todos y cada uno de los problemas que aquejaban la vida cotidiana de la ciudadanía: educación, salud, vivienda, marginalidad urbana, crédito bancario, rentas públicas y privadas, sindicalización, inflación, justicia social... Nunca nadie antes había prometido tanto. Prueba de lo iluso que fueron es que nunca a nadie después se le ha ocurrido aspirar a algo semejante. Ni la Unidad Popular, ni ellos mismos. Fue la DC la primera en querer «jaguarizarnos»; la primera también en fracasar en el intento. *...y aunque sea en una derrota / bailaremos / rock´n roll... Tó-ma-la / méte-le / re-ma-ta...*

El principal y más rotundo de los fracasos fue el político. Electoralmente hablando, los seis años de gobierno se tradujeron en un descenso abrupto en cifras globales de apoyo. Si en las presidenciales del '64 obtuvieron un 56,09% de los sufragios con apoyo de la derecha, y en las parlamentarias del '65 un 42,3%, este monto se desplomaría cuatro años después (29,8%), hasta alcanzar, por último, un pobrísimo resultado de 27,81% correspondiente a los votos de Radomiro Tomic en los comicios presidenciales del año '70, el mismo personero que previamente había vaticinado «treinta años» de gobiernos democratacristianos. El otro gran fracaso de la DC fue su división como partido. *They say that breaking-up is hard to do...* Ya en la Junta Nacional de enero de 1968, Frei les pidió a los delegados definir si el partido estaba en el gobierno o en la oposición. Tanto la creación del Movimiento de Acción Popular Unitaria (MAPU) en 1969 como eventualmente la Izquierda Cristiana en 1972, significaron pérdidas en varios sentidos. Las escisiones favorecieron a la Unidad Popular, e implicaron la salida de los cuadros jóvenes del partido. Desde ese entonces hasta nuestros días la DC nunca ha vuelto a representar a las nuevas generaciones políticas. *...Now I know that it´s true...* Es más, que un partido, acostumbrado a crecer a partir de un núcleo monolítico y, además, capaz de alimentarse de fuerzas agonizantes como el

socialcristianismo, el conservadurismo y el ibañismo, se dividie-
ra, infligió un golpe durísimo a su autoimagen exitista, vanguar-
dista e invencible. Vendrían, incluso, épocas peores; parte de su
liderazgo histórico se volvería a dividir a causa del apoyo inicial
que el partido le brindara al golpe militar. ... *Let´s twist again...* Y,
aunque eso es posterior, el hecho es que la DC salió derrotada de
su gobierno, tan derrotada como en su momento fue victoriosa,
no pudiendo desde ese entonces remontar el triunfo histórico
obtenido el '64.

Pero el fracaso mayor en lo político fue el no haberse consti-
tuido en una hegemonía multiclasista, análoga al PRI mexicano,
que abarcara desde campesinos y pobladores a grandes industriales, que volviera «camaradas» a las clases medias tecnocráticas
con la clase obrera. En fin, como lo plantea Ricardo Yocelevzky, el
gobierno de Frei fracasó en su propósito principal, el «camino
propio», crear alianzas de clases al interior de la DC sin tener que
recurrir a la desgastada fórmula de «alianzas sociales como alianzas de partido» al igual que el Frente Popular o como había vuelto a intentar recientemente Jorge Alessandri con el Frente Democrático.

La tan anunciada derrota definitiva de la derecha no se produjo. El Partido Nacional, luego de la fusión de los partidos Liberal y Conservador en 1966, ya en 1969 alcanzaba el 20% del electorado, y eso que se había perdido el voto rural. No olvidemos
que en 1970 Jorge Alessandri estuvo a punto de ser elegido Presidente. La pequeña burguesía comercial e industrial no se volcó a
la DC. Es más, la derecha económica, los grandes grupos económicos y las colectividades empresariales gremiales, nunca se sumaron al gobierno. Un Frei que no estaba dispuesto a cambiar *ni
una coma de su programa* por el apoyo que igual le entregó la derecha no auguraba buenas relaciones. Lo mismo ocurrió con la izquierda, que superó su derrota y entró a competir por el apoyo
de los nuevos sectores populares campesinos y urbanos, no obstante estar en clara desventaja respecto a la DC en esos ámbitos.
Ésta disponía del poderoso aparato clientelístico del Estado, montado por ella misma, que le reportaría una llegada directa y

proselitista a ese espectro social. Otro tanto ocurrió en el mundo universitario; en efecto, en 1969 la izquierda triunfó en la FECH, institución que llevaba catorce años bajo dominio DC.

En cuanto al desempeño económico, el gobierno de Frei presenta resultados mixtos. En general, positivos, pero muy por debajo de las altas expectativas que se había propuesto. En todo caso el apoyo de los Estados Unidos significó un extraordinario aliciente. Los mil millones de dólares otorgados, vía préstamos o subsidios, entre 1962 y 1969, hicieron de Chile, en términos per cápita, el país más favorecido del continente por iniciativas norteamericanas. ...*Everything´s free / in Ame-ri-cá... O.K. by me / in A-me-ri-cá... Knock on the door / in A-me-ri-cá... CHI-LE-is-in... / A-ME-RI-CÁAAA...* Ayudaron también el alto precio del cobre, el incremento de los ingresos devengados de impuestos a las empresas cupríferas foráneas, el alza de exportaciones del metal, y el aumento de impuestos y mejoramiento de su recaudación. Con todo, el PNB creció a una tasa inferior a la del gobierno de Jorge Alessandri (concretamente a un 2% anual per cápita), y la deuda externa se duplicó. Es más, el gobierno de Frei fracasó en su lucha contra la inflación. Inicialmente, se redujo del 40,4% que la había dejado Alessandri −en 1966 fue de un 17,9%−, pero volvió a repuntar en 1967, alcanzando un 34,9% en 1970.

Avances importantes se observan hacia el final del sexenio en el mejoramiento de las remuneraciones (51% del PNB), en la creación de nuevos empleos (400 mil), en la baja de cesantía (4,4%), también en el crecimiento medio del PGB (5%), en el aumento de las reservas internacionales, en el fomento de nuevas industrias, como la petroquímica, y en nueva infraestructura. En este último rubro cabe destacar obras públicas de regadío y desarrollo vial rural, mejoras en aeropuertos, algunos de ellos nuevos como Pudahuel, túneles, obras portuarias, de abastecimiento de agua potable, y la iniciación de faenas del Metro de Santiago.

La educación es otro de los éxitos del gobierno de Frei. En los seis años de gobierno el número de alumnos matriculados aumenta en un 46%, se adicionan dos nuevos años a la educación básica, se incrementan las plazas del profesorado tanto de media como de básica, se edifican 2.987 establecimientos escolares, se llega a cubrir el 95% de la población en edad escolar, y el analfabetismo desciende de 16,4% al 11%. No existe ningún índice, sin embargo, que permita determinar en qué medida estas mejoras significaron una mayor calidad en la oferta educacional.

En el orden social se aprecian bajas en índices de mortalidad infantil de alrededor de un 23%. Aumentan las expectativas de vida de los chilenos; se implementan amplios programas de nutrición infantil; crece el número de camas en centros asistenciales de salud, y se extiende una red de policlínicos a áreas rurales. Con todo, la producción de viviendas definitivas durante el período 64-70 fue inferior al sexenio anterior. Siguió privilegiándose la demanda de construcción de sectores medios altos y altos. Se calcula que en 1970 sólo en el Gran Santiago, que hacia ese año tenía una población total de 2 millones y medio de habitantes, aproximadamente un millón 400 mil personas todavía vivían en viviendas calificadas como deterioradas, provisionales o sin equipamiento; es decir, en conventillos, chozas, ranchos, rucas, mejoras, poblaciones callampas, poblaciones semipermanentes o en viviendas semisalubres. Y eso que se sabe que hacia 1970 existía un superávit de oferta habitacional para ingresos altos. A algunos constructores, está de más decirlo, les fue muy bien.

Otro aspecto determinante del gobierno democratacristiano es el crecimiento del Estado. Desde luego, la participación estatal en la economía crece en forma vertiginosa. El gasto público, en términos del PNB, sube en un 11,2% entre 1965 y 1970. El aparato administrativo se abulta con 15.251 nuevos nombramientos entre 1964 y 1970. Se crea, además, una poderosa red político-social bajo el lema de «promoción popular», consistente en una serie de instancias organizativas populares, tales como juntas de vecinos, centros de madres, organizaciones juveniles, deportivas, de padres y apoderados, etcétera. Se calcula que un total de 17.500 cursos de capacitación cívica fueron impartidos a aproximadamente 670 mil personas. Organizaciones como CEMA llegaron a agrupar a 450 mil mujeres en 9 mil centros, y mediante créditos estatales se distribuyeron 70 mil máquinas de coser. Resulta imposible determinar qué significó este avance en términos de adoctrinamiento propagandístico y aprovechamiento gubernamental-partidista, pero la lógica más elemental hace suponer que no poco. Una de las críticas más generalizadas respecto al gobierno democratacristiano es su soberbia sectaria y prepotente, acusación infinitamente más severa que la que había sido dirigida a gobiernos anteriores, radicales incluidos. *...presumida / te llamo... presumida...*

Indudablemente el ámbito más afectado, mejor dicho trastornado, y que habría de reportarle suculentas utilidades políticas al gobierno fue el agro. Hacia 1969 las expropiaciones sumaban un poco más de 1.300 predios, equivalentes a casi 3 millones y medio de hectáreas, o dicho de otro modo, el 6% de la tierra cultivable. Si bien no se logró el objetivo de crear 100 mil nuevos propietarios –de hecho nadie llegó a ser propietario–, la reforma agraria hacia fines del gobierno de Frei había beneficiado a casi 30 mil familias organizadas en asentamientos. Estamos hablando de 650 asentamientos creados durante el período, 100 mil campesinos organizados, a los que hay que agregar otros 100 mil pequeños productores y trabajadores agrícolas congregados en cooperativas y comités bajo el alero de INDAP.

Conste que el proceso de reforma agraria va a estar acompañado de una espiral de conflictos crecientemente explosiva. El número de huelgas campesinas en el Valle Central aumenta en forma galopante. Según David Lehmann, en 1965, un total de 145 fundos se ven afectados por huelgas, en 1966 esa cifra sube a 575, en 1967 a 713, en 1968 a 602, en 1969 a 956, y, por último, en 1970 a 1.256. Datos consignados por el mismo autor respecto a «tomas» muestran igual alza: 10 en 1965, 12 en 1966, 7 en 1967, 12 en 1968, 111 en 1969 y 285 en 1970.

El desempeño agrícola y pecuario durante el período revela un crecimiento productivo a una tasa promedio anual del 5%, superior al 2,3% del período anterior. Sin embargo, tanto la continua importación de alimentos como los efectos de las sequías de 1967 y 1968, sumado a la paralización de faenas, arrojarán un saldo muy por debajo a las expectativas que se tenían.

Por otra parte, la administración Frei se vio involucrada en actos represivos en el mineral de El Salvador en 1966, durante la huelga general de 1967, y en Puerto Montt en 1969, que redundaron en una muy mala imagen del gobierno. Debió, también, soportar un movimiento reivindicativo militar en 1969, la muerte del Comandante en Jefe del Ejército por sectores ultristas de derecha en vísperas de la confirmación electoral de Salvador Allende, y antes, el surgimiento del Movimiento de Izquierda Revolucionaria (MIR), fuerza de extrema izquierda. En suma, hacia 1967 se fue configurando un escenario anticipatorio de la agitación posterior, que se agudizó durante la Unidad Popular. Ante dicha agitación confrontacional el gobierno aparecía débil, incapaz de frenarla o bien cobijando a fuerzas que lo estimulaban. Se ha señalado que la estrategia de movilización de masas –manifestaciones callejeras, demostraciones frente al Congreso y ministerios, y agitación rural– fue un recurso impulsado originalmente desde agencias gubernamentales, por ejemplo, INDAP liderado por Jacques Chonchol y CORA comandada por Rafael Moreno, como una manera de «concientizar» a los sectores populares, presionar a la derecha a la vez que ganarle la calle y los potreros a la izquierda ... *Prende una mechita / para que ja-más se a-pa-gue / Busca tu destino / en el buen camino / No la dejes a-pa-gar...*

Cualquiera que haya sido su responsabilidad, o bien, irresponsabilidad, el hecho es que hacia sus últimos días Chile bajo la DC ya estaba sumido en un clima odioso y de fuertes antagonismos. De la propuesta de una «Revolución en Libertad», que en realidad nunca se materializó plenamente más allá de los discursos, se saltó con inusitada brusquedad al voluntarismo intransigente. De ahí al libertarismo revolucionario era tan sólo un paso.

...You walked out of my dreams / and into my arms / you're my angel divine / you're beautiful / and you're mine... No te pon-gas tu celosa / si con o-tras bailo yo / No te pon-gas tu furio-sa / si con o-tras bailo el twist / Lo / sa-bes / bien / con sólo tu preciosa /... yo bai-lo / yo bai-lo / en la mis-ma / bal-do-o-sa... Con mi ilusión castillos / levanté / Los vi caer, perdí la fe / me desengañé porque / en el mundo / nunca tanta farsa

imaginé... Dream, dream, dream / all I have to do is dream / The only trouble is... /I´m dreaming my life away...

La cueca larga

Efectivamente, le cargo la cuenta al gobierno de la DC mucho más que a la izquierda. No olvidemos que la izquierda, si bien aumenta y consolida una suficiente porción del electorado, no asciende más allá de un tercio, manteniéndose constante en todo el período, mientras que la DC es la que primero maneja el voto independiente –mujeres, campesinos, trabajadores no sindicalizados–, el voto que la década del 50 proyectó y luego decidió todas las contiendas plebiscitarias que se dieron en esta otra época, la de los 60. Electoralmente hablando, por tanto, la DC desperdició su poder: su estruendoso triunfo en las urnas. Es más, la DC pudo haber hecho un gobierno distinto, más responsable y moderado, y no haber sólo pretendido ser moderado. La DC tenía la capacidad, que luego despilfarra, de conquistar el apoyo de derecha, que hasta 1965 era altísimo. A su vez, los partidos democratacristianos contemporáneos de Italia y Alemania, constituían corrientes auténticamente centristas si es que no de derechas. Sin embargo, es la DC la que durante su gobierno marcará la tónica que luego la Unidad Popular profundizará. En otras palabras, no es posible concebir a la UP sin el gobierno que la antecede, y por ende, no es posible entenderla si no dentro de un contexto mayor en el que la radicalización ya provenía de un «centrismo» centrífugo, que tensionaba más de la cuenta el clima político y social del país. Un país que, además, venía de tumbo en tumbo.

La UP en esencia no es tan distinta al gobierno anterior. Ya lo decíamos anteriormente. La idea de que se podía radicalizar el proceso social sin afectar el orden político fue una propuesta inicialmente formulada y gestada por los democratacristianos. En ese sentido la UP fue tan reformista como el gobierno de Frei.

Ciertamente hubo sectores dentro del gobierno de Allende que parecieran desmentir lo anterior. Pero lo mismo se podría decir de la administración Frei. El MAPU y la Izquierda Cristiana tienen su equivalente en algunos sectores del PS. Y en ambos casos el Ejecutivo se ve en una encrucijada insalvable: hacer la revolución sin afectar el orden político. Idea que repito la plantea y trata de llevar a la práctica por primera vez la DC y no la izquierda. De ahí que le cargue la mano al centrismo-revolucionario.

Ahora bien, ¿qué es lo que añade la UP a todo este proceso?

Concuerdo con Tomás Moulian, que el gobierno de Allende adiciona la dimensión festiva, a la vez que genera una crisis de Estado y por tanto de gobernabilidad que el gobierno de Frei logró esquivar, quizá porque le faltó tiempo, quizá también porque nunca se dejó de pensar por parte de la derecha que los democratacristianos eran cooptables, unos niños de pecho. Aunque esto último, mirado desde nuestra perspectiva actual, resulta ingenuo por no decir otra cosa. *Cría cuervos y te sacarán los ojos.*

La UP fue una gran fiesta. Fue una estruendosa celebración del triunfo de los marginados. En un sentido mucho más evidente que en el sexenio 64-70, el gobierno socialista permitió el acceso al poder a los que hasta entonces nunca lo habían vislumbrado como propio. Entran a dirigir el país los que hasta ahora lo habían presenciado todo desde el patio trasero, o lo venían escuchando de oídas. Por consiguiente, desde el momento que ganan su derecho a liderar el proceso no atinan a otra cosa que a celebrar. Sacan los platillos, tambores y trompetas. Comienza el ruido, se improvisa el ritmo, suena la música –la *música libre*– y se sale a bailar. *Si tuviera un martillo / Golpearía en la mañana / Golpearía en la noche / Por todo el país... Si tuviera una campana... Si tuviera una canción... Que empiece no más la fiesta / los momios no pasarán / les sacaremos la cresta / como dijo Corbalán... / Cantaría en la mañana / Cantaría en la noche / Por todo el país...*

Y eso que la fiesta venía de antes. ¿Cuándo comenzó la fiesta? Si por fiesta entendemos una relajación de los espíritus y el salirse de la habitualidad a fin de deslizarse en un clima liberador que estimula la alegría celebratoria, hay indicios de sobra en los 60 como para remontar a esta época los comienzos del bullicio dionisíaco. Tomas y retomas, pancartas, manifestaciones callejeras, amenazas violentas, *jingles* y *slogans*, uno que otro contuso, propensión multitudinaria, verborrea doctrinaria, orgía verbal, son estrenados todos allá por el '67 y el '68. Me basta con citar la gráfica descripción que hace Eduardo Carrasco de la visita del político democratacristiano venezolano Rafael Caldera al Pedagógico de la Universidad de Chile.

La reunión debía tener lugar en el pequeño salón de actos, que cuando no servía de sala de clases, era usado para todas las concentraciones políticas. A la hora anunciada y cuando el teatrito se hallaba repleto de estudiantes de uno y otro bando, sin que nadie pudiera explicarse cómo esto había ocurrido, se anunció por fin la llegada del político esperado. Súbitamente se abrieron las cortinas del escenario y todo el mundo pudo descubrir con estupor al flamante dirigente acompañado del entonces ministro del Interior de Frei, Sr. Bernardo Leighton ¿Por qué secreto pasaje ambos habían logrado filtrarse hasta el interior del teatro? Como las fuerzas estaban equilibradas y un buen número de estudiantes de izquierda se hallaban diseminados en la sala, la repulsa fue tan impresionante como las manifestaciones de simpatía, una mitad del teatro chiflaba y gritaba insultos de todo orden, consignas revolucionarias y amenazas, mientras la otra aplaudía, llamaba a la compostura y a la calma, y lanzaba gritos de admiración por la presencia de los venerables estadistas. La cosa se fue caldeando y en pocos minutos el edificio completo se transformó en el escenario de una violenta batalla campal, en la que de un lado a otro volaban las piedras, los huevos, los pedazos de silla y la más copiosa gama de proyectiles en busca de cabezas adversarias.
  El enfrentamiento era completamente desproporcionado con respecto al motivo que lo desencadenaba: varios estudiantes quedaron heridos y hubo que trasladarlos rápidamente al hospital. Caldera y el ministro, que habían servido

de blanco preferido al malhumor izquierdista, y que habían tenido esa mala ida de exhibirse allí sin protección alguna, quedaron blancos de harina y con sus vestones diplomáticos chorreando huevos podridos. Contusos y ofendidos, tuvieron que desaparecer tan misteriosamente como habían llegado.

Los estudiantes de izquierda quedamos convencidos de que con nuestra reciente hazaña comenzaba por fin la revolución chilena, y quizás, ¿por qué no?, la revolución latinoamericana, y por consiguiente, la revolución mundial. Tomamos triunfal posesión del edificio cantando la Internacional a voz en cuello y mirando felices por las ventanas cómo la gresca continuaba en todos los patios de nuestra Facultad [...]

Me atrevería a sugerir, sin embargo, que en los 50 también hay anticipos. En esas aparentemente inocentes veladas de la alta burguesía que retratara la revista *Zig-Zag* ya había algo ahí. No hay que dejarse engañar por las fotos. La verdadera fiesta comenzaba un poco después. Al son del bolero y rumba se cometía su cuota de transgresión neroniana. *Se te olvida...* Mirar lascivamente a la prima, en una de éstas a la hermana –si le hemos de creer a Jorge Edwards, repito, si le hemos de creer...–, tomarse una copa de más, hacer los preparativos para continuar la velada en el burdel o en la cama de la nueva empleada sureña que trajo mamá –obsesión esta última de José Donoso–, dejarse llevar por el aura del apellido, obnubilarse con el galán de la temporada, calcular cuánta plata tienen los papás, apretar un poco más a «la turca», la amiga de la hermana, hacerles travesuras a los dueños de casa, masturbarse detrás de los cortinajes, defecar en la cama de los anfitriones, orinar en los jarrones, arrancar la reja de entrada, *cha cha chá*.

En otras palabras, Chile llevaba años en fiesta. Lo que ocurre es que con el tiempo se fueron sumando los comensales. Y al llegar al 70 todos estaban en la pista. No había sistema político, por muy ilustrado y tolerante que fuera, por tanto, que soportara tales niveles de euforia. De ahí que lo que va a suceder es una pendiente de ingobernabilidad vertiginosa que afectó al Estado y a las restantes instituciones al cuidado del orden.

Hasta ahora cuando se exacerbaban los ánimos, se confiaba que el orden político garantizaba algún grado de cordura. Cuando llega Allende al poder, sin embargo, ya nada detiene la fiesta. *Mira la batea como se menea / como se menea el agua en la batea...* El mareo se ha apoderado de todos. Paradojalmente, es tal la estridencia, *con mi corazón en bandolera,* que ya nadie puede hablar con nadie. La autoridad estatal también entra en el ruedo. *Páralo, páralo / la voz del pueblo te lo plantea, Salvador / páralo, páralo paremos al conspirador...*

Los chilenos se habían ido acostumbrando a la idea de que la autoridad siempre mantenía cierta distancia. Sólo después de un rato intervenía y ponía orden, a menudo violentamente. Lo avalaba en parte el ampararse en la «legitimidad» de la ley, pero incluso eso había cambiado. Hacía tiempo que al principio de autoridad se le negaba «la sal y el agua». No es raro por lo mismo que la otrora confianza en la ley haya desaparecido.

En el fondo, todos comenzaron a desconfiar de todos. Unos y otros se habían ido acostumbrando a trabajar al borde de la ilegalidad. La derecha se sentía expropiada; de ahí que recurriera a su fuerza todavía considerable y en más de algún caso se desesperara. Qué mejor ejemplo que el complot para secuestrar y terminar asesinando al Comandante en Jefe del Ejército. *En casa de Oranguchea se juntan a conspirar / fabrica bombas la abuela / Juan Pablo las va a tirar...* El centro sentía que todavía representaba al grueso del electorado, por consiguiente no aceptó nunca dejar de ser una opción de gobierno, aun cuando había sido desplazado y por buenos motivos. La izquierda a su vez sentía que el ordenamiento jurídico le daba la razón; era cuestión de saber su «verdadero sentido y alcance». Si antes había sido elástico para los otros, ¿por qué no ahora para ellos?

Y así sucesivamente, todos se ensimismaron con sus buenas intenciones. Todos querían lo mejor para Chile. Claro que Chile de un tiempo a esta parte se había convertido en un sinfín de alternativas autoexcluyentes. Lo único que contaba era la autenticidad propia; por lo mismo, resultaba muy fácil desconfiar de la falsedad del otro. *La Paula Cocodrizábal / se ha comprado una mansión / y con los Hipopotegui / preparan la gran traición...*

Al igual que lo que ocurriera con la música *rock*, todo comenzó melódicamente hasta terminar en el bullicio y desgarro más estridente. Baladas dulces y poéticas –*Don't be Cruel, It's Now or Never, Michelle, Rocky Racoon, Mother Nature's Son, Sargent Pepper's Lonely Heart Club Band, Mis Manos en tu Cintura*– de pronto se vuelven introspectivas, desesperadas o alucinógenas –*Help!, Don't let me Down, Lucy in the Sky with Diamonds, La Cantata de Santa María, A Hard Rain's a-Gonna Fall*–, hasta terminar en la más profunda ansiedad –*Las Casitas del Barrio Alto, I Can't Get No Satisfaction*, o bien Jimmy Hendrix en Woodstock tocando o mejor dicho desarmando un icono patriótico musical.

En otro plano, la secuencia me parece más bien del tipo folclórico. Le lleva los tres *pies* de rigor, la pausa embriagadora, la consiguiente seguidilla y *remate*. Comienza con la invitación inicial, le siguen el *paseo*, las vueltas y vueltas mareadoras, el infaltable «*ay sí*», y todo esto bien *escobillado*, bien *zapateado*, y ¡arriba los corazones!, vamos con el pandero. *Ti-qui-ti-qui-tí, ti-qui-ti-qui-tá...* Desde 1967 en adelante, Chile se manda una *cueca larga*, de esas que «rotos con suerte» y otros ni tanto, bailan «hasta la muerte».

Los mil días y un día

¿Qué no se ha dicho del gobierno de Salvador Allende y de la Unidad Popular? Las opiniones van de un extremo a otro. Para algunos es la primera y única vez que el pueblo se hace del poder en este país. Para otros, se trata de un fenómeno caótico, sin precedentes en nuestra historia; la UP nos habría llevado a la bancarrota económica, social, institucional y moral. Si por un lado se le ve como el momento en que Chile, por fin, es democrático y libre, por el otro, se la descalifica como la experiencia más indigna y oprobiosa que hemos debido soportar. Según muchos, fue un estallido emancipatorio nacional; según otros tantos, la época en que estuvimos a punto de caer en la peor de las esclavitudes. *Fue el mejor de los tiempos; fue el peor de los tiempos.*

Ante semejante paradoja, el historiador difícilmente se siente cómodo. O hay que tomar partido por uno u otro de los bandos, o bien, se esquiva el lío no pronunciándose. Los historiadores son especialmente dados a esto último. Conocen todas las excusas:... es que estamos tan cerca, no tenemos perspectiva suficiente, en unos años más, nos faltan fuentes, cuando se muera X, Y o Z, precisamos un cambio de generación... y así *ad nauseam*. Con todo, no queda otra alternativa. A treinta años desde que todo empezó, nos debemos una explicación. Parcial, sesgada, comprometida, lo que sea, pero nos debemos una explicación.

En mi opinión, la UP es un capítulo más de una larga historia que se remonta hacia atrás y se proyecta hacia delante en el tiempo. Es tan excepcional como puede serlo cualquier otro momento histórico. Esto bajo el supuesto de que no existe *una versión histórica chilena* que marca a algunos dentro del guión a la vez que desplaza a otros confiriéndoles el carácter de aberración, extravío, paréntesis histórico. Para todos los efectos, la UP es tan nuestra como lo es la configuración de un orden social señorial a partir del siglo XVII, o bien, la Independencia, Portales y el *peso de la noche*, y así sucesivamente hasta llegar a Pinochet y el régimen militar, en fin, es tan nuestra como cualquier otro hito significativo que gustosamente hacemos nuestro.

Es más, tiendo a pensar que es un momento especialmente denso, espeso, cargado de capital histórico acumulado. Quizá lo más extraordinario del período de la Unidad Popular es su capacidad de encapsular todas las tensiones y contradicciones de nuestro país. Todos esos conflictos latentes y arrastrados que esperaban definición. No estoy diciendo con esto que hacia allá necesariamente *íbamos*, sino más bien, que hasta allá, para bien o para mal, *llegamos*, querámoslo o no. El punto no es menor, porque de aceptarlo se infiere que no hay nada ahí, en la UP me refiero, de lo cual debamos arrepentirnos, inculparnos unos a otros, o, incluso más, exculparnos. La historia siempre supone un grado de madurez mínima. No puede ser una jeremiada luego que la leche se ha derramado. Tampoco es un juicio final en que nos erigimos en abogados, jueces y parte, ángeles y diablillos, a la espera de que se nos sirva la próxima «*alma en pena*» para festinarla. Es que pudo ser distinto, es que se equivocaron, es que se fueron de madre, es que fueron unos malvados ellos, es que fueron unos tales por cuales esos otros... Me temo que con semejante predisposición seguiremos simplemente atascados, y el termostato continuará marcando niveles un tanto acalorados si es que no infernales.

Decía que entre los aspectos que más llaman la atención es que la UP exhibe una altísima densidad histórica. Me atrevería a sostener que la UP está más preñada de significación histórica, incluso, que la versión democratacristiana que la precede. Desde luego, la UP tiene raíces en el Frente Popular, en los gobiernos radicales, y antes, en la República Socialista, en el gobierno de Carlos Dávila, en las candidaturas presidenciales de Luis Emilio Recabarren, José Santos Salas, Elías Lafertte, Manuel Hidalgo, Marmaduke Grove, Bernardo Ibáñez y por cierto, tiene como antecedente las tres candidaturas anteriores del mismo Allende (el '52, el '58 y el '64). De consiguiente, la historia que culmina el 11 de septiembre de 1973 se remonta a los movimientos mutualistas y sindicales de fines y principio de siglo, a Malaquías Concha, al Partido Democrático, a ciertas corrientes ácratas, al liberalismo democrático, a toda la tradición radical nortina, e incluso, uno la puede extender a Santiago Arcos y Francisco Bilbao, a la Sociedad de la Igualdad, a las primeras asociaciones de obreros, escuelas de artesanos, a las huelgas portuarias, de tipógrafos y sastres y si se quiere, tan atrás como alguna proclama revolucionaria del período de Independencia. Tan sólo en la figura de Allende confluyen ramificaciones históricas personales que lo atan fuertemente a la Guerra Civil de 1891, al Partido Radical, a los más altos cargos dentro de la masonería, a una tradición familiar asociada a salud pública, a redes anarquistas, a grupos de estudios marxistas, a la Federación de Estudiantes de la Universidad de Chile, etcétera. Y no sólo Allende tiene este tipo de vínculos. Osvaldo Puccio, su secretario privado, por ejemplo, tenía un abuelo que había luchado junto a Garibaldi, había sido cofundador de la masonería en Chile, y había militado en los bandos radical y balmacedista; a su vez, su padre fue militar y socialista, ligado a Marmaduke Grove, fue cofundador del Partido Socialista, había trabajado para el Frente Popular, y lo había introducido a la lectura de Marx aún siendo niño.

En suma, estamos frente a un gobierno que se sentía amparado por toda una historia de progresismo militante, en sus más variadas versiones: radical partidista, laico francmasón, liberal democrático, balmacedista, científico positivista, intelectual marxista, obrero comunista, también anarquista, socialista pro-militar, socialista a secas, desarrollista estructural, profesional mesocrático y universitario estudiantil. Es decir, una trayectoria que si bien no había gobernado por sí sola al país salvo en momentos muy breves, constituía, a la fecha, uno de los cauces más fecundos y claves que habían hecho transitar a Chile desde el siglo XIX al XX tanto en lo político como en lo social y cultural. Una vertiente que se sentía con pleno derecho a dirigir los destinos de este país. Vincular, por tanto, a Allende y a la UP únicamente con el comunismo y el marxismo internacional de la postguerra, con la Unión Soviética y la Guerra Fría, y por último, con el impacto del castrismo cubano, es simplemente no entender el fenómeno y desatender toda una historia, a esas alturas, casi centenaria y con sólidas raíces nacionales.

Es esta raigambre lo que explica otro de los rasgos más pronunciados de la Unidad Popular y, muy en especial, de Salvador Allende. Ese fuertísimo sentido de que están en su derecho, que han dado suficientes demostraciones de civismo republicano en el pasado, en fin, que la historia de Chile pasa inexorablemente también por ellos. De ahí la permanente afirmación de fe, de que no les cabe otra opción que ejercer el mandato que les ha otorgado el mundo popular, corroborado por la Constitución y las leyes. Allende es clarísimo al respecto.

No tengo condiciones de mártir. Soy un luchador social que cumple una tarea. La tarea que el pueblo me ha dado. Pero que lo entiendan aquellos que quieren retrotraer la historia y desconocer la voluntad mayoritaria de Chile: no daré un paso atrás. Dejaré La Moneda cuando cumpla el mandato que el pueblo me diera.

Defenderé esta revolución chilena y defenderé el gobierno popular, porque es el mandato que el pueblo me ha entregado. No tengo otra alternativa. Sólo acribillándome a balazos podrán impedir la voluntad que es cumplir el programa del pueblo.

Insistirá en lo mismo hasta el último minuto. Desde La Moneda les manda decir a los comandantes golpistas: «Un Presidente de Chile no se rinde».

En efecto, ¿qué «otra alternativa» tenía Allende? No podía transar. Lo que estaba en juego era mucho más que su propio gobierno. No podía comprometer toda esta trayectoria pasada. En ese sentido el gesto de Allende es distinto al de O´Higgins. Cuando O´Higgins «abdica» –en verdad lo derrocan–, a lo más dimite él. Su personalismo autocrático no involucra a nadie más. Cuando Balmaceda hace lo propio, lo que sacrifica es un proyecto personal y de su grupo más próximo. A su vez, cuando Augusto Pinochet acata los resultados del plebiscito del ´88 no compromete nada; su régimen y sus condiciones persisten hasta hoy. A lo más sale dañado su orgullo personal. Aquí no. Cuando a Allende se le pide que renuncie, supuestamente en aras del patriotismo, se le invita a transigir, contemporizar –así al menos él lo ve–, darle la espalda a toda una historia para atrás, fraguada en la convicción, y al triunfo reciente ganado a la exclusión.

Es precisamente eso lo que no entendieron nunca sus opositores. De haber habido una salida real al embrollo, tendrían que haber dejado algún espacio viable, algún reconocimiento de que estaba en su legítimo derecho histórico, conquistado de acuerdo a las reglas del juego por lo demás. A Gabriel Valdés, Allende le dice:

Estoy en manos de ustedes: es decir, cien años de lucha obrera y de progreso social dependen de ustedes. Mediten su responsabilidad (el énfasis es mío).

Había que aceptar, al menos, que esta vertiente política histórica podía gobernar el país al igual que cualquiera otra de las corrientes, como efectivamente ya había ocurrido con su no poca cuota de fracaso además. De lo contrario, la dignidad obligaba a sacrificarse. Al menos así no se traicionaba un capital histórico no sólo de la izquierda, sino también del país.

Resulta increíble, dado lo anterior, que a Allende se le juzgue como un frívolo. Puede que haya estado errado, que se haya metido en un zapato chino, que su sentido de las circunstancias históricas, la carga histórica que significaba estar donde estaba, haber llegado donde llegó, en fin, que se haya obnubilado por el papel histórico que le había tocado, pero de las tantas e innumerables acusaciones que se le pueden adjudicar, en rigor, de liviandad no es posible acusarlo.

Por lo mismo, no corresponde tampoco interpretar su fin como una constatación de fracaso. Es perfectamente posible concluir que el gobierno de la UP fue una derrota, es más, un desastre político y económico, pero no a partir del sacrificio simbólico que hace Allende el día 11. Eso es un absurdo. De hecho, la impronta dramática que él conscientemente asume ese día confirma su sentido contrario, el de una victoria moral, ético política, a pesar de la derrota partidaria. Allende no muere como presidente de una tienda o combinación política específica, o como un político más en un país en que, incluso hoy, los políticos abundan. El Allende de La Moneda, ese día 11, se inviste nuevamente de la más alta magistratura del país, con todo lo que eso significa. A quienes no estaban dispuestos a aceptarlo y tolerarlo por lo que era, les vuelve a enrostrar, precisamente aquello que los llevara a derrocarlo.

La supuesta fatuidad del personaje, su soberbia, su autoimportancia, todo eso se desvanece ante la posibilidad, que él bien pudo desaprovechar pero no lo hizo, de volver a entrar a la historia por la puerta ancha. Entendida ésta como la entendía su generación y círculo político, acostumbrada a una versión específica, una versión cívico patriota de la historia. Lo que hace Allende esa mañana del 11 de septiembre es representar lo que solía aparecer en los textos de historia, lo que se venía enseñando en los liceos y colegios del país desde hacía más de cien años, con su cuota melodramática y épica. Que nos parece un tanto folletinesco, un poco romanticón, que es excesivamente operático, sí, por supuesto. ¿Qué otra cosa podía ser? ¿Qué otra alternativa tenía? La pregunta válida es si Allende calza o no calza con esa imagen monumental que él mismo elige. Si está o no a la altura de las circunstancias del drama histórico que le cabe representar. Pienso que Allende se las juega todas. Cumple con su papel. Hace lo que tenía que hacer y lo hace bien. A juzgar por sus palabras en las condiciones límites que las dice, el individuo se transfigura en el personaje que él siempre ambicionó ser.

> Tengo fe en Chile y su destino. Superarán otros hombres de Chile este momento gris y amargo donde la traición pretende imponerse. Sigan ustedes sabiendo que mucho más temprano que tarde de nuevo abrirán las grandes alamedas por donde pase el hombre libre para construir una sociedad mejor.

Estas palabras no son de un frívolo, tampoco de un derrotado. Son propias de un tribuno decimonónico, y eso que todos quienes lo conocieron coinciden en que no era un gran orador. Con Allende en La Moneda se termina lo que aún quedaba del siglo pasado en este país. Pero no es él quien lo sepulta. Paradójicamente, quien menos uno supondría que ratificaría el pasado –un tribuno parlamentario popular– ese es quien simbólicamente lo vuelve patente, lo avala, lo encarna, aunque sea por última vez. Señal de que dicho legado político e histórico era mucho más pluralista de lo que se creía y venía denostando.

¡Presente! ¡Presente!

¿Por qué fracasó la Unidad Popular? La respuesta a esta pregunta admite dos niveles. En un primer plano, el más fácil de percibir, el plano *objetivo* por decirlo de alguna forma, la respuesta es clarísima. El gobierno de la Unidad Popular a todas luces, y por donde se le mire, fue un desastre. En un plano más profundo que apunta, sin embargo, a por qué la Unidad Popular aparentemente *estaba condenada a fracasar* el asunto se complica mucho más. Pero dejemos esta parte para más adelante.

La UP naufragó porque no pudo ni supo gobernar. Ganó la Presidencia con un margen escasísimo de votos, menos de 40 mil, en cifras globales un 36,2%, es decir, con un 1,3% de diferencia. Si bien es cierto fue remontando su apoyo electoral –en las municipales de 1972 obtuvo el 50%, y en las parlamentarias de 1973 logró un 45%–, el gobierno nunca dejó de ser minoritario. En cuanto coalición nunca pudo afiatarse y exhibió crónicas muestras de indisciplina interna, lo que la hizo aparecer como no confiable. Es más, Allende llegó a ser candidato muy a contrapelo; sólo al último minuto fue elegido abanderado de su propio partido, lo que evidentemente le restó autoridad. Terminó identificándose con posturas cercanas a un Partido Comunista menos radical incluso que el Socialista, pero un partido con nulo poder de negociación con la oposición. Por último, todos los intentos por alcanzar un entendimiento con la DC no prosperaron.

El balance final del gobierno arroja un saldo lamentable. En el plano económico, la UP fue de una irresponsabilidad patente, y eso que heredó una hacienda pública aunque con problemas, con índices mejores que otros gobiernos en el pasado. Aumentó el gasto y el consumo, agotó todas las reservas, emitió circulante sin parar. La inflación llegó al 323% según cifras oficiales; según la oposición ésta alcanzó un mil por ciento. La producción bajó en un 7%, la agricultura en un 23%, la minería en un 30%. Cundieron el desabastecimiento y el mercado negro. La inversión fue casi nula.

El desorden público fue un rasgo constante del gobierno. Las huelgas aumentaron considerablemente, se produjeron paros nacionales prolongados, las «tomas» ilegales de fundos e industrias se volvieron ocurrencias diarias. Con frecuencia las órdenes emanadas del gobierno y de los tribunales de justicia no se cumplían. En efecto, el Ejecutivo aparecía como incapaz, o, peor, como no queriendo o, incluso, entorpeciendo el ejercicio de las facultades administrativas. Tanto empresarios como asociaciones gremiales, representativas de las más diversas actividades productivas y profesionales, se volcaron a la oposición. Se sintieron además de amenazados, discriminados, intervenidos, y asediados por un clima revolucionario desbordante que ponía en jaque su propia existencia.

Para un amplio sector del país, la mitad al menos, Chile parecía estar entrando en un abismo catastrófico, sin salida posible. Hacia el final, las únicas soluciones previstas eran un golpe militar, o bien, un golpe audaz de los mismos grupos que desde el gobierno impulsaban una política radical. Supuestamente ello conduciría a una revolución sangrienta a fin de establecer la dictadura del proletariado, o una guerra civil prolongada con similares consecuencias. Por último, cabía la posibilidad de un plebiscito que, supuestamente también, decidiría si Allende continuaba o no en el poder. Está claro que una administración que despierta ese tipo de temores, conflictos y sensación generalizada de desgobierno es un notorio fracaso.

Conste que hay argumentos de sobra que pretenden desvirtuar lo anterior. El gobierno no dejó nunca de tener apoyo, particularmente apoyo popular. El desabastecimiento no habría sido tal; prueba es que, luego del golpe, se llenaron los supermercados de alimentos, lo que estaría demostrando que habría habido acaparamiento. Hubo gasto público, pero eso como una manera de paliar nuestra endémica mala distribución del ingreso. En no poca medida el escenario económico tuvo un pésimo rendimiento porque se coludieron los empresarios, los gremios, los partidos y los Estados Unidos para generar el caos. Contra ese tipo de bloqueo intransigente y durísimo ningún gobierno, en circunstancias incluso normales, habría sido capaz de sobrevivir. Es cierto que había un clima de confrontación pero ello se habría debido más bien a que era inducido por una prensa hostil que no dejaba respirar. En fin, no es que el gobierno de la UP haya fracasado sino que no se le permitió que gobernara... y así sucesivamente.

Aun admitiendo parcialmente estos contraargumentos, el gobierno de Salvador Allende exhibe una trayectoria y una secuela de resultados a todas luces negativos. En última instancia, son los gobiernos los responsables de resguardar un mínimo de orden público y de solvencia económica, y en esos dos planos, la UP definitivamente no pasa un examen básico, cualquiera que sea nuestra latitud indulgente. Un gobierno en el que grupos extremistas asesinan a una de las figuras principales de la administración anterior, Edmundo Pérez Zujovic, y que posteriormente se ve obligado a involucrar a las fuerzas armadas en el Ejecutivo, es más, a la plana mayor de la oficialidad, está dando cuenta de un descalabro político de proporciones. Si termina adicionalmente produciendo el repudio de un amplio sector de la ciudadanía y el colapso institucional, resulta imposible eximirlo de responsabilidad *grave* en el destino que le cupo y en las consecuencias que ello trajo consigo para la convivencia nacional.

Así y todo, uno se pregunta si el gobierno de la UP, aun atendiendo su responsabilidad, merecía o no el fin que tuvo. Todavía más, uno se pregunta si dicho fin debió extenderse a todo el sistema político que nos venía gobernando desde tiempo atrás. Una cosa es derrocar a un gobierno, otra muy distinta terminar con toda una historia republicana de relativamente larga data. ¿No será que la UP está sirviendo aquí, de excusa, de chivo expiatorio, para justificar un propósito autoritario castigador infinitamente más profundo?; ¿que antes bien que resolver una mera coyuntura inestable y un gobierno colapsado lo que motivó el golpe de gracia fue una maquinación enmascarada? ¿Y si es un chivo expiatorio no estaríamos frente a un magnífico subterfugio, un pretexto, con su cuota de falsificación, que nos impide aquilatar lo que realmente fue la UP, lo que hizo y no hizo, lo que pudo y no pudo hacer? En definitiva, si una UP satanizada es un chivo expiatorio de algo mucho mayor, ¿qué tan culpable es el gobierno de Allende? ¿Cuál es su verdadera cuota de responsabilidad? ¿Por qué habría que adjudicársele toda o gran parte? Es más, ¿hasta cuándo dura la condena? ¿Por los siglos de los siglos? En cuyo caso, entonces, se trataría de un castigo infernal. Y ¿quiénes son los jueces? Y si, además, sucede que los jueces están de algún modo involucrados, ¿qué tan válida es la condena?

Pienso que dichas preguntas, aun cuando no podamos responderlas –en una de éstas no tienen respuesta–, igual matizan considerablemente la culpabilidad que le corresponde a la Unidad Popular. El solo hecho de que se las pueda acoger, de que algo de razón hay en sus supuestos, que el *beneficio de la duda,* incluso en este caso límite, sea admisible, rebaja necesariamente la pena. En efecto, si la historia no hubiera continuado más allá del 11 de septiembre es muy posible que la condena a la UP nos resultaría menos cuestionable. El punto es que la historia siguió su curso, nos proporcionó nuevos criterios, nos develó nuevas perspectivas, y, además, sus consecuencias las conocemos demasiado bien, las sufrimos y seguimos sufriendo todos. De consiguiente, no cabe sino seguir indagando, seguir revisando lo que a primeras resulta irrebatible.

Ahora bien, ¿qué tan válidas son las premisas de las interrogantes anteriores?

Mi impresión es que son *suficientemente válidas.* Veamos. Vamos por partes.

En gran medida, la UP no hace nada esencialmente distinto a lo que desde 1967 se venía presenciando. *Ergo,* es más que presumible que se le estén adjudicando al gobierno de Allende culpas acumuladas.

Sea lo que sea, el gobierno de la UP no destruyó la infraestructura económica, aun cuando tensionó sobremanera y condujo a un punto límite a la economía. Por tanto, es también presumible atribuirle irresponsabilidad, no así calificarlo de anárquico.

La UP tampoco llevó hasta sus últimas consecuencias sus propósitos revolucionarios. La UP, de hecho, nunca resolvió el problema de las dos vías. Unos se inclinaron por la vía armada, otros –entre ellos Allende– siguieron insistiendo hasta el último minuto en la «vía chilena» o pacífica al socialismo. E, incluso, los supuestamente vinculados a la «vía insurreccional», como Carlos Altamirano Orrego, sostienen que lo que estaban haciendo era tener una política militar, a fin de defenderse legítimamente de la agresión sediciosa que se estaba fraguando en su contra. A su favor está el hecho de que la oposición al golpe militar fue prácticamente nula. Por consiguiente, la violencia final correría por cuenta ajena, y en definitiva, no sería atribuible al gobierno de Allende. Es que predicaron la violencia –los socialistas la venían auspiciando desde el Congreso de Chillán en 1967–. Sí, por cierto, *predicando*, en algunos casos incluso, llevando a cabo actos violentos, conforme a una política insurreccional, como el MIR, que por lo demás no era parte de la UP, pero ¿quiénes en definitiva son los brutales? ¿Quiénes materializan la «vía insurreccional»? Pienso que en este punto, aunque atendible, se cargan las tintas contra la UP.

Es más, la UP no llevó al país a la guerra civil. Ni antes del '73 ni después cabe hablar de un escenario de tal magnitud. Las fuerzas armadas no se dividieron. El grueso de la población no estaba en pie de guerra y armado. Las bajas fueron mínimas. La desproporción entre la capacidad de fuego de un lado y otro es notoria, etcétera, etcétera. Es que casi hubo una guerra civil, es que si no la hubo fue porque los militares la impidieron, es que si no les hubieran salido al camino... Exactamente, *pudo* ocurrir, *pudo* producirse, *quizá sí, quizá no*, pero en definitiva *no la hubo*. No es descartable lo que dice Carlos Altamirano: «La historia no se escribe sobre supuestos sino sobre hechos reales». Hay cierta insuficiencia argumental en quienes insisten en lo contrario.

No hay, además, acusación que se le pueda hacer a la UP que no sea extensiva, no resulte imputable, de igual modo, a la oposición. Odiosas, ambas. Terroristas, ambas. Se niegan la sal y el agua, ambas. Entorpecen la convivencia, ambas. Estimulan lo que Gabriel Salazar llama «violencia popular», ambas. Llevan el conflicto hasta sus últimas consecuencias, ambas. No transan, ambas. De ahí que a la larga, fracasen incluso, ambas; y el gobierno militar las arremete en contra de... ambas. De consiguiente, quien haya arrojado la primera piedra –cuestión un tanto difícil de determinar– que pruebe estar libre de pecado.

125

El Chacal

Desde antes de la partida, Allende y la UP se ubicaron en pleno campo minado, al que contribuirían con creces con su propia cuota de explosividad.

Ya para la elección de 1964, se había montado toda una campaña orientada a aterrar a la ciudadanía. Tanques rusos al frente de La Moneda, monjas y curas al paredón, vamos haciendo hablar a Juana Castro para que nos contara las maldades de su diabólico hermano Fidel. Sumémosle casi 3 millones de dólares destinados por el gobierno de los Estados Unidos para apoyar a Frei como candidato. Para la elección de 1970 otro tanto: se habla de hordas invadiendo el Barrio Alto, que las casas de la burguesía se las iban a tomar, que las empleadas domésticas eran espías comunistas... Se conocen intentos frustrados en contra de la vida de Allende durante la campaña. El gobierno de Nixon acepta la propuesta de la ITT en septiembre de 1970 de «hacer chillar la economía». Coincidente con lo anterior, el ministro de Hacienda saliente, Andrés Zaldívar, pronuncia en los últimos días de la administración DC un discurso extremadamente desatinado que deja la impresión que si accede Allende a la Presidencia, la crisis económica ya en curso se volverá crónica. Se trata, incluso, de elegir a Alessandri para que renuncie a favor de una eventual nueva contienda en la que Frei se volvería a postular. Es más, al Comandante en Jefe del Ejército se le asesina. En fin, Allende no había asumido el puesto aun cuando ya se le estaba desestabilizando.

Una vez en el gobierno, dichos intentos se volverían más facciosos. Se calcula que desde 1970 a 1973 el gobierno norteamericano habría invertido 8 millones de dólares en acciones encubiertas de apoyo a la oposición a la UP, cantidad muy superior puesto que hay que calcularla en términos equivalentes al mercado negro. Financiaron con ello radio, periódicos, televisión, candidaturas, camioneros huelguistas, estudiantes, obreros del cobre huelguistas... Por último, los militares no eran precisamente de fiar. Los había de todo tipo. Correctos, respetuosos de la tradición de civilidad, también solícitos, si es que no insidiosos.

Un caso estrafalario es el del almirante José Toribio Merino, Comandante de la Escuadra, que según Osvaldo Puccio, en una oportunidad hacia el inicio del gobierno, lo aborda a él y a José Tohá, para advertirles:

> Uds. dos son hombres que están muy cerca del Presidente. Díganle que se cuide del almirante Montero. Es un hombre de los norteamericanos. ¡Con él, nunca vamos a llegar al socialismo!

El mismo Merino que se las ensaña hasta el final contra Montero, su superior, Comandante en Jefe de la Armada el día 11. En realidad, Merino era un enfermo histérico que tenía la manía de literalmente desenfundar pistola cada vez que le llevaban la contra; se le conocen varias ocasiones en que incurre en idéntica rabieta. Un energúmeno que rechazaba un vaso de *whisky* ofrecido por Allende, arrojándolo lejos, o tenía la desfachatez de decirle en su cara «La Marina está en guerra con usted, Presidente» (5 septiembre 1973), o bien, «Usted será un político desgraciado...» (7 de septiembre) y otros arranques similares, según confesión propia hecha pública hace poco; en suma, un caso clínico, y como el de él otros más solapados, que no hacían más fáciles las cosas. Los mismos que después, sin embargo, gobernaron este país por casi dos décadas no admitiendo desaprobación alguna.

En definitiva, Allende nunca contó con una oposición leal. Si uno se detiene en Eduardo Frei, luego del golpe, se nota que no estaban por concederle absolutamente nada. Tanto de la lectura de la carta al político italiano Mariano Rumor, presidente de la Unión Mundial de la Democracia Cristiana, fechada en noviembre del '73, como también del prólogo al libro de Genaro Arriagada, *De la Vía Chilena a la Vía Insurreccional*, de 1974, resulta evidente que no había nada que hacer. Nadie podía mediar.

Se ha insistido mucho que el error capital de Allende y la UP fue no haber acercado posiciones con los democratacristianos y armar un bloque común. Radomiro Tomic se terminó rayando con el argumento. Ultimamente quien más porfía sobre lo mismo es Tomás Moulian. Es cierto que en los inicios del gobierno hubo un clima de relativa distensión. La directiva de la DC era cercana a la izquierda, y Allende hasta había aceptado el «pacto de garantías» que se le exigió a cambio de ser confirmado en el Congreso. Posteriormente, se trató de llegar a acuerdos en al menos tres ocasiones distintas, una de ellas al discutirse la definición de las áreas de la economía; sin embargo, a la larga ninguno de estos intentos prosperó. Ocurrió lo mismo con la posibilidad de que se incorporaran militantes democratacristianos al gabinete. Desde ese entonces las recriminaciones de ambos bandos no cesarían. Por un lado tenemos lo que ha escrito Tomic, por el otro, las apreciaciones de Joan Garcés, Carlos Altamirano, Julio Silva Solar y Rafael Agustín Gumucio. Con todo, del debate se deduce, incluida la opinión de Tomic, cierta coincidencia que apunta al sector freísta como el más recalcitrante, el menos dado a llegar a un acuerdo.

Llevaban años en pugna permanente. La DC, además, le estaba haciendo cierta mella a la izquierda en el mundo sindical. A su vez, la UP estaba por dividir a la DC y lo venía consiguiendo. En las negociaciones había democratacristianos por un lado y ex militantes por el otro; no se saca mucho en limpio sacándose la suerte entre gitanos. Y, aun cuando es materia de especulación, ¿qué tanta connivencia dentro de un posible frente amplio habrían aceptado los norteamericanos a esas alturas del juego?

Por último, el papel que juega Frei en todo el asunto no lo engrandece. No hizo nada para conciliar o aliviar la tensión. A pesar de ser el jefe de la oposición, y de haberlo unido a Allende una larga, no digamos amistad, pero sí un extendido trato y relación parlamentaria, Frei jamás hizo esfuerzo alguno por negociar cara a cara con Allende. Y eso que Raúl Silva Henríquez, en calidad de jefe de la Iglesia e intermediario de última hora, se lo pidió expresamente. Prefirió, en cambio, mandar a un subalterno, que al decir de Armando Uribe, suele limitarse «a la medida de lo posible».

Es más, Frei permitió que se le hiciera una guerra sucia a Allende en la elección del '64. Frei, de hecho, se había matriculado con un antimarxismo, versión Guerra Fría, según el cual al enemigo no se le debía tener contemplación. ¿Estuvo Frei, por tanto, coludido con los norteamericanos? Da lo mismo la respuesta. Lo que es cierto es que desde la década de los 50 venía jugando la carta cómplice. Ya en visita a los Estados Unidos en 1950, se cuadró con esa táctica, esa manera de proceder. En dicha oportunidad señaló:

> Estados Unidos no podría mañana defender ante el mundo la democracia y la libertad, apoyado por un continente en que sólo imperan los dictadores y donde la libertad no existe. Sería un terrible golpe moral y tales aliados muy inseguros.
>
> Yo que vengo de un pueblo libre, que ha vivido y vive en la democracia, puedo decir sin cálculo que es un deber de la opinión pública apoyar a los que en cada nación representan las fuerzas democráticas y que no se puede juzgar en igual forma a los que emplean la fuerza que a los que viven o quieren vivir libres.

Finalmente, tenemos a un Frei que, incluso, ya muerto Allende no estaba por concederle nada. El Frei que califica a su contendor como «un hombre tan frívolo, y más frívolo políticamente que moralmente» es el mismo Frei de la época de la ANEC. Recurre al mismo argumento denigratorio. Sus opositores son siempre «frívolos»; la seriedad, por supuesto, correría por cuenta propia. Ahora bien, a veinticinco años del fracaso de la UP, Allende, a pesar de todo, sigue generando tanta admiración como rechazo, respeto como descalificación. No es propio de un frívolo despertar ese margen de reacción. ¿Por qué tanta disparidad?

Hay varios motivos, pero me detendré tan solo en uno. Allende, y junto a él otros caídos ese día 11, representan uno de esos instantes en que la historia se detiene y exige su recreación. Ello por el contenido absurdo, trágico y violento, que encarna dicho momento, anticipado por Tomic en carta al general Prats de agosto de 1973.

129

Sería injusto negar que la responsabilidad de algunos es mayor que la de otros, pero entre todos estamos empujando la democracia al matadero. Como en las tragedias griegas, todos saben lo que va a ocurrir, todos dicen no querer que ocurra, pero cada cual hace precisamente lo necesario para que suceda [...]

Tomic tiene razón. Se está frente a algo que se sabe que va a ocurrir, y además, ocurre. Por tanto, no hay nada en el hecho mismo, en la secuencia, que nos haga detener, recrear o revivirlo. Pienso, más bien, que es la calidad ética de los actores, y la descarga emocional que ella involucra, lo significativo. ¿Cómo se comporta alguien en situación límite ante lo aparentemente previsible? ¿Qué es lo propio que añade a esa disyuntiva supuestamente fatal? Esa es la clave del asunto.

Por muy inevitable que sea el escenario que nos toca, no está necesariamente escrita la forma como respondemos al desafío moral que éste involucra. Cuando asistimos a la escenificación de una tragedia griega o shakespereana, sabemos el guión, conocemos la historia de antemano. Lo que nos lleva a volver a ver y a recrear el drama son las motivaciones del individuo en cuestión, qué hace, cuál es su ánimo, cómo lo vive. Y no sólo el individuo sino el actor que encarna el personaje. Del actor, en verdad, dependerá en buena parte que aflore el conjunto de sentimientos que el espectador recepciona.

Pues bien, Allende es a la vez individuo y personaje, actor y representado. He ahí su curiosa fascinación, el efecto obsesivo que sugiere y motiva en el público. Es héroe y villano. Es ambos a la vez.

Curioso como Allende y todo lo que él simboliza se asemeja a ese otro héroe-villano, a ese –también curioso– anticipo emblemático creado, mejor dicho *previsto*, vaticinado por el cineasta Miguel Littin en su film «El Chacal de Nahueltoro» (1970). Desde un principio de la película sabemos lo que va a pasar. Sabemos el trasfondo social, el porqué de «Jorge del Carmen Valenzuela Torres, quien se hizo llamar también José del Carmen Valenzuela

Torres, Jorge Sandoval Espinoza, José Jorge Castillo Torres, alias: el Campano, el Canaca, el Trucha, el Chacal de Nahueltoro». Sabemos de dónde viene, qué *iba* a hacer, qué excesos *iba* a cometer, qué le *iba* a pasar, incluso más, sabemos cómo y de qué se *iba* a arrepentir.[3] Lo único pendiente, lo que nos tiene en un hilo durante todo el film es cómo *iba* a morir. De hecho, el mismo Littin lo ha reconocido. Lo que lo llevó a obsesionarse con el personaje y volcar su historia al celuloide fue un titular que decía: «¿Cómo vai a morir, Canaquita?» Respuesta: «Sin chistar, porque sería feo».

Se pueden emitir innumerables juicios sobre Allende y la UP, pero su *fin*, es decir, *su fuerza aún latente*, le es propia, le es inoponible, es del mismo tenor que el «sin chistar» del «Canaca». Son otros, en verdad, los que afean ese *fin*.

---

3. El film trata de un marginal que mata a una mujer y sus cinco hijos, según él porque estaba embriagado y no quería verlos sufrir. Posteriormente se le encarcela, y mientras se lleva a cabo el juicio, se rehabilita, aprende a leer y a escribir, le enseñan historia patria y termina por arrepentirse. Finalmente, en cumplimiento de una pena de muerte, lo fusilan. La película está basada en hechos reales.

Capítulo IV

El malón

«Si el perro desconoce al amo, es señal de que éste morirá pronto o será traicionado».

Julio Vicuña Cifuentes, *Mitos y Supersticiones Recogidas de la Tradición Oral Chilena*

«En Angol un distinguido latifundista había realizado un pacto con el diablo y llegó el día del vencimiento del plazo para entregar su alma y llamó a su cochero de confianza que lo sacara del pueblo en su coche cerrado. En mitad del camino un viandante le solicitó que lo llevara. A poco de avanzar el cochero notó que el carruaje se ponía pesado y más aún al subir una cuesta. Cuando estaba el coche para llegar a lo alto perdió totalmente su peso y se sentía liviano como una pluma, al instante el cochero descendió, abrió la portezuela y vio que en el interior no se encontraba su patrón ni el acompañante...»

Oreste Plath, *Geografía del Mito y la Leyenda Chilenos*

La última toma

Me pasa con esto de tener que recordar el 11 de septiembre, que mi primera impresión –sorpresa, *shock*, desconcierto– sigue latente aún, y eso que estamos hablando de algo tan remoto, tan olvidado, tan cada vez más distante y ajeno. Veinticinco años después, sigo asombrado. Tengo la extraña sensación, al igual que ayer, que este hito marca algo, aunque no se deja descifrar fácilmente. Por el contrario, se escabulle, nos cuestiona, nos confunde a la vez que nos urge a hacernos cargo, hacernos responsable, apropiarnos de él.

Inciden, por cierto, las circunstancias, la manera cómo me enteré de lo ocurrido. No viví, ni presencié el golpe militar. A miles y miles de kilómetros de distancia, no corresponde decir que lo haya sufrido. Llevaba ocho años fuera de Chile. Mis padres estaban en Washington. Justo una semana antes había ingresado al primer año de la Universidad de Johns Hopkins en Baltimore, de modo que además de lejos del drama, me encontraba solo.

Supe vagamente por un compañero, al entrar a uno de los auditorios del campus, lo que había pasado. A primeras, pensé que estaba equivocado; bien podría haberse confundido de país sudamericano. Llevaba días, incluso, intentando explicar a mis nuevos amigos de universidad que Chile era excepcional. Corrí a comprar el periódico; lamentablemente, me confirmaría lo peor. Ahí en primera plana del *New York Times*, entremedio de la humareda y como si se estuviera cayendo –efecto oblicuo del ángulo con que se enfocó la foto– me encontré con la ya emblemática imagen de La Moneda.

Llevo años mirando la foto. La he hecho agrandar para colgarla en mi escritorio. Me sigue penando y eso que no es la más brutal. Conozco otra versión –presumo que tomada desde el diario *La Nación* minutos después cuando ya había cesado el bombardeo– en la cual la escena es infinitamente más dramática. Los mástiles al frente del palacio semejan lanzas, dos automóviles estacionados ya arden, en la vereda se aprecia cómo han caído las cornisas. La foto es a color; predominan los rojos y negros. Del viejo edificio pareciera sólo quedar la fachada. Lo único que se percibe, tras los ventanales y balcones de encima del portón de entrada y de las dependencias del primer piso, son las llamaradas. Una emanación de gas rojo humeante se escapa de uno de estos agujeros averiados; su silueta, suspendida en el aire, hace las veces de un animal suelto con cuernos y extremidades en actitud de huir de aquel infierno apocalíptico.

Lo que más me llama la atención en esta segunda foto es la nobleza del edificio. Paradojalmente, su monumentalidad y solidez. Ni en vivo produce tal efecto. Como si en ruinas hubiera logrado una dignidad circunstancial nunca antes y nunca después alcanzada. Algo así como la de un templo en escombros, como la sombra de una magnificencia herida pero que ni la ira más encendida ha podido del todo erradicar. La analogía más próxima que me evocan estas fotos de La Moneda es la armazón de la cúpula famosa de la ciudad de Hiroshima que las autoridades niponas sabiamente han decidido dejar como testimonio. En nuestro caso, han sido los reporteros gráficos los que han consagrado este momento en hito recordatorio.

Me detuve mucho rato mirando la foto del periódico. Supongo que la mezcla entre familiaridad y rechazo produce una suerte de parálisis, de estupefacción. La única vaga idea que yo tenía de un golpe militar correspondía al asalto del palacio en enero de 1925 en que entraron con sables y mauser y todo esto para desalojar a unos señores generales y almirantes que a esa hora tomaban el té.

Por vínculos familiares con uno de los Presidentes de la época me tocó conocer el edificio por dentro siendo no más que un niño. Además, mis primeros años los viví en un departamento del Barrio Cívico, al costado de la plaza Bulnes, justo al frente de La Moneda, en cuyos muros todavía se perciben huellas de proyectiles incrustados. Años después acompañé a una tía en una visita protocolar que le hiciera a doña Maruja Ruiz-Tagle y pude apreciar los salones y refrescar la memoria infantil. En esa ocasión se me quedaron grabadas para siempre la galería de los bustos presidenciales y unas escenas bélicas del salón Carrera; si mal no recuerdo, tratábanse de unas cargas de caballería con figuras heroicas y marciales. Curiosamente, tengo en mi actual casa una copia en yeso de uno de los bustos presidenciales, el de mi tatarabuelo Balmaceda, copia casi idéntica de uno de los tantos que quedó sepultado ese día. Y mi tesis doctoral, dicho sea de paso, versó sobre el período de Independencia, período en que todavía las guerras presuponían exaltación, nobleza, caballerosidad.

Sería presuntuoso decir que sentía el edificio como algo mío, pero ocurre que no me era ni extraño ni distante. Siempre lo sentí cargado de referencias personales. La residencia de uno de mis bisabuelos, que yo no conocí pero que forma parte de la mitología familiar en medio de la cual me crié, daba justo al frente de la entrada por calle Morandé. Desde muy chico he escuchado la anécdota de cómo Ibáñez, siendo viudo y presidente, se enamoró de una hermana de mi abuelo materno viéndola trenzarse el pelo en uno de los balcones. La casa de Ibáñez en Dublé Almeida donde jugué muchas veces durante mi niñez compartía algunos detalles –recuerdo en especial unas rejas y los vidrios catedral– con el ala sur del palacio; presumo que ello se debe a que en su primera administración los mismos arquitectos construyeron la parte de atrás del palacio, que después vino a ser el Ministerio de Relaciones Exteriores. Otro eco de La Moneda que me resultaba familiar corresponde a una de esas viejas columnas de madera montadas en serie sobre las cornisas y que en la remodelación del año '52 fueron sustituidas por las actuales de concreto; una de estos balaustros sirvió de adorno en casa de mis abuelos hasta que fuera rematado durante el gobierno de Frei Montalva.

En fin, soy todavía de la generación que cruzaba –impensable hoy– los zaguanes de La Moneda para ir de la Alameda a la plaza de la Constitución. Lo más cercano a violencia que recuerdo asociada con el edificio son los cañones dormidos –el «Furioso» y el «Tronador»– en el patio del mismo nombre[4] y por el cual cualquier ciudadano entonces podía transitar. Confieso mi ingenuidad. Los cambios de guardia en los palacios de Santiago y Cerro Castillo, el orfeón de la Plaza de Armas y los desfiles por la Alameda para la parada militar eran casi la única versión que yo manejaba hasta no hace mucho respecto a los militares. Atendible versión; era yo un niño todavía fácilmente impresionable.

Me detengo en estos detalles, si ustedes quieren nimios, porque frente a la foto de la UPI tuve la impresión de que algo muy personal, casi íntimo, había sido vulnerado. Crecí –puedo decirlo ahora que lo he visto tan a maltraer– pensando que éste era el edificio más sólido, el más imponente, el que encarnaba la fuente de todo poder. De caerse el país entero a pedazos por causa de algún terremoto, igual uno tenía la certeza de que éste iba a ser el último bastión que iba a quedar en pie. De aquí se enviarían las órdenes para levantar los puentes, socorrer a los damnificados, tranquilizar a la ciudadanía. Era aquí donde se recibía a los más altos dignatarios y a las grandes figuras extranjeras. Este era el lugar donde se llevaban a cabo las más fastuosas fiestas, donde los personeros más destacados, los políticos, los ministros, el cuerpo diplomático acreditado, se reunían a fin de tomar las más trascendentales decisiones. De haber una manifestación pública, las de ese entonces, con oradores que hacían resonar sus palabras y estallar aplausos multitudinarios, éste era el lugar que tenían en mente, era aquí donde algún día ambicionaban llegar. En resumidas cuentas, ésta era la casa donde se venía gustoso a sufrir.

Claro que el eufemismo aquel suena hoy, o mejor dicho desde que ocurrió lo que ocurrió, una crueldad. Una crueldad profética, adicional a la desatada esa mañana de septiembre y de

---

4. La siutiquería reciente ha hecho cambiar el nombre de este recinto por el de «Patio de Honor».

la que yo vine a saber uno o dos días después –mi memoria en esto me falla– en las páginas del *New York Times*.

¿Qué motivos tan poderosos gatillaron tal ira? ¿Qué impidió que se impusiera nuestra supuesta sensatez proverbial? ¿Por qué hasta lo más sólido habrían de desvanecerlo desde el aire?

No alcancé a intuir entonces pero creo sospechar ahora por dónde pueden ir las respuestas a estas incógnitas. Si he optado por ser historiador, y, de éste mi país, mucho tiene que ver con que ese día allá lejos frente a la foto en cuestión las inquietudes sobraban, respuestas no tenía, y así y todo, algo había ahí, en la foto misma, que parecía ofrecerse de clave a fin de descifrar el enigma.

Acabo de decir que algo sospecho, ahora, por dónde quizás pueden ir las respuestas. La inusitada violencia es un dato; la brutalidad matonesca habla por sí sola. Para qué decir la testarudez de los que resistían al interior del edificio; podrían estar bombardeándolos y el peso de las fuerzas, el calibre usado, no ser equiparables, pero igual a este edificio en particular no lo iban a abandonar así no más. Que el edificio, averiado y en ruinas, alcanzara una dignidad, la cual me atrevo a calificar como la más impresionante de su ya vieja historia, y más aún, el que el edificio soportara, dañado y todo, una furia inédita e insospechable para los estándares de este país, también parecieran estar diciéndonos mucho.

Por último, no puedo dejar de advertir una serie de hechos anexos a la foto y que la han ido volviendo más entendible. Desde luego, que quienes optaron por destruir el edificio obviamente se vieron obligados a restaurarlo años más tarde. Que, por mucho que hayan optado por borrar los efectos crudos y en vivo, igual la foto los sigue delatando; sospecho que no querían que las ruinas del edificio lo convirtieran en un símbolo más, como el de Hiroshima.

Así y todo, la foto sigue desmintiendo los intentos posteriores de restauración. El edificio de hoy no es el mismo que el de ayer. Como dice Cortázar, «hoy... las casas antiguas sucumben a la más ventajosa liquidación de sus materiales». Hay algo falso, pretencioso, simulador en tales esfuerzos cosméticos, fácilmente constatable por lo demás, por quienes hayan ingresado al inmueble en los últimos años. Y ello es así porque disponemos de ésta y otras fotos testimoniales.

Ya mencioné otra de estas fotos, pero hay más. Hay fotos que, si bien no se refieren a los hechos específicos del 11 de septiembre, parecieran concatenarse, hacerse eco unas con otras, formar parte de una misma colección. Lo son, por lo menos, en mis recuerdos y en la manera como las fui conociendo, la mayoría de las veces también fuera de Chile. El auto destrozado en Sheridan Circle, al frente de nuestra embajada, sitio en donde un amigo de mis padres, de la época que vivíamos en Washington –Orlando Letelier–, fuera alevosamente asesinado. También, ese otro atentado, igualmente registrado por las cámaras, en las calles del barrio de Palermo en Buenos Aires, en que cayeron el general Prats y su mujer. Ambas secuencias fotográficas –y obviamente no estoy pensando en términos burdos o conspiratoriales, ni mucho menos– me hacen recordar los automóviles en llamas al frente del palacio de La Moneda. Me evocan, si no la misma mano necesariamente, sí la misma escuela, el mismo estilo, una misma estética. Similares saldos y desperdicios acumulados por detonaciones. Huellas idénticas. Variaciones de un mismo tema. Escenas brutales que de repente se fueron volviendo demasiado cotidianas y familiares como para no sospechar de ellas, no suponerles vínculos, conexiones escondidas. En una de éstas, un mismo origen; obviamente, una misma historia.

Comencé diciendo que el 11 de septiembre emplaza, confunde, nos exige reflexionar. Es cierto, en un plano superficial, todo pareciera haber cambiado. La lógica histórica que hasta entonces había predominado, se congeló o trastornó. Viejas imágenes se detuvieron. La añeja versión de país que manejábamos y de la que nos vanagloriábamos colapsó simplemente. Devinimos otra cosa. Dejamos de ser lo que éramos, o para ser más precisos, dejamos de ser lo que creíamos ser.

Con todo, en otro plano, esta jornada sirvió para revelarnos otras facetas, no asumidas, apenas sospechadas, y que el espejo de nuestra historia, lo que registran ésta y otras fotos, ha dejado plena y descarnadamente a descubierto. En este otro sentido, valga la paradoja, nada cambió. Lo único distinto que proporciona el «11» es habernos revelado esta *otra* historia, la que ha ido develando nuestro desengaño, la que a la sombra de otros momentos estelares de lo brutal ha comenzado a despojarle y desvirtuarle el carácter supuestamente extraordinario, excepcional, a la jornada del «11».

Ahora bien, que hemos tenido esta *otra* historia, ¿quién lo sigue dudando? ¿Quién después del «11» podría negarla? He ahí la evidencia –chilenos invadiendo Lima como sólo chilenos lo suelen periódicamente hacer, chilenos saqueando Santiago el año `91, chilenos en contra de chilenos en «semanas rojas», Santa María de Iquique, Ránquil...–, en fin, el trasfondo violento que la historia oficial pretende esconder, finge ignorar y, por cierto, le avergüenza reconocer. Y todo porque se autocomplace en su propia rectitud. Ya sea porque se vuelve autocelebratoria cuando no grotesca en su triunfalismo eufórico, o bien, quejumbrosa, lastimera, autoconmiserativa. Las versiones cómicas o trágicas que tanto nos gustan e interpretan. En definitiva, si en algo nos debiera servir el 11 de septiembre, es en haber perdido cierta presuntuosa inocencia.

Soy de los que piensan, por tanto, que el «11» no ha sido del todo en vano. Nos faltaba la escenificación total de esta *otra* historia. El «11» fue eso. Nos proporcionó –discúlpenme la licencia– algo más que una mera sinopsis. Hacía falta la gran función, la superproducción, con bombo y platillos, toda suerte de efectos especiales, el mejor guión, el reparto estelar con los más destacados actores, los peores villanos, la balacera más creíble y sonora, noche de gala, champañazos, caviar y canapés. Para qué decir, la posibilidad de rebobinar la película y volverla a transmitir una y otra vez. Confesémoslo, el «11» ha sido nuestro más taquillero y dramático espectáculo. Curalaba, Rancagua, Chacabuco, Maipú, Iquique y La Concepción, son como para salas de provincia. La batalla de Santiago-Centro, en cambio, dio vuelta al mundo. Dio vuelta al mundo en más de un sentido. A mí al menos me lo descompaginó.

Manlio Brusatin, en su lúcido ensayo *Historia de las imágenes*, escribe: «Todo hombre es un pequeño archivo de imágenes que llegan a ser sagradas... no existen imágenes buenas o malas, sino imágenes y memorias que nos pertenecen o no nos pertenecen... Existe también una vida de las imágenes casi independiente de la manera de verlas.» Mi versión del «11» tiene que ver con eso; va por ahí.

Ballo in máschera

Uno está tentado, golpeado por lo que irrumpe a partir del '73, a pensar que aquí ocurrió lo que siempre sucede en las fiestas. Alguien tiene que ponerle fin a la velada, apagar las luces, cancelar o al menos prorratear la cuenta. Lamentablemente no me convence el argumento. Supone que nos volvimos sobrios.

El *show*, lo sabemos, no paró. Se volvió distinto, aparecieron nuevas parejas. Otros entraron a orquestar la sonajera. Música estridente, percusionista, wagneriana, folclórica-quinchera, con su dejo «retro», aunque –hay que reconocerlo– apoyado por un aparataje técnico, una soberbia producción, que a muchos nos tiene todavía embobados.

La nueva etapa comenzó de sopetón. Sin contemplaciones. A caballazo limpio, señores, a juzgar por las palabras de un ansioso Augusto Pinochet, esa mañana, la del día en que finalmente se decidió, *interferidas secretamente* y reveladas por Patricia Verdugo:

> No podemos aparecer con debilidad de carácter, aceptándole plazos y parlamento a esta gente porque... ¡no podemos nosotros aceptar plazos ni parlamentos, que significa diálogo, significa debilidad! Todo ese montón de *jetones* que hay ahí, el señor Tohá, el otro señor Almeyda, todos estos mugrientos que estaban echando a perder el país, hay que pescarlos presos... y el avión que tienes dispuesto tú –le habla al vicealmirante Carvajal– arriba y sin ropa, con lo que tienen, *p´a* fuera, viejo.

142

De ahí en adelante se le ofrecería al público una diversión operática de primerísimo orden. Curioso cómo, de repente, nos volvimos público. ¡Qué no presenciamos! Cargas de caballería blindada, lanzas pretorianas, golpes de timbales, agonías heroicas, calabozos, maquinaria de torturas, hadas de rojo y de verde, toques de queda, encapuchados, «palacios de la risa», gritos sordos a medianoche, chorrera de condecoraciones, una que otra en calidad de limosna para algún enceguecido por ahí, plumas de avestruz, hogueras de libros, apariciones de la Virgen, carapintadas con corvos afilados, cadáveres flotantes, torturadas que se enamoran de su torturador, automóviles sin patentes, caravanas de la muerte, degollados, quemados, hombres bonzo, sicópatas, rectores universitarios que descienden en paracaídas, sainete marcial. Curioso, también, cómo de repente nos acostumbramos a señores generales detrás de anteojos oscuros, a paisajes playeros con alambrados de púas, a recintos vedados, toques de queda, a zonas de restricción. Para qué decir lo que ocurría tras bambalinas. Sí, se contó con una excepcional milicia de retaguardia debidamente provista de disfraces, velos y cortinajes. Hubo de todo: absoluciones de confesores y capellanes (uno al menos le hizo al gabinete entero una clase magistral), delatores y «sapos» que allanan el camino, los infaltables tinterillos y prevaricadores, los tramoyistas de la noticia, los que maquillan las campañas de promoción, los que llenan las páginas de la «vida social», el infaltable claque solícito, en fin, los cajeros que tarifan el *pago*, el «pago de Chile». No olvidemos tampoco la gran mayoría silenciosa; *En cada soldado un chileno, en cada chileno un soldado.*

Pienso que este espectáculo cuando no solemne y ceremonial, o simplemente burdo y vulgar, que nos ofreciera el gobierno militar, aseguró su éxito no poco gracias al impacto escénico gatillado de inmediato. ¡Vaya sorpresa que nos tenían preparada!

Ensombrecieron la sala e iluminaron sólo lo que querían mostrar. Agotados después de más de un lustro de chingana volvimos gustosos a apreciar la purga sedativa del rito autosacramental debidamente marketeado. No se preocupe, se han contratado los mejores ejecutantes; mejor *troupe* impensable. Fíjese bien en quienes la auspician. Si se aburre o lo estremecen más de la cuenta,

143

considérelo una buena inversión. Gústele o no le guste. Y si no, quédese en casa, disfrute de la familia, atóntese con la televisión, el fútbol, lo que sea, pero déjenos en paz que tenemos para rato. Tenemos nuestra obligación, usted la suya. Sea libre; elija, elija, buen consumidor.

¿Cómo fue que llegamos a esta última versión de la libertad después de haber ensayado otras de índole tan distinta? No tengo más respuesta que el que nos encanta la libertad a nosotros los chilenos, por eso nos empecinamos en probar todos sus sabores.

En los 60 degustamos la receta picante: la libertad entendida como convulsión. Veníamos acumulando hambre atrasada y eran cada vez más los que no habían sido llamados a la mesa de los señores. No parecía mala idea, por tanto, esto de sermonear desde la montaña, predicar quién *iba* a estar en el gran banquete, multiplicar los panes... En su defecto, la Providencia nos guiaría en el buen camino. Así la cosa, la fiesta no tardó en ponerse *re´ buena*. Los invitados bajaron de la mina, hicieron cola, quisieron *servirse* todo, incluidas las criadillas del toro reproductor del patrón. Como era de suponer, se empacharon. Cundió el desabastecimiento, tuvimos que importar productos un tanto exóticos y hacer lo imposible para hacernos de un rollo de papel confort. Cómo olvidarlo, si siempre se lo recuerdan a uno. Efectivamente, también faltó, señal que había comido la gente antes del abordaje. Por último, nadie quiso pagar la cuenta; de ahí que tuvieran que tomar cartas en el asunto los nuevos dueños del *franchise*. Se abrieron las despensas y salieron a relucir las exquisiteces. Es cierto, mejoró considerablemente el servicio de aprovisionamiento, aunque la nueva *mise en scène* culminara en uno de esos cócteles parados en que se le atosiga a uno de *petites bouchées*. De la receta picante –la libertad como convulsión– pasamos a la receta condimentada económicamente con menú variado aunque con gusto a poco y de un mismo sabor: la libertad como derecho a elegir y luego pagar, la *nouvelle cuisine*.

Ironía aparte –aunque a veces el humor es un resorte epistemológico válido como cualquier otro–, pienso que efectivamente a los chilenos nos fascina la libertad a pesar de que no la entendemos muy bien.

144

Tuvimos un cierto tipo de libertad bajo el Antiguo Régimen. A pesar de las enormes diferencias en la sociedad chilena, crecientes incluso hacia los años 50, podíamos exhibir un orden basado en un respeto a las libertades públicas. Todos los sectores organizados podían recurrir a sus beneficios y expandir los márgenes no insignificantes de tolerancia que se habían ido materializando a través del tiempo. Con todo, nos olvidamos de todo ello demasiado fácilmente.

Luego en los 60 abrazamos los nuevos padrones de libertad ofrecidos. *Something in the way she moves / attracts me like no other lover / Something in the way she woos me...* No parece del todo descabellado haberlos aceptado. Motivos sobraban. Las mayorías lo querían. Mi principal reparo en esto es que se exacerbó la mirada mesiánica y no se percibieron debidamente las virtudes del equilibrio, la gran tradición escéptica del poder. El doctrinarismo arrasó con esa huella liberal, capital político que todos reconocían como propio y común no obstante su carácter oligárquico. Que tenía límites, por cierto. Que era reformable, conforme. Pero que era prescindible, eso fue simplemente una estupidez.

Ya en los 70 los dados cargados estaban echados sobre la mesa. Nuevamente se le dio la espalda a lo ya acumulado, y nuevamente además en aras de la libertad. Es muy sospechoso, como siempre entre nosotros nos encandilamos con la oferta de libertad. ¡Qué de crímenes se cometen en su nombre! Libertad que pedía más, seguía pidiendo más, después de haber sobrepasado todos los márgenes de expectativas imaginables. Y luego, con los militares, libertad que pedía un mínimo de orden a fin de poder administrar un país que nadie a esas alturas gobernaba. *I don´t want to leave her now, you know / I believe, and how!* Y nuevamente a un altísimo costo, esta vez despreciando la tolerancia. ¡Y qué de otros crímenes se cometen cuando ya no la hay!

En los 60 nos volvimos eufóricos y nos fuimos de madre. En los 70 terminamos por destetarnos y salirnos de todos los cauces históricos. Ahora bien, aun a riesgo de anticiparme en el tiempo, no creo que recientemente nos hayamos vuelto a encontrar con ese acervo que alguna vez dispusimos. Hay signos claros que el dogmatismo y la intolerancia son aún porfiados, brotan como nunca en este valle claustrofóbico presidido por una enorme nube contaminante de desconfianza y miedo. Miedo a la auténtica libertad, es decir, a la tolerancia y al respeto por los derechos públicos. Hay signos también claros que la *preterofobia*, el terror al pasado, se ha convertido en algo que nos es consustancial. El doblar la página es una manera perversa de querer un sucedáneo de la libertad y alivianar las conciencias, las malas conciencias. Nos hemos convertido en jaguares del olvido y del perdón autoconcedido.

La libertad supone poseer una perspectiva, un horizonte. Dicha perspectiva está al frente nuestro, en el futuro; también detrás nuestro, en el pasado. La tierra, a pesar de todo, *eppur si muove*, es redonda. De ahí que esas primeras fotos con que comencé el capítulo anterior –las de los políticos que saludan y entusiasman, al igual que la dimensión marcial que se torna persistente, y el semblante invadido por la extrañeza del joven aquel– sumadas a las fotos de este capítulo, las «últimas tomas», son todos, querámoslo o no, hitos que sirven para esbozar el horizonte de nuestra libertad aún pendiente, aún por entender, todavía posible. *She loves you, yeh, yeh, yeh, yeh...*

Libre, como el sol cuando amanece

Cuesta creer que el 11 de septiembre fuese visto como liberador, pero lo fue. No por todos, pero al menos la mitad de la población así lo creyó en su momento y lo sigue sosteniendo. Y eso, aunque no nos guste, es un signo de democracia. Después de todo, para allá *íbamos*. No se trata de la *versión liberal* de democracia, por cierto, pero sí la plebiscitaria que según algunos de sus críticos –de Tocqueville y el liberalismo doctrinario entre otros– se postula, se contenta con ser mera y simple mayoría, el resto qué importa.

El «11», para muchos, fue una liberación. Pensaron que se ponía término a un gobierno desastroso, el de la UP, y también a las transformaciones revolucionarias que nos venían traumando la convivencia como país. Son varios los planos, por tanto, en que opera este anhelo de libertad.

El ambiente estaba caldeado, y quienes más habrían de soportar la presión a diario era ese cada vez más amplio sector que se identificaba con valores burgueses. En el fondo, más que una auténtica revolución proletaria, la UP fue una rebelión antiburguesa en que lo popular, específicamente la amenaza popular, avivó temores muy primarios. Temores que llevaban años incubando, esperando la hora en que se tuviera que definir de una vez por todas el asunto. Si el gobierno de Frei fue ante todo una revancha antioligárquica, la UP fue vivida como un peligro inminente en que el *rotaje* se iba a apoderar del país, o mejor dicho, de esa parcela de dominio mínimo que maneja y exige para sí una medianía burguesa en una sociedad como la nuestra: la casa propia, una actividad comercial, un puesto, un sueldo, la enseñanza que se les imparte a los hijos, lo que uno come, las expectativas de mejora social, en suma, cierta aspiración a identificarse con lo estable. Esto último entendido como anhelo de tranquilidad, el que no se altere demasiado una cotidianeidad más bien plana, en realidad chata, sin mayores estímulos, pero al menos propia.

Esto explica varios puntos. Desde luego, por qué la UP alienó a la clase media, y eso que Allende y su gobierno provenían de ese mundo. Es más, sus intuiciones más acertadas llevaban a pensar que se podía hacer una alianza entre la clase media y el mundo popular. Al final, sin embargo, tanto la retórica marxistoide como el verse inspirado por una gran tradición de progresismo popular militante, predominaron e hicieron que la UP le diera la espalda a esta clase media. Paradojalmente, la despreciaban como pequeña burguesía. Además, se pensaba que esa estrategia aliancista ya la había intentado Frei, antes, cosechando fracaso.

El surgimiento en pleno de este anhelo *pequeño-burgués* explica también por qué el freísmo haría un viraje en seco. Hablo de freísmo puesto que está claro que la DC estaba dividida al respecto. Dicho viraje lo venía haciendo el sector más conservador del partido de centro desde los últimos años de gobierno. Ello debido a que la DC se había despreocupado de la clase media. ...*de pronto, ella me dijo / la aventura está acabada / y nunca olvidaré la burla de su mirada...* La fuerte impronta populista, no sólo retórica sino también en los hechos, los había distanciado el uno del otro. Buena parte del electorado de clase media durante el gobierno mismo abandonaría a la DC, al igual que le ocurriera al radicalismo en los años '50, moviéndose hacia la derecha. *No te pongas tu celosa...* Por consiguiente, hacia fines de los 60 Frei estaba más bien por consolidar los logros de su gobierno. Eso significaba tener que frenar el proceso de radicalización populista que él mismo había desatado, ya sea por estrategia de largo plazo o bien por motivos puramente demagógicos coyunturales. Es más, habiendo fracasado en este postrer intento, en buena medida porque su propio partido no lo acompañó, no les cupo a Frei y a su máquina incondicional otra alternativa que convertirse en oposición a la UP, con todo lo que ello significaba. Si había que unirse a la derecha, bien; si había que dificultar las negociaciones, bien; si había que vislumbrar posibles esquemas extrapolíticos, bien también. *Are you sorry we drifted apart? Shall I come back again?*

De todos los sectores fue la derecha la que comenzó a identificarse y conquistarse a la pequeña burguesía, ganándole la ventaja en esto a la DC. Conste que esta vinculación no fue tanto fruto de la convicción o de una historia compartida sino el resultado de la desesperación y la necesidad de recrear un frente antirrevolucionario inicialmente contrario a la izquierda pero, ya visto lo que pretendía el gobierno de Frei, también en contra de la radicalización de la DC.

La derecha tradicional, la de antes de la reforma agraria, es decir los antiguos partidos Liberal y Conservador, constituía una fuerza todavía inspirada en lógicas parlamentarias, oligárquicas o partitocráticas. Contaban con un voto alto y seguro, proveniente del agro, y, antes de que se introdujera la cédula única, del cohecho. Se trataba, además, como lo han ido planteando las investigaciones de Sofía Correa, de una derecha pragmática, que vinculaba a través de los partidos al sector agrario tradicional, al empresariado gerencial, a los principales gremios, a las agencias estatales, a las empresas estatales, a la administración pública y el Ejecutivo. Podía hacer, a través de los liberales, alianzas de gobierno con el Partido Radical, o bien, relacionarse con la jerarquía eclesiástica mediante los conservadores.

Pues bien, la DC terminó con este entramado, hasta los años 50 aún poderoso. Se propuso destruirlo y en gran medida lo logró. Literalmente le *expropió* el voto campesino. Le arrebató el apoyo de la Iglesia –sigo con el planteamiento de Sofía Correa– aprovechándose de las nuevas líneas vaticanas y probablemente, al igual que con el agro, apoyándose en la intervención norteamericana. Desbancó a la derecha tradicional como mejor opción alternativa frente al marxismo, y por último, siendo gobierno, mediatizó a través de la maquinaria partidista democratacristiana la llegada y vinculación con el aparataje estatal. En efecto, el monopartidismo fue la estrategia que empleó la DC para marginar a la derecha tradicional del Estado.

Está visto que ante tal escenario, sumado a los catastróficos resultados electorales del '65, la derecha tradicional se tuvo que recomponer políticamente. Recomposición que pasaba por anularse como fuerza política tradicional. Después de la reforma agraria y del gobierno de Frei no cabe hablar de derecha tradicional. Ni el Partido Nacional, ni Sergio Onofre Jarpa, los Rafael Cumsille, los León Vilarín, Pablo Rodríguez, Patria y Libertad, Fiducia, el golpismo que cortejó al general Viaux y que luego asesinara a René Schneider, para qué seguimos con más, insisto, esta derecha no responde a ningún parámetro político tradicional anterior. Hasta los años 50 y 60 la derecha tradicional fue antimilitarista, antipopulista, partidista, frondista y liberal; desconfió siempre del corporativismo, del nacionalismo, y su inspiración parlamentarista la llevó a ser siempre pragmática, nunca doctrinaria. En efecto, fue la experiencia traumática del gobierno de Frei, sumada a la radicalización del centro y de la izquierda, lo que permitió que estas corrientes antiliberales hasta ese entonces marginales y minoritarias, además de extremistas, llenaran el vacío dejado por la derecha tradicional. Y, por cierto, su electorado, su gravitación natural, radicaba en la pequeña burguesía, hasta esa época desatendida, en realidad despreciada, por el mundo de la élite tradicional.

¿Cómo se explica, sin embargo, que miembros de la clase alta se volcaran a esta nueva posición a riesgo, incluso, de destruir para siempre una larga trayectoria como núcleo elitario? El tema es sumamente complejo y hay que remontarse muy atrás, al siglo XIX, para apreciar cómo la posibilidad de su desaparición en cuanto grupo dirigente siempre estuvo latente, aun cuando una y otra vez se logró esquivar el peligro. Me referiré en profundidad a las consecuencias del colapso del Antiguo Régimen en la década de los 60 en el penúltimo capítulo de este libro.

El punto que sí quiero enfatizar aquí es que estamos ante una derecha con mucho más capacidad de movimiento que su antecesora. Una derecha despojada, por las circunstancias, de atávicos comportamientos que la indisponían a seguir una política de confrontación intransigente. *Hey, hey, set me free*. Una derecha *libre* de su historia pasada, nueva, ágil, de choque. Una derecha que, antes que defensora del *status quo*, es más bien un bloque derechista que siente que lo ha perdido todo, por tanto que se las puede jugar todas y a cualquier precio. En el fondo, una derecha *restauradora*, o lo que es lo mismo, potencialmente reaccionaria, militarista, corporativista, tradicionalista, la antítesis de su antecesora. Es decir, una corriente doctrinaria antiliberal más en un ambiente fuertemente ideologizado, y ya no la expresión política de una clase social y de una larga trayectoria histórica institucional.

Es más, tanto la izquierda como la derecha tradicional eran dualistas, concebían un mundo donde tan sólo había pueblo y grupos dominantes, punto. Curiosamente las dos fuerzas de centro que hemos tenido en este siglo, los radicales y democratacristianos, terminaron a la larga por sumarse a esta visión dualista, sin perjuicio que inicialmente intentaron abrir un cauce mesocrático. Los radicales, más que expresar un sentir de clase media amplia, se identificaron con una corriente partidista clientelística y fiscal, con una meritocracia profesional universitaria y docente, y por último, con grandes hacendados del sur. A su vez, si bien la Falange y la

DC siempre hablaron de una clase media, es interesante notar que se referían a una clase media que aún no existía o que tendría un origen provinciano y preferentemente agrícola una vez que operara la reforma agraria, como vimos en el capítulo II; no exactamente la versión de clase media o de pequeña burguesía a que se está haciendo referencia aquí. Por último, la fuerte apuesta al mundo popular marginal que hace la DC desde los 50 en adelante marcó un sentido también distinto a la emergente fuerza que brota en los 60 y 70 y de la que se aprovechará la *nueva* derecha nacionalista y eventualmente el gobierno militar.

Ahora bien, esta pequeña burguesía, conformada mayoritariamente por comerciantes, empresarios medianos, profesionales asalariados, y en no poca medida, terratenientes despojados de sus campos –a estas alturas se habla de «agricultores» (poseen reservas y bonos CORA) más que de patrones de fundo–, adquiere forma justo al mismo momento que se está llevando a cabo una transformación revolucionaria global de la sociedad, la que, además, amenaza con ser aún más profunda e igualitaria. No es de extrañar, por tanto, que a fin de atraer a este segmento se pusiera en primer orden de prioridades la defensa del derecho de propiedad, la crítica al gasto público, a la escalada inflacionaria, huelguística e intervencionista estatal, y la imperiosa necesidad de asegurar el orden público como fuera, verdadero programa doctrinario político hasta hoy vigente. Programa que, por cierto, los grandes conglomerados económicos sustentarían a pie juntillas y que los teóricos de la economía bautizarán posteriormente como neoliberalismo.

El que hayan coincidido a un mismo tiempo estos dos factores, por un lado las demandas pequeño-burguesas, y por el otro el ímpetu revolucionario generalizado, trajo consecuencias que, insisto, se mantienen hasta el día de hoy. Por de pronto la tendencia a asimilar libertad con la satisfacción de este programa político económico capitalista, a la vez que con el ejercicio autoritario, férreo, inclaudicable, en manos de un poder suprapolítico, es decir, suprapartidista. De consiguiente se fraguó la alianza que desde ahora en adelante vino a imponerse: la alianza entre la pequeña burguesía, la nueva derecha nacionalista, los grandes capitales y los militares. Y quizá lo más crucial es que, por fin, fue posible hacer un gobierno inspirado en aspiraciones de clase media o pequeño-burgueses representativos de cerca de la mitad de la población chilena.

Libre, como el ave que escapó de su prisión

Hecha esta digresión aclaratoria, volvamos a nuestro tema pendiente. Decía que en plena agitación acalorada, revolucionaria, había ido surgiendo como referente clave la *pequeña burguesía*, hasta ahora factor no esencial del sistema político chileno.

En lo político esto no puede ser más evidente. Pensemos en el bombardeo constante efectuado por una prensa, seria, pasquinera, da lo mismo a estas alturas, una prensa que se erigía en la barricada más de punta en el ambiente afiebrado de la época. Tanto de un lado como del otro, se apelaba a los sectores pequeño-burgueses constituyéndolos en destinatarios de mensajes preñados de odio, temor, alarma. Los titulares hablan por sí solos:

¡ALLENDE LEJOS! LES VOLAMOS LA RA... JA-JA-JA-JA-JA-JA-JA-JA- JE-JE-JE-JE-JE-JE-JE-JE- JU-JU-JU-JU-JU-JU-JU-JU-JU- JI-JI- JI-JI-JI-JI-JI-JI-JI-JI... ¡JUNTEN RABIA, CHILENOS!... EL PUEBLO APLASTARÁ A MOMIOS COMO A LAS BARATAS... ¡A RAYA LOS SEDICIOSOS!... ¡ARRANQUEN MOMIOS, VIENEN LOS ROOOTOS!... 508 LATIFUNDIOS EXPROPIADOS EN 180 DIAS... EL PUEBLO, EN GUERRA CONTRA MOMIOS Y FASCISTAS... TRESCIENTAS SON LAS INDUSTRIAS TOMADAS...LOS ALIMENTOS DE SU FAMILIA DEPENDERÁN DEL MÁS SECTARIO DE SUS VECINOS... ¡¡CHILENO!! ¡QUÉ SERÍA DE TU VIDA SI, MALEANTES COMO ÉSTE –QUE SE ALZAN CONTRA LOS GUARDADORES DEL ORDEN PÚBLICO– SE ADUEÑARAN DEL PAÍS! PARA EVITAR ESTA VERGÜENZA Y DEFENDERTE TÚ, TU FAMILIA, TU FUENTE DE TRABAJO, NO PERMITAS QUE SE ATAQUE A LAS FUERZAS ARMADAS Y DE ORDEN QUE PROTEGEN Y DEFIENDEN

LA SEGURIDAD Y EL PORVENIR DE LA PATRIA... ¡¡JUNTEN RABIA,
CHILENOS!! (el titular lo repetían)... ¡BASTA! AL PUEBLO SE LE ACABÓ
LA PACIENCIA. QUE SE LE DEJE GOBERNAR!!... EXIJA EL SUPLEMEN-
TO EL ROSTRO DEL FASCISMO... CON 4 GENERALES ALLENDE ACE-
LERA MARCHA DEL PAÍS AL SOCIALISMO... «VAMOS A LA CAMA» A
LA UNA DE LA MADRUGADA. EL TOQUE DE QUEDA SALVÓ A LAS
PITUCAS. AHORA NO PODRÁN QUEJARSE DE TENER LOS «HOYOS
VACÍOS»... NO HAY ALCOHOL, ALGODÓN, PASTA DE DIENTES NI
DESODORANTES... ALLENDE: «HAY HARINA SÓLO PARA TRES O
CUATRO DÍAS»... ¿PARA QUÉ RACIONAR SI NO HAY NADA QUE CO-
MER?... ALLENDE LLEVA A CHILE A SU DESTRUCCIÓN... LOS GORI-
LAS NO PASARÁN... UN MILLÓN DE TRABAJADORES EN PARO...
MOSTRARON EL POPI FRENTE AL MINISTERIO DE DEFENSA MIEN-
TRAS LOS MARIDITOS COCINAN Y CUIDAN GUAGUAS ¡MOMIAS
PIDEN A LOS MILICOS QUE LAS PASEN POR LAS ARMAS! ¡QUE NOS
ALLANEN, TENEMOS MUY BUENOS CAÑONES!... ¡RENUNCIE!
HÁGALO POR CHILE... ¡CADA CUAL EN SU PUESTO DE COMBATE!...
¡¡JUNTEN RABIA, CHILENOS!!...

En efecto, la pequeña burguesía chilena contemporánea se
configura a partir del amedrantamiento y encono. En otras latitu-
des este mismo sector deriva de la ética del trabajo, del calvinismo,
de conductas inmemoriales basadas en la mesura, el ahorro, el servicio público u otros equivalentes. Entre nosotros, en cambio, nace
por primera vez como protagonista central en calidad de víctima o
monstruo, hipo aterrado o *facho* sedicioso, alharaquiento o abusa-
dor. El punto no es insignificante puesto que su auto o contraimagen
negativa, la única imagen que maneja, desde el origen mismo en
que aparece en la historia de este país, la predispone a identificarse
desde el oprobio y la repulsión. De ahí claramente la paradójica
suerte que *sufre* el epíteto «momio». De haber sido, desde sus inicios, un descalificativo, muy rápidamente pasa a ser, y eso que se
estaba todavía en medio de la refriega, un rótulo de orgullo, de
desfachatez y elación. *Soy «momio», ¿y qué?...*

Conste que para ser *momio* no era preciso pertenecer a la clase alta, ser un gran potentado financiero, un viejo terrateniente,

un magnate industrial, un beato o conservador. Bastaba con no ser *upeliento*, marxista-leninista, socialista, *comunacho*, en fin, un *roto* tal por cual. Es notable cómo de repente nos hicimos de «rotos» que en verdad nunca antes lo habían sido, y a la inversa, de recién encumbrados que en condiciones normales les habría tomado bastante más tiempo ascender. Suele ocurrir este tipo de advenimientos cuando se está en plena revolución. A lo que voy es que ya aquí se vislumbra buena parte del cambio sociológico que se ha ido produciendo en Chile y que se irá consolidando en nuestros días. Otra razón más para constatar que el paso de la UP al gobierno militar fue un fenómeno, si bien traumático para todos, para muchos de nosotros, para los que se aprovecharon de la ocasión, no por ello menos liberador.

La verdad sea dicha, tanto el gobierno de Frei como el de Allende nivelaron a este país, cuestión que el régimen militar se ha encargado posteriormente de afianzar. Esta nivelación social, por cierto, no se debe únicamente a estos gobiernos. Desde los años 60 a nuestros días ha ocurrido más o menos lo mismo tanto en Europa como en los Estados Unidos. En un estudio de historia sociocultural que trata el caso británico, Christopher Booker, su autor, concluye que uno de los aspectos que definen a los años 50 y 60 es el progresivo desclasamiento que se produce en esas décadas. No tiene nada de extraño, por consiguiente, que otro tanto ocurriera en Chile, aunque con el consabido retardo. Claro que en nuestro caso el fenómeno fue más rápido, brusco y en muchos sentidos muchísimo más trastornador si es que no brutal. El cambio en las costumbres y en las modas, el surgimiento de la juventud como un actor protagónico que aspiraba a una creciente democratización, corrieron aparejados a un quiebre social mucho más profundo. Los años 60 y 70 constituyen el período cuando colapsa todo un orden social señorial, jerárquico, que se remontaba muy atrás, desde el siglo XVII para ser más exacto. De modo que para nosotros lo que ocurrió en esta época es, guardando las proporciones, análogo a lo que tuvo lugar en Europa a partir de la Revolución Francesa, lo que no es poco.

Como ya lo vimos, venían acumulándose ingredientes que

pavimentarían y facilitarían este desenlace nivelador. Por de pronto, desde sus orígenes la DC se había planteado como una fuerza revanchista y revolucionaria, anti-oligárquica, y eso que supuestamente era la corriente de centro. Por otra parte, las distintas versiones mesocráticas que habían ido adquiriendo poder político, concretamente bajo el radicalismo de los 40 y tempranos 50, habían terminado siendo neutralizadas o cooptadas por la élite tradicional, lo que generaba no poca frustración y acrecentaba el resentimiento. Es más, el modelo económico estatista desarrollista no había terminado con el poder del grupo tradicional, a la vez que paralelamente estaba estancado. Por último, la élite dirigente tradicional hacia los 50, intuyendo que se les vendría abajo el mundo muy luego, como que se ensimismó y desgastó en una frivolidad ambiente que no condujo a nada memorable, y menos a justificarla ante quienes estaban por pasarle la cuenta. Por ende, el fenómeno contracultural a la hora de reproducirse en nuestro país tenía el terreno ya abonado.

En efecto, en los 60 y 70 los nuevos tiempos *nos igualaron*. De habernos diferenciado fuertemente unos de los otros en los 50, por fin, nos democratizamos. Repentinamente, todo se volvía posible. Esas empingorotadas matronas que lideraban la «Marcha de las Cacerolas», custodiadas por sus nietecitos de Patria y Libertad, ¿qué tan distintas eran de las dueñas de casa de un Chile de mediopelo? Es más, bastaba con conseguir de la agencia de «promoción popular» la máquina de coser, y sintonizar la telecomedia «Simplemente María», que versaba sobre el ascenso social de una costurera, y el sueño de Cenicienta no sólo era posible, bien podía volverse realidad. Otro tanto ocurría con las «palomitas blancas», las de la *pobla*, que en vez de un *water* tenían un hoyo; iban a Piedra Roja a un festival y se encontraban con el «Juan Carlos» de sus sueños, «tan lindo, tan pálido, con los ojos celestes hundidos, como con azul en los párpados, y el pelo rubio...» Los ejemplos, en verdad, sobran. Descendientes de otrora orgullosos patricios se retrataban en calidad de «lolas» comunes y corrientes para portadas de esos alauchados librillos publicados por la muy plebeya Quimantú; hoy las sobrinas concursan en vulgares y silvestres certámenes de belleza. Por último, comparo una secuencia fotográfica que retrata a mis compañeros de primera preparatoria del colegio de Los Padres Franceses, promoción año 1972, con mi propio álbum de un colegio secundario en los Estados Unidos, lugar donde yo vivía hacia esa misma época. Quedo impresionado; resulta que los chilenos son mucho más dados que los gringos a dejarse largo el pelo. En la foto correspondiente a 1969 todavía están vestidos de uniforme completo. Al año siguiente se han sacado la corbata y algunos la chaqueta. Lo que es el `72 andan casi todos vestidos de calle; mi abuelo habría dicho que desastrados. En fin, qué duda cabe, por fin nos democratizábamos.

¿Qué no hicimos en los 60 y 70?

Amén de descastarnos, fumarnos nuestros primeros pitos, dejarnos crecer las barbas y patillas, colgar al «Che» en nuestros dormitorios, descifrar mensajes ocultos en los discos de los Beatles, ponernos botines a lo Beatles, chombas a lo Beatles, peinados a lo Beatles, leer el librito rojo de Mao, recitar el *Manual del Poder Joven* de Van Doren, aprender todo lo que había que saber del marxismo, más del puño que de la letra de Marta Harnecker, desenmascarar al Pato Donald como un cuento imperialista, y bajarnos los pantalones bastante a menudo... pues, en verdad, hicimos tanto más: le expropiamos el fundo al abuelo, ensayamos la puntería en escuelas de guerrilla, cortamos caña en Cuba, nos despachamos al Comandante en Jefe del Ejército, y gritamos, gritamos, gritamos a todo dar: ¡ATRÁS ATRÁS, GOBIERNO INCAPAZ!; ¡MOMIO, ESCUCHA, EL PUEBLO ESTÁ EN LA LUCHA!; NO HAY CARNE, HUE´ÓN, NO HAY POLLO, HUE´ÓN, ¿QUÉ CHUCHA ES LO QUE PASA, HUE´ÓN?; ¡MOMIA, PITUCA, COCÍNAME LA DIUCA!; ¡ALLENDE, ESCUCHA, ÁNDATE A LA CHUCHA!; ¡EL PUEBLO UNIDO, JAMÁS SERÁ VENCIDO!

Fuimos coléricos y alocados, psicodélicos y rayados, confianzudos y fervientes, poéticos y calientes. Se nos ocurrió de todo: practicar meditación trascendental en la India, experimentar con alucinógenos, comenzar nuestras primeras terapias, levantarle la mujer al mejor amigo y el marido a la mejor amiga, cuando no acostarnos todos juntos, o escaparnos con la suegra, la polola qué más da; *all you need is love, love is all you need*. Se nos echó a perder el gusto, pero no hubo moda y vértigo que no ensayáramos. Los muebles de palo quemado nos parecían *bomba*, soñábamos con tener una pollera de Mary Quant y que nos confundieran en lo posible con Twiggy. Quemábamos los sostenes, quemábamos incienso, quemábamos neumáticos, quemábamos banderas yanquis, *prende una mechita...*, rayábamos las murallas, nos reíamos de los pacos, les tirábamos maíz a los milicos, les sacábamos la lengua a los generales, le regalábamos el «huevo de oro» a cuanto huevón se lo mereciera, en fin, hicimos de la iconoclasia nuestro credo, hicimos de un cuanto hay. *It´s been a hard day´s night...* Ocupamos la Universidad, asustamos a uno que otro profesor nazi por ahí, lanzábamos arsénico a nuestros compañeros, respirábamos gases lacrimógenos como si nada, estudiábamos filosofía, historia y sociología, por último partimos a París. Nos íbamos a vivir a las poblaciones, nos daba igual la «opinión» del Papa sobre la píldora, abandonábamos los colegios de los ricos para enseñarles a los pobres, colgábamos la sotana para acostarnos con monjas, literalmente... nos tomamos la Catedral. *...Let it be, let it be...*

En definitiva, nos fuimos de madre, sembramos discordia, se nos pasó la mano, nos cagamos en el piano, y aterramos a medio mundo en el entretanto. *Help me if you can I´m feeling down / And I do appreciate you being round / Help me get my feet back on the ground...* ¿Cómo no entender, entonces, que los Raúl Hasbunes entre nosotros, ya aliviados, opinaran después del golpe: «Para mí (el 11 de septiembre) el gallo cantó, en Chile amaneció y las pesadillas de la noche se esfumaron»? En efecto, la fiesta duró lo que duró. Entre que se quería y no se quería, la gozamos y nos agotó. Por consiguiente, había que ponerle freno al asunto. *When I find myself in times of trouble / Mother Mary comes to me / Speaking words of wisdom / Let it be, let it be...*

En resumidas cuentas, el 11 de septiembre fue nuestra *solución final*.

¡Y, al fin, sabemos qué es la libertad!

Nótese que hasta ahora apenas he mencionado a Pinochet. Y eso que es la figura individual más protagónica del último tercio de este siglo. Es más, para un sector todavía influyente, él y su gobierno encarnan la idea de libertad en el sentido antimarxista de la palabra. Nos liberó de lo peor, del desastre que se vivía bajo la UP y el infierno que se temía y vaticinaba como posible. Más aún, desde entonces es él supuestamente a quien le debemos el desarrollo económico, que las cacerolas estén llenas, que nos hayamos vuelto «ricos, ricos, ricos, ricos», que a los *rotos, upelientos y marxistas* los tengamos bajo control, que a los «señores políticos» también. En fin, razones nos sobran para ungirlo la «Primera Autoridad de la República», el «Gran Salvador de la Patria», el «Hombre Providencial», el «Hombre del Destino», el «Pionero del Mañana» («*Tomorrow´s Pioneer*» en la versión en inglés), «Un Soldado para la Paz», «Hijo Ilustre de Tagua-Tagua» y de todas las provincias del territorio nacional, Senador Vitalicio, «Benemérito», «Inmortal» y recién ahora, «Detenido»... En fin, es curioso cómo a pesar de tanta virtud, no se haya hablado de él aún. ¿Será por animosidad, prejuicio, mezquindad de parte de este autor?

No. Simplemente que Pinochet hasta ahora era un *nadie*. No se le conocía. Se suponía que era un militar más, lo que para el mundo civil no era decir mucho. No acostumbrábamos entonces a preocuparnos demasiado de quiénes eran los oficiales que presidían nuestras instituciones castrenses, de dónde venían, qué temían, qué odiaban, cómo se les adiestraba, qué pensaban. La sola idea de que pensaran, de que pudieran tener posiciones, de que se abanderizaran con algo más concreto que la vaguedad que suele rodear a cierto nacionalismo grandilocuente de corte ceremonial, es un asunto que hemos ido reparando desde el día mismo del 11 de septiembre. Nuestra estabilidad dependía precisamente de esta despreocupación. Si nos hubiésemos obsesionado con el mundo militar, habría significado que tenían relevancia política. Por el contrario, porque nos eran indiferentes es que teníamos el sistema institucional civil de que nos preciábamos.

158

En el fondo, esta institucionalidad estaba condicionada a que individuos como Pinochet fueran lo que eran: una incógnita respecto a la cual no había que detenerse mayormente, parte de la escenografía ritual, a lo más un expediente coercitivo al que se podía recurrir en circunstancias muy extremas si bien coyunturales. En definitiva, gente confiable por lo mismo que anodina, insignificante en cuanto a su impersonal instrumentalidad. Eso era Pinochet. Fue formado en esa escuela. Ascendió, lo promovieron, se le confirió responsabilidad, actuó siempre y disciplinadamente conforme a dicha inspiración civilista. Por eso también llegó donde llegó.

Pero ¿y la gran tradición militar de este país? La de los españoles y sus huestes, Lautaro, Michimalonco y sus hordas, los capitanes generales de antes de la Independencia, el panteón heroico de esa y tantas otras gestas igualmente épicas, Prat y los soldados que nos abrieron camino a Lima varias veces, los del '91, los que reprimieron las huelgas hacia fines del siglo pasado y principios de este siglo, los oficiales que Alessandri introdujo a la política... Sí, por cierto, eran parte de nuestra historia, pero una historia que tenía una funcionalidad social muy precisa. Se trataba de una historia patria, preñada de heroísmo, que invocábamos según un calendario de efemérides, que se enseñaba en las aulas u operaba a lo más como trasfondo teatral de un desfile, una ofrenda floral, la guardia de palacio... Versión que los mismos militares eran los primeros en refrendar gustosamente. Después de todo era la oportunidad que ellos tenían para hacerse presentes, mostrarse, exhibir en público su gallardía, su parafernalia bélica, su cronométrica marcialidad. *Impecable parada, general, lo felicito.*

Obviamente, ello no era todo. El mundo civil siempre puso atención, no mucha, pero suficiente en el mundo castrense, más allá del mero espectáculo disuasivo del poder bélico o de la épica heroica inculcadora de valores patrios. De hecho, nuestros principales historiadores de las guerras, del Ejército y otras instituciones armadas no han pertenecido a las corporaciones militares. A ellos, y conjuntamente con ellos a la clase política de la cual provenían, por cierto no se les escapó la gravitación que dichos elementos tenían o podían llegar a tener en nuestra sociedad. Estaban plenamente conscientes que podían ser algo más que mera decoración escenográfica. No eran unos ingenuos nuestros políticos e historiadores de ayer. Por lo mismo es que enfatizaban la disciplina, la dependencia y subordinación del soldado al civil, que la nuestra no había sido una historia caudillesca, que por el contrario, el mundo castrense era un orgullo nacional en virtud de esta prescindencia, de esta autorrepresión de sus más bajos y primitivos instintos. Lo militar no era una función autónoma sino profesional. Es más, cuando se habían inclinado a esa otra tentación, la historia demostraba que en última instancia la fuerza residía en el derecho, la Constitución, y en definitiva en la capacidad de los mismos civiles de imponerse. En su momento, habían derrocado a O'Higgins, Portales los había disciplinado, los Sotomayor Valdés, Vergara y Santa María se habían demostrado más que eficientes llevando a cabo tareas de defensa nacional –la guerra es demasiado importante como para dejársela a los militares–; el segundo Alessandri los había devuelto a los cuarteles, si hasta el mismo Ibáñez, tanto en la primera como en la segunda administración, habría terminado por reconocer la no viabilidad de un régimen puramente militar.

Dicho de otro modo, el aspecto militar no era despreciable pero sí secundario, nunca sustantivo. Cuestión que, insisto, los militares no sólo aceptaron sino que además les resultaba perfectamente razonable. Soportar grados agudos de indiferencia, desdén, e incluso hostilidad en determinados momentos era o una confirmación de su papel profesional, o bien de su muy limitada y restringida ascendencia política. En consecuencia, el militar, hasta antes del 11 de septiembre, sabía al menos cuál era su lugar. Lo que no tenía nada de extraño, puesto que tratándose de una sociedad todavía señorial y jerárquica, no ajena a la tradición militar por lo demás, era de la esencia coincidir con dicho esquema. Lo otro habría sido lisa y llanamente sedición.

Pues bien, volvamos a Pinochet.

En efecto, lo anterior cambia con Pinochet. De haber sido un factor adjetivo, auxiliar y dependiente, aunque no descartable, el mundo militar a partir del 11 de septiembre se vuelve sorpresiva y drásticamente en un todo envolvente, totalizante. Los papeles se invierten. El desdén, la indiferencia y la hostilidad provienen, ahora, de los militares para con los civiles. Claro está que la simetría no es equiparable. El régimen militar va a excluir, anular y repudiar a los civiles, de un modo que jamás el orden político intentó siquiera pensarlo en el pasado como posible respecto a la función castrense. Con una salvedad, no menor, que para que ello ocurriera los militares contaron con la aceptación consentida de un sector amplio de la civilidad. Y si bien es cierto que la fuerza brutal suele impactar y condicionar este tipo de consentimientos, así y todo, pienso que en este caso, al menos, dicho consentimiento no está viciado por la fuerza. La civilidad, reconozcámoslo, admitió por lo general que se revirtieran los papeles. La pregunta que hay que hacerse, por tanto, es por qué.

Las respuestas que se han dado hasta ahora no persuaden. Que el mundo civil aceptó su ineptitud, que estábamos empatados en tres tercios, que la política estaba desquiciada, que el fracaso era más profundo, que no se trataba sólo de un gobierno desastroso, que se venía anunciando una crisis terminal desde hacía cien años –como machaconamente quiere convencernos Gonzalo Vial–, en fin, que la verdad tiene su hora, y ésta finalmente nos llegó por la mañana de un día de septiembre antes de volver a abrir las despensas e irnos a almorzar. De haber sido así, es el mundo civil el que habría consentido su propia autodestrucción, su aniquilación, habría deseado que se le castigara. En el fondo, se habría posesionado del mundo civil una suerte de sadomasoquismo que lo habría impulsado a que lo hicieran polvo. Habríamos sido nosotros mismos los que ordenamos a los *hawker hunters* que bombardearan La Moneda, nosotros los que detuvimos, relegamos, exiliamos, apretamos el gatillo, fusilamos, torturamos, hicimos desaparecer los cuerpos, se nos ocurrió la estupenda idea que fue la DINA, limpiamos los rastros, fuimos también las víctimas, las que torturamos y nos torturaron...

Esto es simplemente un absurdo. Util absurdo para alivianar la responsabilidad entre quienes les corresponde una cuota indesmentible de culpabilidad. Peor aún, útil absurdo para seguir sosteniendo que no tenemos remedio y que habrán de pasar años y años antes que podamos saldar nuestra carga histórica. Quienes sostienen este tipo de argumentos hacen de la historia una pesadilla sin fin. Quienes fomentan este tipo de explicaciones pretenden convertir la historia en *mala conciencia*, *mala memoria*, superable únicamente si olvidamos, doblamos la página, miramos para delante para así no hurgar, averiguar quiénes efectivamente debieran ser llamados a declarar y justificarse. En el fondo, son estos argumentos los que convierten el pasado en un pantano.

No es sensato hacer de la historia un recurso cómplice, que en aras de blanquear el pasado se nos angustie y traumatice, que a cambio de esta nueva versión de la libertad a favor de algunos y a costa de los más, se nos quiera obligar a conceder la conveniencia de semejante absurdo.

Volvamos a Pinochet.

¿Qué pautas hay en el personaje que nos permita entender mejor el asunto aún pendiente? *¿Cómo es Él?*

Decía unas líneas atrás que Pinochet hasta ahora era *nadie*. Exceptuado su propio testimonio, todos los involucrados en el golpe han sostenido públicamente que se plegó sólo hacia el final cuando ya estaba tomada la decisión. Lo anterior es concordante, por lo demás, con lo que alguna vez aconsejara el Generalísimo Franco, de quien Pinochet se ha declarado varias veces su profundo admirador: «Se hacen mejor las cosas en el último minuto, puesto que entonces se tiene una mayor riqueza de datos».

Resulta extraño, en todo caso, que Pinochet insista hasta el día de hoy que fue él quien lo planificó todo. En verdad, es un hombre desconfiado por naturaleza y tiene sobrados talentos de estratega. Si estaba complotando desde hacía tiempo significa que se cuidó mucho de delatarse, claro que a costa de simular su lealtad al Presidente de la República y a su superior jerárquico hasta hacía poco, el general Prats, situación que no lo deja especialmente bien como hombre de palabra. Lo único concreto y fehaciente es que firmó y selló con timbre de goma su adhesión días antes y sólo después que el general Leigh, un tanto impaciente por los intentos dilatorios de parte de Pinochet, insistiera. Esto último lo retrata. No bastaba con su nombre. Sentía necesario comprometer a la institución. Él mismo reconocía con ello su débil solvencia personal, amén de ceñirse a una aparatosa convencionalidad burocrática.

Inmediatamente después, sin embargo, el personaje literalmente se transforma. En los diálogos, recientemente revelados, con Leigh y Carvajal durante el golpe, nos encontramos con un Pinochet duro, cruel, grosero, rabioso, vengativo, urgido por las circunstancias que lo comprometen.[5] Desecha cualquier parlamento con los asediados de La Moneda. Está dispuesto a derribar un avión, suponemos que piloteado por oficiales de la FACH, que iba a llevar fuera a Allende y sus acompañantes. Este no es el único indicio que tenemos de la *transformación* de Pinochet. Moy de Tohá en su relato a Patricia Politzer acerca de su entrevista con Pinochet, días después del 11, cuando acude para indagar sobre su marido en Dawson, nos cuenta:

> [...] ese día, *ya no era el mismo*, entró gritando como un energúmeno [...] Gritoneó [...] Gritaba como desaforado, decía que habría sido mucho peor si hubiésemos sido nosotros los que hubiéramos ganado la batalla, si nosotros estuviéramos en el poder [...] Después siguió gritando contra Allende y contra Altamirano [...] Era imposible mantener un diálogo, uno preguntaba y él respondía vociferando cualquier cosa [...] (el énfasis es mío).

Una vez más Pinochet se delata como un hombre *hecho a la medida de la oportunidad*.

Tiene mucho también del poseído, del que se siente investido e inducido por fuerzas superiores a él. En sus memorias, en

---

5. Es interesante notar que estos diálogos fueron reproducidos anteriormente por el mismo Pinochet en sus memorias, pero omitiendo los pasajes que lo delataban. También altera el lenguaje soez, una vez más a fin de no revelarse. Obviamente Pinochet desconfía de sí mismo, no sólo de nosotros.

los pasajes referidos a su designación como Comandante en Jefe del Ejército, menciona tres veces la Providencia:

> [...] De regreso en el Ministerio de Defensa anoté en mi libreta. «He sido nombrado Comandante en Jefe del Ejército. Creo que la Divina Providencia me ayudará en mis pasos»[...]
>
> Había como una luz del cielo que nos iluminaba en esos días negros. Todos los problemas se aclaraban o se solucionaban en forma tan limpia y normal, que hasta los hechos que al principio parecían negativos tenían un final favorable. *Hoy, cuando miro el camino recorrido, pienso cómo la Providencia, sin forzar los actos, iba limpiando la senda de obstáculos, para facilitar con ello la acción final que debíamos realizar para terminar con el gobierno de la Unidad Popular* [...]
>
> [...] Hoy estimo, además, que [...] [se estaba] cumpliendo el mandato del destino, donde actúa la mano de la Providencia de las más inesperadas maneras. Sé que muchos no lo aceptan así y aún más se burlan de ello, pero las creencias dan fuerzas a los actos (el énfasis es mío).

¿Quién es, entonces, Pinochet? Sería muy largo tratar de definir al personaje, pero hay ciertos rasgos ilustrativos que lo perfilan como único.

Pinochet es ante todo un *sobreviviente*. Logró esquivar las dudas de Allende para que lo nombrara en el cargo. Superó los resquemores que los otros jefes militares albergaban sobre su persona durante la preparación final del golpe. Fue superando cada una de las etapas que marcaron el paso del régimen militar. Sobrevivió la etapa colegiada de la Junta; sobrevivió la caída de los generales Leigh y Mendoza, miembros originales de ésta; superó dos fuertes crisis económicas durante su gobierno; la campaña en su contra desde el exterior; las protestas de los años 80; al menos un atentado a su vida; la derrota en el plebiscito de 1988; las investigaciones que por *razón de estado* no se han podido llevar a cabo sobre manejos económicos dudosos de uno de sus hijos; las sospechas de que él siempre estuvo detrás de la DINA y Contreras; la acusación constitucional... Sobrevivió a Allende, Prats, dos ministros de Defensa bajo cuyo mando estuvo subordinado, también al general Bonilla, todos ellos muertos, salvo uno (Allende), en circunstancias que aún no se aclaran. Sobrevive una y otra vez a la Concertación. Ha sido el soldado que más tiempo ha estado en el Ejército chileno; sobrevivió todos los escalafones, las privaciones, los destinos, las humillaciones, los *marcapasos*, las órdenes –¡cuantas órdenes!– de los demás.

Pinochet es también muy astuto. Lo que más sorprende es su extraordinaria habilidad para hacer de las derrotas su victoria, tanto la de los *otros* como las propias. Es un individuo ambiguo, resbaloso, aunque enérgico una vez que finalmente se decide. Pinochet siempre hace tiempo, marca el paso, gana tiempo, perdura en el tiempo.

Se las da de pensador político, de historiador, y ha escrito sus memorias. Con todo, sus libros son insustanciales y aburridísimos. Bien podría no haberlos escrito; con seguridad no es él quien escribe y lamentablemente a sus amanuenses los tiene cortitos. En efecto, jamás revela algo auténticamente personal. Como que siempre se encarga de que no queden rastros. El Pinochet que durante años se escudó detrás de anteojos ahumados nos ve a todos pero se esconde. No da la cara. Tiene que estar en control de la situación. No puede moverse una hoja sin que él lo sepa.

Es un hombre muy frío y puede llegar a ser extremadamente odioso, aunque también explota cierta cazurronería campechana, desconfiada, ambivalente, que aliviana su inflexibilidad y dureza brutal. Según algunos es simpático; sus simpatizantes así, al menos, lo sostienen. Se puede ir de palabras y ser sarcástico cuando improvisa, pero incluso entonces como que quiere dejar en evidencia que lo atrabiliario es una regalía propia del poder. Hay que concederle, sin embargo, que es un magistral manipulador. No le gusta estar en desventaja. Puede que corra solo y salga segundo, pero lo crucial no es lo último sino lo primero, el que corra solo, el que no admita competencia. Ya llegó. De ahí que nunca valore al adversario. De ahí también que jamás confiese errores o derrotas. Nunca perdona ni pide perdón. No hay nobleza en Pinochet; no hay *fair play;* no se juega con él. Tampoco reconoce compromiso alguno. El siempre se sitúa por sobre el país.

En el fondo, es un ególatra escurridizo. Es capaz de fotografiarse ante un espejo para reflejarse, por partida doble. El y su imagen. Su imagen retratada y reflejada en el espejo. De ese modo desaparece, a la vez que sigue presente, mirándonos, al *aguaite* de nuestros errores, nuestras debilidades, nuestras pasiones, nuestra admiración y adulación. Nadie en nuestra larga historia se ha fotografiado junto a tantos; nadie ha generado tantos deseos de fotografiarse junto a él. Insisto, Pinochet está siempre ahí, perdura, nos acompaña, nos persigue, no nos deja, persiste. Es un *inmortal detenido.*

El que esté y no esté se debe a que siempre maneja las situaciones. Abarca más que el radio inmediato donde se mueve. No por carisma sino por presencia, por clima, por golpes efectistas, por «gestos». Se rodea de un séquito de seguridad impresionante e intimidatario. A eso debemos sumarle las cámaras, los micrófonos, los periodistas; si hasta en el hemiciclo se hace acompañar de otros senadores que le guardan la espalda. Además, se inviste una y otra vez de los colgajos del poder. Tiene especial debilidad por las condecoraciones, los uniformes, los títulos honoríficos y las interminables nuevas variaciones que introduce a su indumentaria. Nadie en la historia de este país ha sido tan homenajeado, premiado, ensalzado; probablemente nadie ha sido tan aplaudido y defendido por moros y cristianos.

Sus gustos son peculiares. Los públicos, fastuosos y megalomaníacos, como el Altar de la Patria y la casa de Lo Curro. Los privados, para callado. Es coleccionista y, desde hace años, mucho antes de llegar a donde ha llegado, es un fetichista de los libros. No es culto, sin embargo, ni elocuente, como tampoco llama especialmente la atención su capacidad razonadora. Pinochet no es un tribuno, tampoco un demagogo. Ejerce el poder de otras formas. Se le teme y admira. Sorprende siempre. Y ha tenido el enorme talento de volverse indispensable. Así y todo no es querible. Puede suscitar histeria fanática, incondicionalidad y admiración pero no se le quiere. Él lo sabe y no pretende que sea distinto. Nunca ha aceptado que se haga un culto a su persona. El pinochetismo obedece a un trasfondo real, no diseñado, pero no es fruto del cariño, sí de la sensación que él es un salvador, un gran protector, «la voz de los que no tienen voz», según propias palabras.

No es inconstante, manipulable o desequilibrado, como lo era Merino; de hecho, nos salvó de Merino y también de Leigh, este último probablemente un fascista a la época del golpe. Es un hombre serio aunque no grave. Le gusta rodearse de hombres obsecuentes, calculadores, muy sensibles al poder, en el fondo, hombres y mujeres admirativos por lo que él representa en cuanto a dominio, capacidad de mando y control de los demás.

Sabemos poco de su crueldad. De palabra puede resultar extremadamente violento, despectivo, despiadado e inhumano. Nunca lo ha sido más que cuando dijo haber querido al general Prats como a un hermano. En cuanto a su *otra* posible crueldad, ésta es condicional a que alguna vez se llegue a saber. Claro que se ha encargado de que no se sepa y es siempre rudo a la hora de responder a preguntas de esta índole que evidentemente lo incomodan y comprometen. Pinochet tiene conciencia, pero no habla. Le faltan palabras, las desprecia, no ha sido educado para que hable. Es transparente a su manera. No se saca nada pidiéndole o suplicándole que hable. Quizá si se lo hubieran exigido –después de todo es un hombre que estuvo acostumbrado durante años a obedecer– tendríamos mayores resultados. Pero, en una de éstas, ello no está dentro de *lo posible*. No sería Pinochet, no nos sería útil, nos involucraría a muchos, nos descubriría, dejaría de protegernos de nosotros mismos. Pinochet además nunca cede o transa. El es, paradójicamente, la máxima encarnación del avanzar sin transar.

Ahora bien, respecto a su traición se ha dicho mucho. Fue claramente desleal. Él se justifica, sin embargo, en función de una lealtad superior: la Patria. Hasta ahí no más llegamos. Hay que concederle que es un patriota, a su manera tan militar, conforme al discurso chovinista propio de esa tradición, y excluyente de otras formas de igual peso y trayectoria. Pero qué le vamos a hacer. El hombre es tozudo, inflexible, defensivo, incapaz de entender sutilezas de este otro tipo.

De lo que no cabe duda alguna, es que ama por sobre todas las cosas al Ejército. Desde los 16 años no ha conocido otra pasión. Sin el Ejército él sería un *nadie*. Gracias al Ejército él es todo. Se debe al Ejército, se ampara en el Ejército, se defiende detrás del Ejército, lo ha hecho propio, nos lo expropió. Pero igual nos han expropiado tantas otras cosas, que esto ya no es sorpresa.

Pinochet todo lo mide en términos de poder. Él es el poder, en su versión más abstracta, más indefinida, ambigua, tenaz, exhibicionista, fría, táctica, constante, resbaladiza, vulgar, efectiva... Es un poder en bruto, carente de mayor sofisticación, salvo el ingrediente de astucia que ha añadido como su sello personalísimo. Es un poder en todo caso que tiene cierto asidero en la sociedad chilena tradicional. No corresponde a la versión patronal tradicional, al *peso de la noche*, porque se trata de un ejercicio demasiado brutal, abusivo, que no tolera equilibrios y no está fundado en ese escepticismo de corte romántico que es capaz de desapegarse del poder, dejarlo a un lado, por último por cansancio, desidia, cálculo, generosidad o nobleza. Pinochet no ejerce el poder, *lo ejecuta*; no lo hereda, arriba a él y luego lo acomoda a su medida; no le resulta natural, se esfuerza demasiado. En efecto, nadie más distante que Pinochet como figura que la de un hacendado o patrón; de ubicarlo en la hacienda chilena se acercaría más a un capataz que a un terrateniente, y para ser más exacto, a un capataz que asume el poder estando el patrón ausente. Se nota que se aferra a él porque de lo contrario se le va la vida, la oportunidad. Efectivamente, Pinochet gobierna como una persona no perteneciente a la clase alta tradicional cree que un patrón ejercería el poder. De ahí que uno se pueda confundir y parecerle que existen resabios, rasgos, ecos del antiguo modo. Pero en realidad, lo que hay aquí es más bien un remedo de la gran tradición autoritaria, en versión post Antiguo Régimen, es decir, la suya es una modalidad nueva, chúcara, apotrancada, pequeñoburguesa, de nuevo rico. Como dijera una *pipiola* de antigua cepa, no hay nada más siútico que ser pinochetista.

Algo similar ocurre con su vínculo con la visión conservadora tradicional, la versión autoritaria que el pensamiento conservador de este siglo ha auspiciado. La visión de los Edwards Vives, Encina, Eyzaguirre, Góngora y Osvaldo Lira Pérez. Por cierto, Pinochet y el régimen militar se entroncan con esta visión; de hecho, se recurrió a ella para legitimarse. De ahí que insistieran que el régimen era «portaliano». La verdad, sin embargo, es que la suya obedece a una concepción mucho más propagandística y ortodoxa que la vieja idea conservadora. Es menos profunda, es más estridente y tosca; es el mismo cuento pero con un volumen que apenas deja oír las sutilezas. Se acerca más a una caricatura de batalla de esa línea de pensamiento que a su versión original. Es propiamente una repetición de una repetición. Hay además elementos que la aproximan al nacionalismo, al tradicionalismo integrista, al nacismo criollo e incluso a cierto esoterismo autoritario. Se inspira en los grandes conservadores, pero es una versión a estas alturas manipulada por doctrinarios, por dogmáticos de segundo orden.

En términos más universales y figurativos, Pinochet es el *verdugo*, el gran castigador de que nos habla Joseph de Maistre.

De esta prerrogativa temible de que os hablaba poco ha, resulta la existencia necesaria de un hombre destinado a imponer a los crímenes los castigos decretados por la justicia humana, y ese hombre, en efecto, se encuentra en todas partes, sin que haya ningún medio de explicarse el cómo; porque la razón no descubre en la naturaleza del hombre ningún motivo capaz de determinar la elección de este oficio [...] ¿Qué ser tan inexplicable es éste, que prefiere a todos los oficios agradables, lucrativos y aun honoríficos que se ofrecen por doquiera a la fuerza o a la destreza humana, el de atormentar y matar a sus semejantes? Esa cabeza, ese corazón, ¿se han formado como los nuestros? ¿No contienen nada de particular y extraño a nuestra naturaleza? En cuanto a mí, no puedo dudarlo. Está formado como nosotros exteriormente; nace como nosotros; pero es un ser extraordinario, y para que exista en la familia humana es menester un decreto particular, un *fiat* del poder creador. Es creado como un mundo. ¡Observad lo que es en opinión de los hombres y comprended si podéis cómo puede ignorar esta opinión y sobrellevarla! Apenas la autoridad ha designado su morada, apenas ha tomado posesión de ella, cuando las otras habitaciones retroceden hasta que no ven la suya. En medio de esta soledad y de esta especie de vacío formado a su alrededor, vive solo con su hembra y sus pequeñuelos, que le hacen oír la voz del hombre; sin ellos no conocería más que sus gemidos... Se hace una señal lúgubre; un ministro abyecto de la justicia llama a su puerta y le advierte que hace falta; marcha, llega a una plaza pública, cubierta de gentes que se oprimen y palpitan. Se le entrega un envenenador, un parricida, un sacrílego; se apodera de él, lo tiende, lo ata a una cruz horizontal y levanta el brazo; entonces, en medio de un horrible silencio, no se escucha más que el crujido de los huesos fracturados bajo la barra y los alaridos de la víctima. La desata; la lleva a la rueda, donde los miembros destrozados se entrelazan a sus rayos; queda pendiente la cabeza; se erizan los cabellos, y la boca, abierta como un horno, no envía por intervalos más que un reducido número de palabras sangrientas, que anuncian la muerte. Ha concluido la operación; el corazón le late, pero de alegría se alaba, y dice en su interior: *Nadie sabe ejecutar mejor que yo.* Baja: alarga su mano teñida en sangre y la justicia arroja en ella, desde lejos, algunas piezas de oro, que se lleva consigo a través de dos filas de hombres, que se apartan horrorizados, y sin embargo, se pone a la mesa, y come; se acuesta, y duerme. Y a la mañana siguiente, al despertarse, en todo piensa menos en lo que ha hecho el día anterior. ¿Es éste un hombre? Sí; Dios le recibe en su templo y le permite orar. No es criminal, sin embargo; ningún idioma permite decir, por ejemplo, *que es virtuoso, que es hombre honrado, que es digno de estimación*, etc. Ningún elogio moral puede convenirle, porque todos suponen relaciones con los hombres y él no tiene ninguna.

Y, sin embargo, toda grandeza, todo poder, toda subordinación descansa en el ejecutor: es el horror y el nudo de la asociación humana. Quitad del mundo ese agente incomprensible y, en el instante mismo, el orden deja su lugar al caos, los tronos se hunden y la sociedad desaparece.

Pero Pinochet es aún más complejo. Es la versión del éxito a toda costa. Pinochet no es un fracasado. Hasta ahora todo lo que hemos reseñado de nuestra historia contemporánea se ha inclinado finalmente al fracaso, salvo Pinochet. Un mérito no despreciable después de todo. De ahí quizá que su carácter mítico –y Pinochet ya es un mito– permita entroncarlo con cierta tradición legendaria muy chilena, entre otras, la del *diablo contratista* que hace posible, de acuerdo a Vicuña Cifuentes, obras de progreso, prosperidad o enriquecimiento rápido de ciertos individuos «muchos de ellos respetables». Claro que hay aquí otra diferencia que habría que tener en cuenta; en las viejas leyendas al Diablo siempre se le embauca, «siempre hace papeles ridículos, concluyendo por ser engañado, escarnecido y, muchas veces, vapuleado». No es el caso con Pinochet. Es que Pinochet es histórico y no solamente mítico.

Con todo, la imagen que, en mi opinión, mejor retrata a Pinochet está en el relato de Moy de Tohá al que ya he hecho alusión. Todo un destacamento de militares va a su casa a buscar unas maletas para su marido detenido en Dawson. Uno de sus hijos, de apenas cinco años, encañona con su metralleta de juguete al sargento. Este lo amenaza con la propia, anécdota increíble pero más que probable, cierta. José hijo lo mira aterrado y *perplejo*. Le pregunta: «Oye, ¿tú eres de los buenos o de los de mi tío Augusto Pinochet?»

Eso es: Pinochet es el lado oscuro de nuestra ingenuidad alguna vez virginal.

Capítulo V

A la sombra de los muros

«Más vale matar la perra y se acaba la leva, viejo»

Augusto Pinochet Ugarte

«Los seguías. No le perdías pisada. Sin prever que en ese juego de esquinas oscuras, salidas cubiertas y puntos fijos, te ibas a convertir en agente de una causa más secreta que la tuya. Ignorando, hasta que fue tarde, que era imposible en esos años seguir a alguien por Santiago, con los motivos que fuera, sin entrar inadvertidamente en una red, en un sistema de seguimientos y vigilancias en el que tú mismo terminarías acechado por otro y éste por uno más, hasta llegar a quién sabe qué vigilante central que los seguía a todos».

Carlos Franz, Santiago Cero

«Prefiero el caos a esta situación tan charcha»

Graffiti, c 1985

Presencia y olvido

Tengo al frente mío dos fotografías que hacen *pendant* aparecidas en un libro sin fecha de publicación. Las dos muestran un muro, un muro de contención para ser más exacto. En la de la página a la *izquierda* –ojo, que el lado en que se ubican las fotos no es arbitrario, al menos para el editor– se ve una cuadrilla de trabajadores. Más bien parecen «maestros», algunos encaramados en escaleras, dos por lo menos con casco, varios barbudos, rodeados además de tarros como de pintura. En verdad, están pintando.

Al lado, en la foto de *derecha*, vemos nuevamente el mismo muro. Advierto sí un detalle: en la primera –la de la *izquierda*– el muro esta fotografiado de refilón. Se trata de un muro en perspectiva fugaz. El ángulo elegido por el fotógrafo pareciera estar diciéndonos que si extendemos las líneas diagonales hacia afuera de la imagen nos encontraremos como es de suponer con un horizonte. Nada de eso pasa con la foto de la *derecha*. En ésta la *toma* es frontal. El muro se parece más bien a una pared, una formidable pared, impenetrable en cuanto a construcción. Como que uno de inmediato intuye que está ahí para establecer límites terminales. Es una de esas paredes que dicen: «hasta aquí no más llegamos».

Noto rápidamente que en esta muralla –la de la foto de la *derecha* por supuesto– no hay nada pintado. Sería como mucho sin embargo decir que se trata de una pared limpia. Es uno de esos muros que mezclan barro con piedra, y la artesanía empleada es burda, no tiene nada de impecable. No. Definitivamente la pared no está limpia; diría más bien que no está rayada.

Curioso también es el hecho de que no haya nadie al lado de la pared. Los «maestros» se han ido. Ni los tarros quedan. Desaparecieron. Se esfumaron. No dejaron rastros. No se nos dice donde están.

La foto de la *derecha* aporta otro dato que hace más explicables estas dos imágenes. Sucede que en el primer plano del muro –la foto es mala y turbia, difícil de captar– hay algo así como agua, pero en una de éstas es barro, en realidad se trata de un hilo de agua rodeado de tierra y escombros. Y se me olvida otro detalle que valdría la pena tener en cuenta: hay una única nota tierna en esta foto, bastante fea por lo demás, de la *derecha,* un diminuto pájaro, posado en lo que seguramente es una pequeña piedra aparece como único testigo mudo de vida en este paisaje desolado, abandonado.

Identificar las fotos no es difícil. Seguro que el lector sabe de qué período datan. Efectivamente, se trata de un malecón, al que suelen pintar o borrar y volver a borrar porque a menudo, con las subidas de agua salen a relucir los trazos que dejaron los «maestros». Se repite el mismo muro, la misma orilla del mismo río, igualmente poluto «ayer y hoy», pero que de una página a la otra, de una foto a la otra, ha experimentado un cambio. En verdad, algo ha ocurrido, aunque no está suficientemente claro qué. Las fotos constatan este algo distinto, pero no registran el proceso que nos llevó a ello. No importa mucho. El propósito de las dos fotos es otro. Lo que vale es el mensaje y éste sí que es categórico. Se nos quiere decir que el tiempo inexorablemente pasa. Más aún, se nos hace ver que entre el ayer y hoy –el título del libro es *Chile: Ayer, Hoy*, publicado por Editorial Gabriela Mistral, la sucesora de Quimantú del gobierno de la Unidad Popular– siempre media... ¡exacto!... el también inexorable... «borrón y cuenta nueva».

Miedo y parálisis

Estas dos imágenes ilustran el impacto brutal inicial que va a tener el régimen militar y su secuela de miedo y parálisis. Se ha señalado con razón que el miedo como efecto macro-político en

Chile antecedió al año '73. No es necesario, en todo caso, remontarse tan atrás como 1938 ó 1920. Basta señalar que sintieron miedo muchos de los que vieron triunfar a Allende el '70. Sintieron miedo, también, los que presenciaron la radicalización creciente que sufrió la política a partir de los años '67 y '68; para qué decir durante la Unidad Popular. Incluso más, sintieron miedo los sectores de derecha que aceptaron sin condiciones a Frei como su salvavidas el '64. De modo que miedo hubo antes del '73, pero con una diferencia: en dictadura –durante los primeros cuatro a cinco años– el miedo ejercido desde el Estado no tuvo contrapeso. Fue un miedo del que no parecía haber escapatoria posible, un miedo inducido, generado externamente, una paranoia colectiva de la que no se librarían ni los adherentes al nuevo orden.

La desigualdad de las fuerzas como quedó en evidencia el 11 de septiembre[6], bien digo, la desigualdad de las fuerzas marcó la tónica durante casi toda la década siguiente. Se pasó de un orden participatorio altamente conflictual, si se quiere, a un orden restrictivo y vigilado, y para algunos, persecutorio. El Estado dispuso de recursos coercitivos sin límites. La disidencia fue severamente castigada, purgándose sectores políticos enteros mediante hostilización, veto o eliminación sistemática de sus cuadros. Se llegó incluso al punto de que las nuevas autoridades en un comienzo invitaron y ofrecieron recompensas pecuniarias a quienes delataran o proporcionaran antecedentes sobre el paradero de ciertos dirigentes políticos.

Estamos hablando de un período en que se organizó toda una red de lugares de detención, en que un número considerable de dirigentes se vieron obligados a partir al exilio, amén de que a muchos simplemente los asesinaron. Se estima que al menos 20 a 30 mil personas salieron de Chile en los primeros dos años. Inicialmente, habrían sido 45 mil los detenidos tras el golpe. Es más, se calcula que cerca de mil 800 personas desaparecieron o fueron

---

6. Se sabe de sólo 30 uniformados caídos durante el día del golpe y las jornadas que siguen, *versus* mil 500 bajas pertenecientes al bando abatido.

muertas por fuerzas militares durante el primer año del régimen; conste que la cifra anterior, en todo caso, se estima moderada. Se crearon alrededor de 300 tribunales de guerra, que operaron sin ninguna garantía de debido proceso para los acusados; solía simplemente sentenciarse y aplicarse la pena de inmediato, normalmente fusilamiento. Se habla de hasta dos mil personas sujetas a dichos Consejos de Guerra.

La magnitud y alcance de esta represión abarcó todo el país. Conocido es el caso del contingente móvil en el norte que dejó como secuela de su *visita* a 15 muertos en La Serena, 13 en Copiapó, 14 en Antofagasta, deteniéndose sólo después de fusilar a 26 personas en Calama. Otros destacamentos mataron a 26 en Peldehue, en la Cuesta de Barriga a 7, en Osorno a 12, en el camino a Los Angeles a 19, en la Isla Teja a 9, 13 en el río Toltén, y en al menos dos ocasiones otros tantos más en los cerros de Chena, 6 en Pisagua, 15 en Lonquén, más y más en Porvenir, Cerro Sombrero, Punta Arenas, Puerto Aysén, Puerto Cisnes, entre Puerto Montt y Pelluco, Victoria, Lautaro, Antuco, Tomé, Catillo, San Javier, Constitución, Parral, Linares, Talca, entre San Antonio y Bucalemu, Illapel... Todavía en 1975 se registraban 75 nuevos casos de «detenidos desaparecidos»; la cifra habría de subir a 109 al año siguiente.

Este período coincide, además, con el descabezamiento del MIR y otras fuerzas paramilitares de izquierda, a la par con el surgimiento de la Dirección de Inteligencia Nacional (DINA), la policía secreta del régimen militar que logró monopolizar el terror; ésa era, después de todo, su aspiración. La DINA montó amplios operativos de *guerra sucia* interna, en algunos casos con alcance incluso fuera de Chile, a través de vínculos de oficiales chilenos con terroristas internacionales, complicidad que habría de culminar en al menos dos notorios asesinatos, los de Carlos Prats y Orlando Letelier, y un atentado con graves secuelas, el de Bernardo Leighton y su mujer.

Cundieron, además, en este período, las prohibiciones al derecho de asociación. Quedó vedada toda actividad política. Desaparecieron las franquicias para los partidos políticos, los que luego fueron prohibidos o bien decidieron autodisolverse. En efecto, se entró de inmediato a un receso político forzado o voluntario. Se cerró el Congreso y se eliminó el Tribunal Constitucional. Se incineraron los registros electorales. Se aplicaron fuertes restricciones a la libertad de expresión y de reunión. Se eliminó el derecho a efectuar elecciones en sindicatos; el régimen simplemente designaba a su antojo a los representantes de las organizaciones de trabajadores...

Conjuntamente se produjo una suerte de parálisis social extrema. El tejido organizativo social desapareció, se marginó o simplemente se volcó a la clandestinidad. Instituciones que históricamente en Chile habían promovido el cambio –las universidades por ejemplo– fueron intervenidas; profesores, exonerados; alumnos, espiados y expulsados; y sus autoridades todas pasaron a ser nombradas por delegación oficial.

Rápidamente se comenzó a hablar de «apagón cultural». De hecho, inmediatamente después del golpe descendieron una serie de índices. Por de pronto, la cantidad de radioemisoras, diarios y revistas sufrió una jibarización aguda. Se calcula que al comenzar 1974, el 50% de los periodistas en Santiago se encontraba cesante. Es más, entre los años 1971 y 1975 las importaciones anuales de libros cayeron de 12.4 millones de dólares a 6.1 millones, y finalmente a 4.3 millones en 1979. Dramática también fue la baja en el número de títulos editados por año, registrándose cifras insignificantes de 483 títulos en 1973, 400 en 1976, 309 en 1977 por ejemplo. Sólo en 1977 se aprecia un levísimo repunte en la actividad cultural. Así y todo ese mismo año a Jaime Vadell le queman la carpa, donde se estaba poniendo en escena la obra «Hojas de Parra», durante las horas del toque de queda; previamente el entonces alcalde de Providencia había tratado de impedir la puesta en escena de la obra.

Antes, en 1975, el artista Guillermo Núñez había sido detenido y expulsado del país por haber exhibido retratos de objetos enjaulados, uno de ellos una rosa; también le pareció al régimen que una corbata con los tres colores nacionales colgada al revés, merecía la clausura de la muestra. La circulación de obras de Gabriel García Márquez, Mario Vargas Llosa y Julio Córtazar quedaba expresamente prohibida por orden suprema. Colecciones de museo fueron «intervenidas» y saqueadas, fondos bibliográficos públicos fueron purgados. Se esfumaron bibliotecas enteras tanto privadas como pertenecientes a centros académicos prestigiosos; en la editorial Quimantú se guillotinaron miles de libros, no todos de contenido político. Se decretó la censura previa de publicaciones. La industria cinematográfica nacional prácticamente desapareció. En suma, se nos obligó a sobrevivir en un país castigado, sitiado por el miedo castrense.

Estudios hechos por Gabriel Salazar sobre lo que él denomina «violencia política popular» –violencia callejera, desorden público, no la ejercida desde el aparato coercitivo estatal– entre los años 1974-1979 arrojan una baja total respecto al período anterior y posterior. Efectivamente, no se registra entre el año 1974 y 1977 ningún desorden o disturbio resultante de concentraciones, marchas, tomas, huelgas, paros nacionales, jornadas de protesta, agresiones, sabotajes, enfrentamientos no armados, incidentes electorales o rebelión abierta. De consiguiente, es cierto que el país gozó de una tranquilidad absoluta, claro que gracias a medidas extremas de estado de sitio, restricción en cuanto a movimiento, apremios sin formalidades legales, seguimiento, etcétera.

En otras palabras, se debió soportar una tranquilidad custodiada por el miedo en ausencia de mecanismos de control institucional públicos. El régimen, de hecho, profitó de una nula fiscalización de sus actos. El poder judicial, digámoslo con todas sus letras, fue simplemente servil. El miedo generado desde el aparato represivo estatal no tuvo contraparte ni en la oposición ni en grupos terroristas, los que en buena medida fueron descabezados gracias a una campaña militar sin tregua. La única excepción extraordinaria a todo este régimen de terror sistemático lo constituyen las agrupaciones de defensa de derechos humanos apoyados por iglesias de distintos credos, liderados por la jefatura católica, que prestaron refugio, asistencia legal y médica a los perseguidos.

Hay que tener en cuenta que se vivía, además, bajo un estado de *shock* económico, a causa de la recesión masiva que se prolongó desde 1974 a 1975. Una de las primeras medidas del régimen fue devaluar la moneda en un 300%. Las tasas de inflación seguirían siendo altísimas (en 1974, 375,9%; en 1977, 63,4%). El desempleo aumentaba (de 10,8% de la fuerza de trabajo en 1974 a todavía 11,8% en 1977). Se registraron fuertes bajones del PIB (en 1975, cae en 13,3%), y del PGB (cae en 12,9%). Se redujo el gasto público, se elevaron las tasas de interés...

La parálisis evidenciada en la sociedad civil y en la economía, muy luego comenzó a manifestarse también entre los grupos proclives al régimen. Hacia 1977 era claro que en las mismas filas del gobierno existían crecientes pugnas y divisiones que comenzaban a minar la labor gubernamental. El equipo económico liderado inicialmente por Jorge Cauas y luego por la mano férrea de Sergio de Castro suscitó recelo y cuestionamiento entre sectores uniformados. El régimen se vigilaba a sí mismo. Ese mismo año '77 se destapó el escándalo financiero de la Cooperativa de Ahorro y Crédito «La Familia», involucrando a algunos altos jerarcas del gremialismo, hoy UDI, lo que habría de ensombrecer la relación entre grupos políticos y financieros y el grupo a cargo de la economía. La intervención posterior del Banco Osorno y La Unión (el caso Fluxá-Yaconi) también envolvió aspectos políticos y financieros que nunca fueron debidamente explicados. Como si esto no fuera de por sí extraño, el director de la revista *Qué Pasa*, órgano favorable al régimen, fue amedrentado. Por último, comenzó a ser conocido por la reducida opinión pública de la época el distanciamiento cada vez mayor entre Gustavo Leigh y Augusto Pinochet.

Que había conciencia de estos problemas al interior del régimen se vislumbra ya en el discurso que pronunciara Pinochet en Chacarillas (9 julio 1977) y acto seguido con el nombramiento de Sergio Fernández como titular de la cartera de Interior (12 abril 1978), al que se le otorgó no sólo la facultad de dirigir el gabinete, sino además nombrarlo, incorporando a él varios ministros civiles.

De pronto el régimen, concretamente el mismísimo Pinochet, efectuaba un drástico golpe de timón. Había que moverse de una fase estrictamente militar a una etapa refundacional con miras a darle una coherencia propositiva al régimen. Si inicialmente se había planteado como transitorio a la espera de restituir la

institucionalidad, el gobierno militar cada vez más personaliza-
do en Pinochet, se proponía, ahora, hacer un salto proyectual. El
tiempo pasaba y el régimen militar corría el riesgo de debilitar su
base de apoyo, poniendo en jaque incluso lo hecho hasta entonces. Ante el peligro de erigirse en un mero paréntesis, con visos
de fragmentación interna fruto del empantanamiento, Pinochet
planteaba un itinerario conducente a establecer una *transición*, así
de vago, a la vez que daba protagonismo a civiles, y pretendía
acompañar al proyecto económico ya formulado y en curso, un
proyecto político.

De consiguiente, pienso que lo que ocurrió en la década del
80 ya se avisoraba y se comenzaba a cristalizar hacia 1977. El miedo sistémico y el estancamiento político arriesgaban incluso la
existencia misma del régimen sin que éste a la fecha hubiera formulado una alternativa institucional. El país no resistía la detención del tiempo, cundía la impaciencia, había que volver a hacer
andar el reloj.

Frialdad y silencio

La etapa que sigue está caracterizada, a mi juicio, por una racionalidad tecnocrática y profesional, fría, eficiente, calculadora, pero
sin carisma ni entusiasmo popular, y eso que el régimen los tuvo
en sus inicios, en fin, una racionalidad callada. La dictadura puede
que se haya ablandado, «civilizado», haya colgado el uniforme,
pero persistía algo todavía duro, insensible, impertérrito, en los
nuevos cuadros ministeriales. Pareciera que se hubieran creído
realmente el añejo cuento de la impersonalidad del mando al
modo portaliano. Claro está que Portales nunca fue impersonal
y estos civiles nunca se parecieron al Ministro.

En realidad, esta etapa es un tanto paradojal como ya veremos. La atención se vuelca de lo militar a lo civil, pero esta nueva
civilidad no tiene nada parecido a la civilidad que uno asociaba
con el mundo pre 1973. Cuando hablo de civilidad, a lo más estoy

haciendo referencia a cierta presencia civil en el gobierno, no a una participación política mayor. Era una civilidad no política, confiable, no amenazante, una civilidad obediente que acataba, no decía mucho. Hay algo en ella que recuerda quizá al viejo alessandrismo de los años 50 y 60 marcado por una rigidez acartonada y de escasas palabras. Se trataba de ministros muy formales, con terno de tres piezas –azul, gris o gris perla–, todos enfilados, con cara de escolares, listos para prestar juramento. Lo vimos tantas veces que uno tiene la imagen grabada. Lo que mejor recuerdo sin embargo es la sensación de que estaban sumamente incómodos en primera plana. Como que preferían asesorar que dar la cara.

Se veían muy disciplinados, calculadores en su afán por aparecer independientes, insistentemente técnicos, sospechosos de cualquier arrebato doctrinario, aunque salvaban las apariencias en este punto reconociéndose conservadores. Eran además casi inidentificables en cuanto a origen social. A más de alguno uno lo sabía «pije», de trayectoria familiar tradicional, «aristocrático» o como se quiera llamarlo, pero incluso ellos como que hacían hincapié de pertenecer a un todo homogéneo; al menos uno suele todavía hacer alardes despectivos respecto de la clase tradicional. El grueso provenía de esa tierra de nadie que es la clase media acomodada. Diría también que más o menos todos habían nacido al poder al amparo de un padrino protector.

Comenzaba a operar, también, a falta de un orden auténticamente político, todo un engranaje de conexiones personales, *un pituto, con pituto / con un pituto... lo puede Ud. lograr*: el haber sido compañeros en el mismo colegio o en la universidad, haber trabajado previamente en algún grupo económico, en alguna comisión legislativa, haber prestado servicios en los primeros días del golpe, por ejemplo, haber redactado el *Libro blanco del cambio de gobierno en Chile*, un pasquín de dudoso valor histórico, del que evidentemente no convenía identificarse como autor...

Estoy pensando en figuras como Gonzalo Vial, Sergio Fernández, Sergio de Castro, Hernán Cubillos, Mónica Madariaga, Alvaro Bardón, Pablo Baraona, Carlos Cáceres, Sergio de la Cuadra, José Luis Federici, Alfonso Márquez de la Plata, Miguel A. Schweitzer, Felipe Lamarca, Miguel Kast, Juan Carlos Méndez, Hugo León, Vasco Costa, Enrique Valenzuela, Ernesto Silva y muchos otros, todos esforzados por aparecer competentes, aunque no hayan sido antes especialmente destacados; en efecto, uno no habría dicho de ninguno que era brillante, incluido el, lejos, más notable, el legendario Sergio de Castro. Se trataba de figuras más bien opacas, asépticas, apropiadas para el anonimato de la burocracia estatal o de la estructura gerencial privada más que para tareas estrictamente políticas. En el fondo eran administradores que se sentían cómodos dentro de una cierta medianía, rodeados de su propio estado mayor colegiado también anónimo. A final de cuentas, se trataba más que nada de asesores.

Pienso que el mejor ejemplo de lo que estoy señalando es el hecho, nada raro a la larga, que a la persona que se pensaba más adecuada para el cargo de Contralor General de la República –Sergio Fernández– lo hicieran saltar rápidamente al puesto de ministro del Interior y confiarle nada menos que esta nueva trascendental coyuntura; el hombre estaba dispuesto a todo lo que le mandaran hacer. En el fondo, lo que se buscó y encontró fue un paradigma de civil disciplinado, lo más parecido posible a lo que podría ser un militar. Si hasta eran igualmente torpes en el hablar, como lo revela el desacertado giro que le diera Pablo Baraona, Ministro de Economía, a uno de sus comentarios: «La peor situación ya la pasamos hace dos años. Y en ningún momento llegamos al *estrangulamiento* (sic) de ningún sector de chilenos». Se trataba simplemente de otrora conscriptos dispuestos a cuadrarse y entrar en la *burbuja*. No fue una tarea difícil ubicarlos. Venían desde hacía ya tiempo cumpliendo el «servicio militar», adiestrándose detrás de bambalinas. Ahora era el momento para promoverlos a la oficialidad de las cámaras.

Fue precisamente este grupo al que le cupo enderezar el muro en esta primera fase, apuntalándolo a partir de criterios ingenieriles, reforzando sus cimientos a la vez que imponerlo *manu civili et militari* como una construcción pragmática y eficaz. Un grupo como éste no concebía un mundo sin muros, y en ese entonces todavía los había. El de Berlin caería el '89. Uníanse por tanto la voluntad de hierro del aparato militar con la competencia neutra de los administradores. El poder aparecería entonces como una muralla invencible e infranqueable.

Esta es la época en que se avanza tras metas, no plazos. Es cierto, en Chacarillas se hablaba vagamente de plazos, pero el discurso era tan nebuloso que en realidad éstos nunca fueron definidos. En cambio, lo que sí habría de ocurrir, lo que se agilizó, fue la labor legislativa. Los cuadros técnicos aumentaron. Se puso fin a la improvisación inicial. Comisiones y cónclaves como el ASEP (Asesoría Política) concentraron y centralizaron el poder, aun a riesgo de competir y privar de influencia a núcleos enquistados dentro del régimen. Esta es la época en que incluso hubo que sacrificar a los soldados de ayer. Leigh debió irse, Manuel Contreras también. Se estaban volviendo demasiado protagónicos. Marchábamos hacia una «transición», así de vaga, que no debía tener protagonistas individuales, salvo Pinochet. Transición que se iniciaba precisamente intramuros, en el seno mismo del régimen. Transición que se planteaba a partir del rechazo de los extremos. La meta final propuesta era el deseo de construir una «autoridad fuerte, justa y equilibrada», lo cual suponía una guerra frontal al comunismo, por supuesto, pero también una guerrilla permanente en contra del inmovilismo «duro».

La lucha entre estos dos grupos va a ser sumamente silenciosa, a espaldas de la comunidad toda. Y en eso se observa la otra característica destacable de este período. Si el propósito fue construir una institucionalidad que suponía una previa transición –y yo tiendo a aceptar que lo fue–, dicho propósito resulta infinitamente más claro hoy, no así en esa época. Situándome en aquel entonces, tengo la sensación que ello no trascendió al público. Había que haber estado en el seno mismo de esa discusión en sordina para haber apreciado lo que estaba aconteciendo en los corredores del poder. Se hablaba de «duros» y «blandos», por cierto, pero el mismo régimen –incluso más, el mismo Fernández– negaba sistemáticamente su existencia. En verdad, se trataba de una lucha al interior del régimen, a la vez que paralelamente se insistía en la coherencia monolítica. El muro se agrietaba, pero silenciosamente. A su vez, la comunidad estaba tan atontada que apenas entendía qué estaba pasando al frente de sus narices o dentro del radio de sus oídos.

Otros aspectos confirman también este accionar silencioso. Pensemos por ejemplo en lo poco que trascendió acerca de la posible guerra con Argentina y más aún lo que muy luego se vino a denominar *Revolución Silenciosa*. El libro de Joaquín Lavín, si bien aparece en 1987, se refiere en realidad a toda la década anterior, la década que comienza el año '77, el período en cuestión. A lo que apunta Lavín es precisamente a ese accionar cotidiano, marcado por el cariz que había ido experimentando el curso político-económico neoliberal. Según este autor, el Chile que desemboca en 1987 es un Chile transformado profundamente, pero imperceptiblemente, sin que nadie lo haya notado mucho, salvo quizá Lavín, aunque él es siempre un tanto entusiasta. Contribuiría a ello que hacia 1976 se había ido recuperando la economía; efectivamente, entre 1977 y 1980 se observaron tasas espectaculares de crecimiento cercanas al 8%.

¿Qué había pasado? Desde luego, se había hecho un orden al interior del Estado. Se habían privatizado numerosas empresas hasta ese entonces administradas por CORFO. Se había reducido considerablemente la planilla de funcionarios públicos. Se enfatizaba un manejo fiscal responsable, ortodoxo. El tener normas parejas para todos se volvía un imperativo categórico del nuevo orden. La burocracia se agilizó, en no poca medida debido a que el numeroso contingente de oficiales ocupando cargos públicos operaba con criterios disciplinados y no pestañeaba. Enormes recursos comenzaban a trasladarse del mundo público al privado; es lo que culminará con la privatización del sistema de pensiones y de salud pública. Otro de los postulados incuestionables sobre el cual se insistía permanentemente era el no privilegiar área alguna de la economía mediante esquemas de protección. De hecho, nos comenzamos a abrir al mercado externo, aun a riesgo de debilitar o hacer colapsar sectores productivos enteros de larga data. La banca y el mercado financiero de capitales gozaron de un régimen crecientemente desregularizado. Se procedió severamente en contra del movimiento sindical a fin de que no entorpeciera el manejo gerencial patronal y productivo. Se nos adoctrinó respecto de las virtudes del mercado, su capacidad de generar nuevos recursos, más bienes, más empleos, y por ende satisfacer nuestras demandas. Por último, se nos insistió que confiáramos, que los sacrificios a la larga valdrían la pena, que este país se modernizaría en un santiamén. Si ahora estábamos bien, ¿por qué no muchisímo mejor, *mañana*?

Esta transformación revolucionaria capitalista anunciada pero que apenas podíamos imaginar, resultaría ser infinitamente más ambiciosa y voluntariosa que las anteriores, la de los años 60 y principios de los 70, todas ellas preprogramadas, vociferadas e impuestas desde arriba. Esta revolución, también vertical e igualmente tecnocrática cupular, obedecía a una inspiración distinta, sin embargo. De ahí que constituyera un giro. Decía relación más bien con formas nuevas de vivir, trabajar, descansar, vestir, consumir, capitalizar, emplear el tiempo. Esto era lo verdaderamente novedoso. Tenía poco que ver con ideas o con valores como igualdad o justicia social; más bien se centraba y apelaba a la parte material no moral o política-social, radicando la responsabilidad en el individuo y no en la capacidad del Estado para resolver las necesidades. Por eso es que por muy impuesta que haya sido, y además, desde el Estado, condiciona su eficacia a que demos tiraje al interés individual y a la iniciativa privada.

En el fondo, el nuevo discurso neoliberal tuvo el acierto de volver a encantar, ofrecer una salida, devolverle a la ciudadanía algo del protagonismo que ferozmente había perdido. Se trataba de cambios, además, que no se anticipaban, tan sólo acontecían o se suponía que algún día llegarían a materializarse. No se publicitarían en los diarios ni en la televisión. Se vislumbrarían a lo más fragmentariamente, como en un puzzle, en el cual cada uno de nosotros, la sociedad misma, luego de depositar anónimamente su cuota cotidiana, se asombraría con los resultados cuando éstos florecieran. El argumento era ingenioso, calzaba con el momento −se vivían aún momentos terribles–, era un ideario apostólico, esperanzador y a falta de cualquier otro, nos fueron convenciendo sin que fuera mucho lo materializado.

En el fondo, el neoliberalismo es sobre todo un optimismo disfrazado de solvencia técnica económica dirigido a la pequeña burguesía. Obedece, por cierto, a una visión teórica anti-socialista, pero puede en la práctica funcionar muy bien, extraordinariamente bien, dentro de un régimen estatista como lo era, y sigue siendo por lo demás, el chileno. Donde reside buena parte de su atractivo, por tanto, no es en su veracidad real sino en la oferta que hace. El neoliberalismo más que nada *marketea*, le trabaja a la ilusión. Vende panes. Nos dice que, tarde o temprano, *vamos a ser todas reinas, esta vez sí*. Viejo cuento, que en nuestro país siempre arrasa, más aún si no se está pasando muy bien, no se admite pataleo alguno y se trata de un mercado reducidísimo, casi por esencia monopólico, y de estirarlo su buen poco, quizá oligopólico.

Efectivamente, no alcanzaba todavía esta revolución a dar frutos cuando ya estaba cacareando su éxito. Que si seguíamos tan bien como estábamos en 1977, según José Piñera, «el país duplicaría su producción de 1976 en diez años y no en 19 como lo haría a la tasa histórica y doblaría el producto per cápita de 1976 en 14 años en vez de 41. En el año 2000 tendría un producto total [...] similar al actual de Bélgica, y uno per cápita de 2.200 dólares». De Castro, a su vez, auguraba en 1980 que duplicaríamos el ingreso per cápita en 11 años, en vez de 46 años, la tasa histórica, de modo que a fines de la década de los 80, Chile se transformaría en un país desarrollado «con un producto medio por habitante de 3.500 dólares anuales». De nuevo Piñera, ese mismo año, predecía que en 1990 podríamos hablar de Chile como desarrollado. Pinochet no se quedaba atrás; ya en 1979 auguraba que en «el año 1985, 1986, cada trabajador podrá tener casa, automóvil y televisor. No todos los chilenos sino los trabajadores, de acuerdo con el rendimiento económico y el ritmo que llevamos». El triunfalismo continuaría incluso cuando estaba por estallar una de las crisis económicas más severas que hayamos debido soportar y menguaba la fe en el modelo; en palabras pronunciadas en 1982, del siempre tan gráfico Alvaro Bardón:

> Lo que pasa es que los ricos no valoran que la gente tenga televisor, radio a transistores, porque ellos siempre los han tenido. Y les molesta que la rotada ahora se les haya acercado porque se viste mejor y tiene radio y televisor y si seguimos así, en diez años más van a tener hasta auto, así que va a ser tremendo para alguna gente porque imagínese que no habrá diferencias, los rotos se verán igual que la gente. Eso es lo que le duele a algunos.

Como se puede apreciar de las anteriores citas, era crucial esto del auto y del televisor. Durante años no se habló de otra cosa. El país se convirtió en una suerte de zona franca, eufórica una vez más, claro que ahora aferrada al afán de posesión, el volverse alguien si se tenía una lavadora, un refrigerador, un «equipo», un reloj de pulsera... Históricamente, nunca hemos sido más monotemáticos y lateros.

El panorama real, sin embargo, distaba mucho del delirio consumista provocado por el *boom* con que se nos quería embobar. Había más dinero, mucho dinero, a causa de flujos financieros externos provenientes de excedentes mundiales generados por el aumento del precio del petróleo, que inundaron el sistema financiero nacional. La deuda externa se disparó. De 481 millones de dólares en 1977 se encumbró a 2.600 millones en 1980. Gran parte era deuda privada y fue destinada a consumo, no a producción. En 1980 la inflación ascendía a un 30%. En efecto, hasta 1978 lo que se venía haciendo era simplemente recuperar los índices previos a la caída del producto en 1975. La tasa de inversión durante los años del *boom* no alcanzó los índices de los años 60. Las tasas de ahorro eran incluso más deficientes. Es más, el costo social se acumulaba. La cesantía en los años '75 y '77 era todavía del orden del 16% y 20% respectivamente. Según Genaro Arriagada, basándose en Eugenio Tironi y Ricardo Ffrench-Davis:

[...] lo que ninguna visión optimista podía ocultar era el pesado costo social del «milagro» y sus efectos sobre la distribución del ingreso. El número de familias viviendo en situación de pobreza aumentó del 28 al 44 por ciento entre 1970 y 1980, al tiempo que el gasto social por habitante había disminuido y, así mismo, las remuneraciones reales «en el período 1974-81 alcanzaron apenas a tres cuartos del nivel logrado en 1970». Luego de un descenso violento en 1973 y 1974, las remuneraciones iniciaron cierta recuperación en 1977, sin haber recobrado aún en 1981 el nivel alcanzado once años antes.

Si en el mejor de los casos la economía a lo más se estaba recuperando, el éxito del modelo, más allá de su imposición intransable, no radicaría tanto en sus logros estrictamente económicos como en su capacidad de cambiar la mentalidad económica del chileno, aun cuando ello no siempre redundara en su beneficio. Dicho de otra forma, la revolución silenciosa neoliberal es aquella nueva versión de revolución que se logra a partir de una libertad que apenas se vislumbra. Hay algo especialmente perverso en el argumento, pero que no deja de tener razón. Justo cuando se suponía que no había libertad, o ésta no era tan evidente –salvo para los que funcionaban dentro de la lógica interna del régimen–, justo entonces se estaba logrando una supuesta libertad en versión nueva, paradigmática, que obedecía a una lógica radicalmente diferente. Años más tarde Pinochet definiría el asunto sentenciando que

[...] es la riqueza que da la libertad, porque los países son libres en la medida que tienen mayor poderío económico. Hoy –hablaba en 1988– podemos mirar frente a frente y decir qué pasa, qué sucede, somos libres.

El argumento implícito propuesto entonces era que si el silencio había contribuido hasta hacía poco para afianzar el miedo entre nosotros, ahora ese mismo silencio habría de liberarnos cotidianamente. La «mano invisible» serviría no sólo para coaccionar sino también para liberar. Bastaba con sólo *oír su voz*.

Efectivamente el viejo Chile quedaba atrás dejando el paso a un nuevo Chile que emergía de sus cenizas. La diferencia residía en que en el viejo Chile todo operaba a partir del lugar que a uno le correspondía en la jerarquía social, o bien, resultaba del poder persuasivo del discurso ideológico, o de la fuerza del clientelismo e influencia partidista. Ahora no. El nuevo Chile se volvía *fáctico*. Había nacido fáctico. Lo habían parido agentes desprovistos de ese don de la palabra, sujetos de habla parca, económica, hombres taciturnos, no elocuentes, carentes de un léxico sofisticado, capaces de violentar o tolerar los más grandes atropellos que la historia de Chile registra en sus anales, ocultarlos, no admitirlos, negarlos siempre, jamás confesarlos, pero —y aquí está el *quid* del asunto— a cambio de que esa misma carencia de locuacidad pudiera también proveer el mayor grado de bienestar posible para el mayor número también posible. He ahí la paradoja del silencio del régimen que calla su supuesta transición y la impone a un público que en el fondo apenas entendía, manteniéndose todavía sordo.

Los muros ya no hablan. Las consignas se borran. Los artífices de los mensajes desaparecen. Así y todo, los muros se vuelven elocuentes por lo mismo que son silenciosos. La diferencia estriba en que en un caso y en el otro el común denominador está dado por la necesidad de que existan muros. Es la fe en ellos la que persiste y sigue hermanando al viejo y nuevo Chile. Se les borra de su fachada las consignas libertarias, pero no se les derrumba. Sirven aún para acallar los sonidos, para apuntalar la capitalización silenciosa, en fin, para contener las alzas repentinas de agua que amenazan destrucción. En eso consiste la *transición* que comienza hacia 1977: en convencer que los muros sirven «ayer y hoy» para «liberar».

Si hasta el '73 hablar supuestamente liberaba; luego del '77, es el callar el que ahora supuestamente libera. En ambos casos, el precio a pagar consistía en aceptar los muros.

Ira y desesperanza

La siguiente etapa del régimen militar está marcada por la ira y desesperanza. El paso del tiempo y circunstancias imprevistas empezaron a crear las condiciones para que surgiera un ambiente de creciente tensión y enfrentamiento enrarecido. El muro de contención si bien amenazó varias veces con caer, a la larga no cayó. Como luego veremos, lo afianzaron los que uno menos habría sospechado.

El grupo liderado por Fernández coronó su gestión con la aprobación de la nueva Constitución en septiembre de 1980. Sin embargo, no pasaría un año cuando inesperadas circunstancias habrían de socavar el éxito obtenido en el plebiscito y en la economía. En efecto, el país entraría en una honda etapa depresiva. Hacia fines de ese mismo año empezaron a manifestarse crecientes indicios de inestabilidad. La gran bonanza económica que se mantuvo firme entre 1978 y 1980 tocó fondo. Hacia mediados de 1981 la recesión económica mundial comenzó a producir fuertes remezones en Chile, agravados por el exceso de endeudamiento externo y la consiguiente especulación del sistema financiero. El desempleo cundió en tasas alarmantes. El desánimo y frustración también, justo cuando se suponía que todos, finalmente, *íbamos a ser reinas*, esta vez en versión neoliberal.

La extraordinaria capacidad del gobierno de mostrarse frío e imperturbable le restaría para siempre la simpatía popular. Las autoridades civiles podían llegar a desplegar una torpeza infinita. Hernán Felipe Errázuriz, ministro de Minería, diría, por ejemplo: «La recesión tiene su lado bueno; está imponiendo sobriedad y realismo; le da un sentido de sacrificio a los pobres». Y eso que la situación se volvía altamente preocupante.

Paralelamente, acciones terroristas devinieron cada vez más en un ingrediente cotidiano de las noticias; atentados dinamiteros en torres eléctricas de alta tensión hicieron su debut produciendo serios apagones de luz. Autoridades sufrieron atentados. Esto obedecía a un giro de parte del Partido Comunista; de haber sostenido durante años una postura relativamente moderada, este

partido terminó por aceptar la vía más dura e insurreccional eje-
cutada por su brazo armado, el Frente Patriótico Manuel
Rodríguez. Chile, una vez más, se preparaba para un nuevo *round*
de enfrentamientos.

La tensión subió unos pocos grados a raíz de la muerte ines-
perada de Frei Montalva. El tiempo pasaba y comenzaban a mo-
rirse los viejos. A veces, como en el caso de Tucapel Jiménez, la
muerte cobraba un cariz espeluznante y esperpéntico difícil de
imaginar. De modo que durante todo ese año de 1982 se fue acumulando material combustible.

Al interior del régimen la recesión también cobró su costo.
Surgieron cada vez más críticas a la gestión económica. En junio
1982 se anunció la devaluación del peso. La salida de De Castro
minó la confianza en el nuevo manejo económico. Se nos había
ido acostumbrando a una conducción inclaudicable. De repente,
sin embargo, las políticas cambiaban; el gobierno se desdecía. El
curso de los eventos se precipitaba demasiado vertiginosamente.
El régimen por primera vez se mostraba errático.

En enero del año siguiente los dos principales bancos privados eran intervenidos junto con otras tres instituciones financieras. Cambios en el gabinete comenzaron a sucederse en forma
cada vez más frecuente. Más preocupante aún, las primeras «jornadas de protesta» fueron convocadas (11 mayo 1983).

Ya en junio del año anterior, el '82, se había producido un
presagio emblemático de lo que sería este desborde. Ese invierno
se caracterizó por fuertes lluvias, salidas de río, aluviones, inun-
daciones. En el sector oriente de Santiago una marea insospecha-
da de barro atacó viviendas y propiedad afectando a grupos
afluentes y conspicuos, los únicos hasta entonces efectivamente
favorecidos por la «revolución silenciosa» oficial. Los santiaguinos
vimos también cómo en el curso de menos de un día una subida
repentina del Mapocho hacía caer estacionamientos enteros y jardines a las orillas del río a la altura de la Cervecería. Automóviles
recién comprados gracias a la rebaja de aranceles caían como si
fueran de juguete, llevándoselos la corriente. Arboles se retorcían
y dejaban al aire sus raíces. La marea incluso amenazaba con des-

bordar a toda velocidad los muros de contención un poco más abajo, a la altura de Plaza Italia y la Facultad de Derecho. Recuerdo que no quedaba más que ir y presenciar cómo subían los niveles. En ese entonces yo era alumno en dicha Escuela; el aluvión podía significar que se llevara consigo el edificio de Rosende. *Y-va-a-caer, y-va-a-caer.* El espectáculo producía una fascinación extraña, a su modo liberadora; no teníamos, además, muchas otras diversiones.

Algo similar empezó a ocurrir con las protestas, que se fueron transformando en un condimento periódico de nuestra entonces vida en comunidad. En efecto, ya a partir de los años '79 y '80 la frecuencia anual de la violencia política popular aumentó en escala espiral. Si en 1976 se llega a una baja del 0,3%, seguida por una media de alrededor del 1,4% para los dos años siguientes, esta frecuencia se dispara a un 4,6% para el año '79, 4,6% nuevamente el '81, un 5,7% el año '83, un 5,2% dos años después, seguido por 5,4% el año '86, configurándose una tregua de ahí en adelante.[7] La contrapartida de esta violencia política popular fue el incremento en represión por parte del régimen; según datos de la Vicaría de la Solidaridad, las cifras suben en 1983 a 4.500 arrestos anuales, en 1984 a 5.300 detenciones, y por último, en 1986 a 7.000.

Se ha insistido mucho en el doble sentido de las protestas. Inicialmente habrían sido pensadas como una solución pacífica, moderada, puesto que no era posible hacer un paro nacional; se trataba de movilizar a la ciudadanía a fin de obligar al régimen a negociar. Sin embargo, con el correr del tiempo y a causa de su propia dinámica, las protestas se volvieron algo distinto, más espontáneo, anárquico, y, horror de horrores, poblacional, popular. Volvía el *rotaje, compañeros.* Dados los condicionamientos en que operaban estas jornadas de protesta no veo cómo se pensó que pudieran ser meramente pacíficas. La situación económica era crítica; llevábamos cerca de diez años bajo una brutal represión;

---

7. El 100% corresponde al total de hechos de *violencia política popular* ocurridos entre 1947 y 1987, según cálculos de Gabriel Salazar.

la desesperanza cundía; las organizaciones políticas apenas se estaban reordenando; habían perdido contacto con las bases; su centro de operaciones eran entonces los salones de embajadas y recintos académicos de los centros de estudios que habían ido apareciendo; ¿por qué no, entonces, manifestar la ira y desesperanza acumulada que se tenía adentro?

Su expresión más terrible: Sebastián Acevedo autoinmolándose en la Plaza de Armas de Concepción como protesta por las torturas a las que estaban siendo sometidos sus dos hijos.

Estas jornadas se expresaban en un escenario preferentemente nocturno –bajo la protección del peso de la sombra–, configurado por toque de queda, patrullas militares, encapuchados, automóviles sin placas, a veces disparando a diestro y siniestro, explosiones de bombas, ataque a ferrocarriles y líneas férreas, sabotaje, apagones, sirenas de ambulancias, barricadas, fogatas, peajes, caceroleos, neumáticos humeantes, luces de bengala, redadas, «ráfagas de metralleta, balines, bombas lacrimógenas y tanquetas, de una parte; y piedras, bombas molotov y gritos, de la otra», al decir de Carlos Piña. Santiago, sin que nadie lo pudiera prever, de repente se vio asediado por «un verdadero cinturón de fuego»; la expresión es de Ascanio Cavallo. En efecto, el espectro de poblaciones marginales enteras amenazando con sitiar la ciudad y hacerla estallar, viejo miedo en este país, se tornó en una pesadilla permanente. Cada una de estas jornadas dejaba como saldo desperdicios, escombros, «cuantiosos daños a la propiedad», humaredas aquí y allá, fotos en que aparecían torres de alta tensión desfiguradas, y por último la elocuencia consignada en guarismos trágicos anunciados por la prensa al día siguiente. A modo de ejemplo, recordemos la cifra de 26 muertos en dos noches sucesivas al 11 de agosto de 1983, jornada esta última la más dura hasta entonces, coincidente además con el despliegue más extremo de fuerza militar desde el 11 de septiembre de 1973, 18 mil hombres esparcidos por toda la ciudad. Ironía de ironías, paralelamente Sergio Onofre Jarpa juraba como nuevo ministro de Interior prometiendo diálogo con las fuerzas partidistas de la naciente oposición, diálogo que se acompañaría por una apertura limitada. Volvió a haber protestas el 8 de septiembre, el 11, 12, 13 y 27 de octubre y así sucesivamente.

Del silencio glacial que nos iba conduciendo supuestamente a la libertad a plazos y al menudeo como la quería el régimen, de repente saltamos a la fiesta sacrificial, al culto ritual que demandaba cuotas crecientes de violencia para satisfacer esta ira y desesperanza.

El detonante por cierto fue la recesión, la más dura que haya sufrido Chile después de los años 30. Pero había algo más profundo que el mero gatillador económico. El tiempo pasaba, se hablaba cada vez más de transición, pero la frialdad ministerial no daba pábulo para abrigar esperanzas; el silencio aletargado al que aludíamos anteriormente se volvía en un hermetismo enigmático cada vez menos confiable y seguro para todos.

Más importante quizá es que con el paso del tiempo habían ido surgiendo nuevas generaciones. Ésta es la época en que se comienza a evidenciar un creciente protagonismo juvenil. Ya sea a nivel universitario o bien poblacional. En este último especialmente se va generando un ánimo contestatario fruto de las circunstancias apremiantes que lo afectaban, en particular el desempleo. Surge entonces la «Voz de los 80».

Esta voz capitaliza el descontento hasta ahora reprimido y encuentra en la tímida apertura que sigue a las protestas del '83 y la llegada de Jarpa al poder, un pequeño pero creciente espacio de expresión. Lentamente esta voz empieza a reemplazar al silencio del régimen.

Paradojalmente, quizá lo más interesante de esta voz es su falta de elocuencia. En ese sentido pareciera que participa de la gruesa capa de autismo todavía predominante. Comparte con la violencia callejera la desesperanza y la ira que ya no puede contenerse. Es una voz más intuitiva y espontánea que formada. De hecho, rehúye y sobrepasa las ideologías y los dogmas. Es masiva. Sale de las peñas y los gimnasios, del lumpen callejero, y de la esquina de los desempleados, hasta ganar una sintonía mayor, más tecnificada aunque todavía burda. Es la voz de «una masa inmersa en la ignorancia política y cultural de aquel entonces», según Tito Escárate. Se empapa de la desesperación y de no pocos modelos contraculturales propios de esa época que nos comenzaban a llegar; se inspira, por tanto, de lo que se hace fuera, del *Punk*, el *New Wave*, el *Dark* y el *Tecno*. Es una voz nihilista que se felicita por la falta de identidad: no necesita banderas, no reconoce fronteras, no acepta filiaciones, no escucha más sermones, descarta todo uso de razón, niega toda historia, se solaza en la actualidad y en la contingencia, pero a la vez –y esto sí que es nuevo– prescinde de todo compromiso. *Estás cansado, cansado de luchar / Por la justicia, el hambre y la libertad / Sientes de pronto que no hay nada en qué creer / Y te cansaste de gritar y va a caer.*

La ausencia de identidad por tanto era una manera de enrostrarle al orden establecido el que los haya despojado de la misma. La voz de los 80 es la voz de los sin voz, los *Pinochet Boys* que la dictadura había ido creando y que ya papá-Pinochet no interpretaba y menos podía controlar. Es la voz del pataleo marginal, la voz subterránea de *los de abajo*, los que están dispuestos a sacrificarlo todo: la rebeldía, la metáfora y el partido. Es la voz estridente de la bulla y frustración. La voz prisionera convertida en *aparato raro* y *aterrizaje forzoso*.

Cálculo y euforia

Paralelamente a este estallido social se fue configurando el desenlace final, el final feliz. Éste también se fue preparando en silencio, cobijado y protegido por los muros erigidos por el orden. Se diseñó entre bambalinas, alrededor de la mesa de negociaciones, a espaldas de la atención pública todavía alimentada por una dieta parca de información y sin que nada cambiara mucho.

La iniciativa de entendimiento surgió del gobierno aunque presionado por el nuevo ambiente que había irrumpido. Nuevamente la señal estuvo dada por la elección del personero responsable que habría de servir de puente. El régimen reconoció por primera vez a la oposición, a la oposición organizada por cierto, la oposición de partidos. La otra era descalificada como lumpen, marginalidad inorgánica, fuerzas paramilitares, terrorismo o infiltración. Con este paso el gobierno dio un poco su mano a torcer; llamó a uno de sus partidarios políticos –en sí contradictorio–, Sergio Onofre Jarpa, para que éste a su vez convocara a sus antiguos «colegas», ahora de oposición, a la mesa de las negociaciones.

A pesar de todos los desencuentros, el entendimiento cundió. El pacto quedó sellado, nuevamente en un casi total silencio hermético, casi imperceptible, tal cual había sido la tónica hasta ahora. En junio del '84 el dirigente de la DC, Patricio Aylwin, en un seminario del ICHEH que contaba también con la presencia del político de derecha Francisco Bulnes, planteó un nuevo argumento que de ahí en adelante cundió, asegurando el protagonismo posterior de su autor. En esa ocasión Aylwin aceptó expresamente que era necesario reconocer la Constitución de 1980 «como un hecho». En otras palabras: había que aceptar fácticamente la Constitución. Lo esencial estaba dicho. Lo que faltaba –y ciertamente faltaba bastante tiempo todavía por cristalizar las posturas– era convencer tanto a los personeros del régimen como a los personeros de la oposición que el acuerdo se había logrado. A ello se dedicarían los *hombres de la transición*, yo agregaría la transición en su segunda fase: la concertada.

¿Por qué se llegó a este acuerdo?

Se ha ido formando cierta unanimidad de opinión que el catalizador de este acuerdo fueron las protestas. Ellas dejaron en evidencia el hecho de que los movimientos sociales –incluso en dictadura– podían escaparse del manejo del poder. Las protestas se volvieron tanto más impactantes en cuanto dejaron en evidencia que ni la oposición ni el régimen militar podían controlarlas. Pinochet apenas podía enviar militares a ciertas poblaciones. El orden público había desaparecido. El mismo General tenía que contentarse con verlas desde arriba, en un helicóptero, desde lo más alto posible. El gobierno más poderoso era, por tanto, a la vez el más débil. El detalle no podía escapar ni aun a la oposición que en su momento fue parte también del régimen; me refiero a la Democracia Cristiana, fiel colaboradora hacia el comienzo del gobierno militar. Se hizo imperioso, por tanto, reconstituir la alianza. *Nadie puede parar de bailar / la música del general / Nada en el refrigerador / nada en el cerebro / Nadie puede parar de bailar / la música del general.*

El gobierno militar hacía tiempo que cortejaba a los civiles, ahora les tocaba el turno a los de oposición. A su vez, los civiles necesitaban de Pinochet. Había que reforzar las bases de legitimación si se quería reprimir la violencia, la que amenazaba a todos. La fuerza no podía con la violencia; la razón, por sí sola, tampoco. *Ergo*, la razón y la fuerza unidas, jamás serían vencidas.

En efecto, las protestas se habían vuelto jornadas impredecibles. Eran la otra cara del poder: el poder desenfrenado. Pienso que, por lo mismo, se optó en conjunto por aceptar el primer atisbo de consenso que las condiciones y circunstancias ofrecían. El fantasma esperpéntico del desenfreno había despertado nuevamente el siempre latente miedo; de ahí que al primero tuvieran que sofocarlo recurriendo al segundo.

De modo que de ahora en adelante comenzó a operar una lógica nueva de puro vieja, la lógica política entre cuatro paredes. En este sentido me parece patente que la década del 80 es a cabalidad la época en que se inicia la supuesta «transición», bajo las condiciones que el régimen impone, fraguándose los consensos necesarios a fin de evitar el conflicto mayor que auguraba la espiral creciente que desde el ʾ83 cunde y amenaza con desbordarse. Más que un período de crisis, por tanto, es un período en que se evita, se sofoca, la crisis. Más que un período en que se desarticulan los procesos, la década de los 80 termina por zanjar las encrucijadas. La década de los 80 desemboca y deviene en una época arquitectónica, refundacional, en la que efectivamente se fueron tirando las líneas a fin de encontrar una resolución adecuada, consensual, a los conflictos acarreados de ayer.

El factor que se había ido produciendo durante todo este proceso era el correr del tiempo. En efecto, cuando llegamos al ʾ89 nos dimos cuenta que Chile había cambiado mucho. Había ido operando silenciosamente –sin que algunos de nosotros nos diéramos mucho cuenta, *unos sí, otros no*– un proceso de maduración forzada. Por de pronto, a toda una generación se le comenzaba a acabar el tiempo. En palabras de Patricio Aylwin:

> Ese período frustrante en que uno se estrellaba contra la pared. *Nunca imaginamos que la dictadura iba a durar tanto tiempo.* En un comienzo pensamos que iba a ser un proceso más o menos rápido y que al cabo de un plazo que el cardenal Silva Henríquez *calculaba* entre tres y seis años, se recuperaría la democracia. Pero todo se fue complicando, postergando y no había salida y *uno se iba sintiendo bastante deprimido* (el énfasis es mío).

Sucedió por tanto una carrera loca en contra del accionar tiránico de este tiempo que pasaba. Se había vivido demasiado la ilusión de que nada había cambiado, que se podía volver atrás, o bien, que se podía perpetuar el golpe fáctico del '73 y proyectarlo. Año tras año se habían ido sucediendo, más o menos al ritmo de un mismo compás, el compás de espera. Hasta que simplemente ya no se pudo sino encarar el reloj.

La década del 80 fue también un período en que lentamente los cuadros del poder envejecieron y se desgastaron. En la oposición al régimen, pensemos tan sólo en Frei, en un Frei que sistemáticamente dejaba en evidencia su incapacidad política. Derrotado el '73, su capital político se demuestra nulo frente a los militares; a lo más se presta para legitimarlos en el exterior. Derrotado el '80, se presta una vez más para un juego en que es incapaz de poner condiciones; llama a votar en un plebiscito que no daba ninguna garantía y obligaba mediante el miedo. En fin, muerto el '81, pasa a mejor vida sin mayores consecuencias. En efecto, los cuadros políticos opositores llegaron a negociar un tanto cansados, y en los niveles más altos, desmoralizados. Contentarse con lo mínimo era parte de ese agotamiento.

La dictadura, a su manera, también envejeció; fue generando más y más animadversión luego que despertáramos del *shock*. Con todo, fueron las generaciones jóvenes de los 60 quizá las que más envejecieron; se desilusionaron. *Un mechón de su cabello / aún*

conservo para mí / su color carmesí / se borró con los años / Y pensé
cuán loco fui / al perder ese amor / de que tal vez no merecí / y que ahora
es una reliquia / Un mechón de su cabello / aún conservo para mí... En
esto el régimen militar acertó. Diez y seis años eran suficientemente largos, pero no tan largos como para que significaran un
relevo mayor; ni tan cortos que significaran una recomposición
del orden pre 1973. El régimen, en el fondo, prefirió negociar y
seguir funcionando con *los derrotados del '73*.

Había que evitar una amenaza creciente. Se corría el riesgo
de que nuevas generaciones irrumpieran, nuevas generaciones
que por lo demás no tuvieran nada que ver con la historia reciente del país.

> Daniel, el del bajo y voz, sólo [recuerda que el] 73 tenía
> siete años y que al otro día fue a hacer la cola del pan y había
> tipos muertos en las calles, cubiertos con papel de diario, por-
> que habían salido después del toque... me acuerdo que había
> ene onda en la casa porque a muchos tíos los tomaron presos y
> los eliminaron... no sé... creo que de partida uno no tiene me-
> moria para atrás, los viejos tampoco hablan de eso, ellos vivían
> otra época súper distinta. Me han contado que antes del 73
> había colores, gente hippie, y fumaban todos pitos en la calle,
> había otra onda, un relax. Y ahora nosotros somos únicos, na-
> die nos cuenta, no tenemos memoria, somos únicos dentro de
> un sistema súper represivo, pero igual estamos acá, vivos.

Había asuntos pendientes entre los viejos que era necesario
liquidar. Antes de que el telón cayera había que asegurarles por
tanto, a riesgo de que se volvieran anacrónicos, una última salida
al escenario, su último bis. De ahí que no sorprenda el hecho de
que la década culmine con el poder máximo compartido por dos
septuagenarios que representaban las dos caras del poder aceptable al orden: la fuerza fáctica con poca legitimación y la razón
prudencial institucional derrotada. Lo que no podían las bases,
bien lo podían las cúpulas.

Ayuda en todo esto el hecho también evidente que la década

del 80 es el período en que se aprende a vivir con el autoritarismo. El autoritarismo de los años 70 fue demasiado un *shock*. Por el contrario, en los 80 se convivió con él. Se tanteó cómo había que relacionarse con el poder. Se auscultaron los límites de lo que se podía hacer o no hacer. Para ello era necesario despojarnos de nuestras ilusiones de ayer. Se entró a una etapa de mayor realismo y, por cierto, de cálculo. La clase política, si quería volver, debía aceptar que la política era cruda, a veces incluso, hipócrita, *profesional*. Mi conclusión por tanto es que este período –el de los 80– no es un período de deshielo. El autoritarismo a la larga se fortaleció, ya no como fuerza bruta, sino como orden amarrado, *orden transitorio* finalmente aceptado por todos, por los dos lados del poder establecido: por la razón y la fuerza.

No es extraño, por consiguiente, que al final de la década se permitiera prolongar el poder en las mismas manos: las *fácticas*. La clase política recuperó su papel. Los militares preservaron sus prerrogativas. El marco estaría dado por una Constitución que consagraba el golpe militar. Fue eso lo que Aylwin terminó por reconocer una vez más. Una postura perfectamente aceptable para quien en su momento, en calidad de presidente de la DC, exigió que las Fuerzas Armadas fueran «*incorporadas institucionalmente*» al gobierno de Allende, en calidad de «*aval para todo Chile*» (agosto 1973), permitiendo de ese modo su presencia hasta nuestros días. El mismo Aylwin que junto a su partido, una vez producido el golpe, declarara:

> Los propósitos de restablecimiento de la normalidad institucional y de paz y unidad entre los chilenos expresados por la Junta Militar de Gobierno *interpretan el sentimiento general y merecen la patriótica cooperación de todos los sectores* [...] (el énfasis es mío).

Un Aylwin que al momento del golpe y de ahí hasta bien adelante, sintió *dolor y fracaso, pero también alivio*. La dictadura a lo más era un «mal menor», «cierto tiempo de dictadura era necesario». Además, según Aylwin, él «creía que [los militares] pensaban lo que [él] pensaba». Su principal prioridad fue, entonces, «salvar el alma y el cuerpo del Partido [la DC]», básicamente porque o si no «¿a quién iban a entregar los militares el gobierno si nadie estaba en disposición de construir la democracia?».

Aylwin, como dice Armando Uribe, es el «hombre a la medida de lo posible», pues bien, Pinochet, como ya he dicho, es el «hombre hecho a la medida de la oportunidad». Las condiciones personales, al menos, estaban dadas para nuevamente renovar los acuerdos.

Volvamos a los términos de esta negociación en plena *transición*. Se aceptaba que los poderes clásicos de gobierno fueran débiles, una salida liberal después de todo. Se incorporaba expresamente el reconocimiento tutelar y arbitral que siempre habrían tenido los militares supuestamente, cuestión demasiado postergada según algunos, cuestionable según otros; pero que como se ha visto, tanto la DC como la UP, para qué decir la derecha, aceptaron durante el gobierno de Allende. Al Congreso se le relegó físicamente; un asunto menor. Se ampliaron las facultades legislativas del Ejecutivo vía potestad reglamentaria e iniciativa presidencial; nada de raro, el acuerdo era entre presidencialistas. Como siempre ha ocurrido en este país, no se revisaron ni se borraron las leyes, decretos leyes, decretos con fuerza de ley dictados en el entretanto; *Se te olvida...* Se buscó asegurar los equilibrios políticos vía un régimen electoral binominal; cuestión que no pareciera haber importado mayormente, después de todo iba a resultar sumamente útil a la Concertación. Se aseguró un componente corporativo importante en el Senado, a través de los senadores designados; qué importaba si eventualmente serían designados por el gobierno de turno. Se aceptaron los términos de una amnistía penal, restringiéndose por esta vía cualquier intento serio por llevar a cabo posteriores investigaciones; ya me haré cargo de este aspecto.

En suma, se le imprimió un marco institucional, aunque forzado, a lo que muy luego se denominó «política de los acuerdos». En efecto, *se hacía imperativo ampliar la alianza*. Había que encuadrar la solución chilena dentro de una lógica agregativa, no dialéctica. Chile había madurado. Chile volvía a ser lo que siempre fue: un ejemplo político. Así es como nos gustaba Chile, así es como debía ser en el futuro. ¡Viva Chile!

La estrategia política no podía sin embargo aparecer fría y calculadora. Tampoco podía perseverar el silencio. Había que hacer florecer el acuerdo. Era menester convocar a todos para que dentro de límites concretos y consensuados que diesen confianza a las cúpulas, se lograra una apariencia al menos de apoyo eufórico general. Se llamó a plebiscito. No importaba quién ganara o quién perdiera. Con seguridad sería el país el que ganaría: *el país ganador.*

Y en efecto, el plebiscito del '89 fue un alivio para las partes contratantes. Se reconoció el empate de antemano. No habría ganadores ni perdedores. Estábamos todos demasiado agotados para ese entonces, demasiado derrotados por nosotros mismos, por nuestra ya larga historia reciente. La prudencia aconsejaba que el '89 fuera lo más distinto al '73; nos lo debíamos a nosotros mismos. Debía primar la confiabilidad, la no ofensa, la diplomacia, el viejo compadrazgo chileno que fuimos perdiendo antes de que se iniciara el nuevo *camino por recorrer.* El triunfo electoral de la Concertación habría de pagarse por tanto con protocolo y diplomacia. Había que apartarse lo más posible de la imagen reciente del desorden y desenfreno. Había que ganar pero no aparecer ganando. Y si se perdía había que perder, pero no aparecer perdiendo. El plebiscito confirmó lo que se quería. *¡Misión cumplida, Mi General!* El 44% más el 56% sumaron un total de 100%. ¡Viva Chile!

El '89 trajo consigo el alivio, concediendo un pequeño margen de espacio para que cundiera la euforia. Recuerdo el '89 como un extraordinario montaje escénico. Todos abalanzándose a las revistas, a los diarios, a la franja de televisión. En períodos ya distantes nadie quería aparecer o no se lo permitían; había que guardar cierto decoro o simplemente no era conveniente. La prudencia recomendaba el recato. Ya no. Era imperioso ganar posiciones de poder en la nueva institucionalidad consagrada. Los que se integraban a las campañas del SI y del NO sabían lo que estaban haciendo, lo que estaba en juego. Una de las palabras que más escuché en esa época de esta nueva *gente* era *posicionarse.*

Al resto, por cierto, se le concedió la fiesta, el jolgorio, la gran piñata que había que despedazar: la alegría que venía, la alegría que surgía, la alegría que se nos dijo que llegó.

Autotraición y olvido

El tiempo no sólo había contribuido para que se diera un cierto marco de acuerdo; el tiempo ante todo había servido para que operara la sedimentación casi geológica que supone siempre la historia. La sedimentación que pretende siempre encubrir el pasado con el olvido, el «tupido velo» que tiende el mismo tiempo y no sólo el tiempo.

La década de los 80 no fue un período de grandes reflexiones. A nivel de discusión el debate público fue nulo. La dictadura no lo permitió. Tampoco convenía. La reflexión era peligrosa para todos. Peligrosa para el régimen por cierto, pero también para la oposición. La oposición había sido tan culpable de la debacle y el desenlace del '73 como los militares. Reflexionar libremente habría significado tener que remover las capas geológicas que lentamente se acumulaban y mirar con ojos abiertos todo, todo lo que había pasado.

La década de los 80 fue un período de posicionamiento práctico y en algunos casos discursivos. Esto fue especialmente cierto hacia el final. A partir de una nueva praxis había que reubicarse en el espectro. Hablar distinto, decir cosas diferentes. El gobierno, ya hemos visto, hizo sus propias piruetas conceptuales. De ser crítico de los políticos, terminó finalmente por aceptarlos y llamarlos para que le prestaran su ayuda. En el bando opositor los saltos mortales, las volteretas, que se fueron sucediendo impactaron y sorprendieron: *renovación socialista, reevaluación de la democracia formal, fin del camino propio, aceptación del neoliberalismo, término del estructuralismo protector, del materialismo histórico, reafirmación del discurso eclesial,* etcétera, etcétera.

La década de los 80 por tanto fue la década de las conversiones puntuales en víspera de otras posteriores ya masivas. Piensen ustedes en ese libro agudo de Sergio Marras que recoge las «confesiones» post-burbuja, las de Federico Willoughby, Mónica Madariaga, Liliana Mahn, Gustavo Leigh, el general Díaz Estrada. Recuerden ustedes también el prólogo que escribe el hasta entonces opositor al régimen, ahora converso al nuevo credo consensual, Eugenio Tironi, para su libro *Autoritarismo, Modernización y Marginalidad*. Dice ese prólogo:

> En 1983 partí con mi familia a París para iniciar un doctorado en Sociología. Pese a que la situación de Chile había entrado en un período de efervescencia social y política, me asistía la convicción de que el régimen autoritario del general Pinochet tenía raíces sólidas, lo que le permitiría superar las presiones y terminar con las transformaciones económicas, sociales e institucionales que había iniciado.

La Iglesia es también un buen ejemplo del viraje que había comenzado a operar. Hacia fines de los 80 sigue defendiendo a los perseguidos, pero eso ya no es lo más importante. Lo crucial para la Iglesia viene a ser otra cosa: controlar los límites, los extremos futuros. En el horizonte se ciernen las nuevas tormentas: la tormenta sexual, el destape, la crisis moral. En efecto, habrían de caer muy luego los muros y las grandes catedrales, por tanto teníamos que plegarnos a los nuevos credos en germen.

Así y todo el cambio de folio no podía ser tan abrupto. Todavía quedaban algunos cabos sueltos. La prudencia aconsejaba ir poniéndole fin a lo que todavía faltaba por escudriñar e investigar. Se podía uno disfrazar discursivamente con otros ropajes, pero ¿qué hacíamos con los excesos de ayer? Pienso que la solución fue por el lado del olvido, del *entierro prematuro*, y para ello se montó la idea de reconciliación, que culminó con el *Informe Rettig*.

El *Informe de la Comisión Verdad y Reconciliación* (1991) fue, es, un texto ideológico, funcional a una coyuntura política precisa: la que exigía, por cierto, una solución jurídica y política pero que derivó a lo más en una proposición moral. Partió del reconocimiento dual que por un lado no se tenía la jurisdicción sobre los casos investigados –el consenso no llegaba hasta ese extremo– pero que así y todo no se podía obviar lo evidente: alguien tenía que pagar, alguien tenía que asumir cierta responsabilidad.

La solución a la que se llegó tuvo un carácter meramente ceremonial, ritual, jurídico-legal y moralizante. El chileno es amante del derecho aunque a veces lo confunda con la moral. En efecto, el *Informe* se planteó como un documento de Estado en que reconocía que el mismo Estado había incurrido en excesos, planteamiento que a lo más serviría para efectos de indemnización de los deudos de las víctimas. Conste que se dejó fuera la tortura (!). A su vez, no pudiendo o bien no queriendo, no asignó culpas individuales específicas, salvo la singularización concreta de Carlos Altamirano, lo que en verdad fue una canallada, toda vez que había nombres de sobra que se omitieron. A cambio de lo cual se optó por repartir la culpa. En palabras del entonces Presidente de la República luego de leer el informe: «Es la sociedad chilena la que está en deuda con las víctimas de las violaciones a los derechos humanos». En efecto, la Comisión prodigó a todos nosotros la culpa. Pero curiosamente, y es esto lo que me interesa destacar ahora, la repartió tan profusamente que a la larga nadie resultaría específicamente responsable, sin perjuicio de que magnificó sin embargo esa extraña e indefinible sensación de que se nos quería y se nos quiere todavía hacer creer: todos, todos nosotros –según el *Informe Rettig*– somos culpables. De ahí que el mismo Aylwin, quebrando la voz –el poder parece que a veces sensibiliza–, pidiera «perdón», haciendo caer sobre nosotros la «culpa» histórica.

Dicho recurso me parece una manera solapada de salvar el escollo. Recuerdo que cuando salió el *Informe* me tocó hacerlo objeto de estudio para mis alumnos de historia del derecho del primer año de la Universidad Diego Portales, ninguno de los cuales me parecía y me sigue pareciendo «culpable», y eso que su generación era parte ya de casi el 50% de la población de este país. En suma, me sigue pareciendo un tanto forzada la solución.

A cambio de que todos nos sintiéramos culpables –y eso que había muchos infinitamente más culpables, empezando por los que estaban aún en el poder o recientemente habían accedido a él– se concedió la posibilidad de que salváramos el obstáculo aún pendiente. El *Informe*, además, es poco elocuente. A lo más los testimonios de los deudos recogidos en el texto sí lo son. El resto no es más que un informe en derecho con ciertas pretensiones morales, no insignificantes por cierto, pero acomodaticias al discurso crecientemente eticista que éste mismo gatilló.

Volviendo a las imágenes con que inicié este capítulo, diría que el *Informe Rettig* se parece a una especie de muro de los lamentos. Nada más. ¡Nunca más! ¿Qué más? Punto final.

«Sólo la mancha veo del amor que
nadie nunca podrá arrancar del cemento,
lávenla o
no con aguarrás o sosa
cáustica, escobíllenla
con puntas de acero, líjenla
con uñas y balas, despíntela, desmiéntanla
por todas las pantallas de
la mentira de norte a sur: sólo veo al inmolado»

GONZALO ROJAS, *EL ALUMBRADO* (1986)

Capítulo VI

Ni un paso atrás

«La raza chilena ha sido cantada por sus virtudes épicas, por la resistencia a la adversidad, por la indiferencia ante los errores y por muchos otros capítulos dignos de loa. Requiere, también, un elogio por su mala memoria, bien comprendida por el más comprensivo de nuestros políticos. Aquellas calidades heroicas nos harán pasar a la historia. Pero la incapacidad de persistir en el recuerdo nos asegura una supervivencia larga entre todas las naciones».

«Jr» (René Silva Espejo)

«Vigilantes y vigilados
Perseguidos y perseguidores
Poseedores y desposeídos
Agredidos y agresores
Degolladores y degollados
Allanados y allanadores
Venid y va-á-mos to-ódos»

Enrique Lihn

¡Chile... la alegría ya viene, Chile...!

Después de tantos, tantos años, volvimos a sonreír. Fue tan lindo y por la tele además. Con harto color, si no faltó ni uno, to-í-tos juntos. Era para puro lindo el cuento; y eso que nunca más nos hemos puesto de acuerdo. Así es la vida de los artistas. Nos tomamos de las manos. Le pusimos el hombro, codo a codo nos encachamos frente a las cámaras, y como buenos chilenos que somos lo hicimos al natural como dicen los profesionales. Si fue como en una de esas películas de vaqueros súper antiguas, ya no las hacen así. A alguien por suerte le crujió. Justito detrás del horizonte, cuando nadie se lo esperaba, cuando na´ pasaba, justo aparecimos los del NO, los pillamos de sorpresa, no los indios, no, n´a que ver, éramos NO-sotros, la G-E-N-T-E, no la gente linda, la «Gente Como Uno» como dicen los pitucos, no, eso es puro chamullo, no, la Gente como NO-so-tros, los de la pobla, como la señora Yolita, el Juan Carlos y el Nelson, así de sencillo. Y na´ de ponerse a llorar, lamentarse, quejarse. ¡Pu´chas que lo pasamos bien! Figúrate, si lo transmitían por todo Chile como los mundiales. Medio gooo-laa-zo que les metimos. Pero no había que hacérselos sentir. Como pisar hue´os. En un par de días todos se querían subir por el chorro, y ya nadie se cachaba quiénes habían sido gobiernistas o los amigotes del alcalde, el jovencito engominao ese, te acordai. Súper linda, además, la canción.

La percepción de nosotros los «Comisarios», anónimos todos, en cambio, respondía —y en esto quisiera subrayar un primer planteamiento— a la naturaleza creativa propia del terreno semántico de la comunicación política. Sociológicamente hablando, es decir, «a lo weberiano», debi-

211

mos afinar los lineamientos estratégicos, que no es lo mismo que táctica comunicativa, y así aprovechar, dentro de lo posible, el contexto reduccionista de la democracia que la dictadura nos proporcionaba. Fue, de ese modo, como fortalecimos, mediante el dispositivo «franja», el esfuerzo democrático, constituyéndolo en un «turning point» de 15 minutos. Apreciamos también la significación dialéctica del humor como antítesis de la pomposidad histérica-terrorista de la discursividad dictatorial. Desprovistos de una personalidad persona actualizamos la potencia en acto emotivo, produciendo el contagio corpóreo, dignificando la imagen de responsabilidad seria. Queríamos más bien captar a un segmento específico que logramos, incluso, tipificar muy concretamente como el «HOMBRE del NO», versión renovada del «Hombre Nuevo» con que alguna vez soñamos:

> *«hombre, de 35 a 40 años, buenmozo, profesional, culto, casado y con hijos, creyente pero no fanático, que era seguro de sí mismo, alegre, honesto, inteligente, amplio de criterio, experimentado, triunfador, asertivo, creativo, que tenía prestigio nacional e internacional y una gran visión de futuro». ¿Y cómo hablaba esta persona? Lo hacía de una manera segura, firme, clara; era ameno, entretenido, ingenioso y documentado.*

Afortunadamente cuando llegaron los políticos, ya todo estaba hecho. A mayor abundamiento, inspirados en el planteamiento consensuado en diversos documentos «ad hoc» y estudios sumamente profesionales de «focus groups», según las últimas tendencias analítico-técnicas de medición europeas y norteamericanas, los que, por cierto, discutimos profusamente, logramos «vender» y proyectar la predominancia «enérgica y segurizante» de un diapasón propiamente chileno, conforme a las arraigadas tradiciones de Justicia y Paz de este país y que el Mensaje esperanzador del Papa nos iluminara en su reciente y exitosa visita. Optamos por ser congruentes además con un clima soberano de Reconciliación y Diálogo, que vino a confirmar nuestra más desprendida convicción pluralista. En consecuencia, sin odio, sin miedo y sin violencia lo que quisimos fue plasmar un tono.

La alegría que llegó

La campaña del NO fue mucho más allá de la ingenuidad virginal del televidente popular y de la pomposidad tecnocratizante de los comunicólogos y asesores políticos que a raíz del plebiscito arribaron al poder.

La campaña fue un éxito; de eso nadie jamás ha dudado. La pregunta que vale hacerse, en todo caso, a diez años de la época, es ¿de quién? Según Enrique Correa, reflexionando después del *triunfo*, la respuesta es clarísima:

> [...] la oposición tuvo que hacer *un sacrificio muy grande al tener que poner en segundo plano la denuncia global al régimen y concentrarse en Pinochet*. Se eligieron de él aquellos rasgos que lo podían destruir políticamente. Creo que logramos «posicionar», como aprendí a decir en la campaña, al señor de la guerra y al capitán general de los ricos. Pinochet no pudo librarse de esa doble imagen que lo metió en una madeja y lo hizo vacilar entre ser militar un día y ser un demócrata civil al otro, sin lograr definirse, sin lograr apostar a fondo. *En ese juego, se perdió,* (el énfasis es mío).

Conste que no se ha hecho una edición posterior del libro donde he extractado la cita anterior; la historia no parece haberle dado la razón en todo caso. He ahí Pinochet.

Está visto que históricamente el tema es infinitamente más complejo. Si Correa tiene y, a la vez, no tiene razón en lo que dice, en otras palabras, si atacando a Pinochet dejaban pendiente el régimen, y si éste (Pinochet) sobrevivió a su derrota, se configura pues lo que han sido los gobiernos de la Concertación en los últimos diez años: un régimen cívico-militar que prolonga y proyecta, en lo sustancial, al régimen militar, con anuencia de su hasta otrora oposición. En verdad, «un sacrificio muy grande» a fin de obtener a lo más un «*turning point* de quince minutos». Ni un paso atrás.

Y ¿para qué? Supongo que para ser consistente con la historia.

En efecto, el itinerario que Pinochet estableció en Chacarillas en 1977 aún se mantiene vigente:

> El proceso concebido en forma gradual contempla tres etapas: la de recuperación, la de transición y la de normalidad o consolidación. Dichas etapas se diferencian por el diverso papel que en ellas corresponde a las Fuerzas Armadas y de Orden, por un lado, y a la civilidad, por el otro.[...]
>
> En la etapa de recuperación, el Poder Político ha debido ser integralmente asumido por las Fuerzas Armadas y de Orden, con colaboración de la civilidad, pero en cambio, más adelante, sus aspectos más contingentes serán compartidos con la civilidad, la cual habrá de pasar así de la colaboración a la participación.
>
> Finalmente, entraremos en la etapa de normalidad o consolidación, el Poder será ejercido directa y básicamente por la civilidad, reservándose constitucionalmente a las Fuerzas Armadas y de Orden el papel de contribuir a cautelar las bases esenciales de la institucionalidad y la seguridad nacional en sus amplias y decisivas proyecciones modernas.[8]

¿Lo previeron los artífices de la *Campaña del NO*? Es decir, ¿sabían que a pesar del triunfo igual iban a perder? ¿Quién sabe?; tendrían ellos que decirlo. ¿Lo quisieron? Eso es más complicado. Ya en la campaña –hemos visto que Enrique Correa lo reconoce– hicieron una transacción, sacrificaron la crítica al régimen militar para concentrarse en Pinochet. Y ahí, lo sabemos, lograron un triunfo a medias. Se fue y no se fue. Cayó y no cayó.

---

8. Conste que en ninguna parte de este itinerario se define qué es la «transición». A lo más, Pinochet dice: «Hoy nos encontramos en plena etapa de recuperación, pero estimo que los progresos que en todo orden estamos alcanzando, nos llevan hacia la transición».

¿Por qué? En buena medida, porque la falta de sustantividad, el haber privilegiado «el tono», los terminó por derrotar empatando, o bien acertando, haciendo de la «victoria» cosa ninguna. Esto último en caso de que lo hayan querido.

Convirtieron la diferencia entre el SI y el NO en algo tácticamente no tan distinto a la que podríamos advertir entre una *Pepsi Cola* y una *Coca Cola*. A final de cuentas, hicieron de un asunto que exigía profundidad una mera opción entre marcas. Y eso fue una opción estratégica real cuya clave se encuentra en la campaña misma. De ahí que sea válido preguntarse si ya en la campaña no estaba diseñado el sentido a que apuntaban.

Al igual que casi todo el mundo que vibrara con la *Franja del NO* en su momento –aunque no suficientemente, en mi caso, como para inscribirme y votar–, hasta hace poco pensaba que había sido el rigor posterior de la *realpolitik* lo que hizo finalmente «invisible» la victoria del `88: los boinazos, el marco constitucional... Es más, una cosa es ganar una, dos e, incluso, varias elecciones adicionales en el futuro; otra muy distinta, sin embargo, es gobernar a partir de una victoria electoral. O si no que lo digan el Ibáñez del `52, el Alessandri del `58, hasta cierto punto el Frei del `64, definitivamente Allende después del `70. Pues bien, decía que hasta hace poco pensaba que la transacción final se hizo después del plebiscito. Cambié de opinión, sin embargo, luego de advertir un conjunto de detalles aparentemente inocentes consignados en el libro de Marco Antonio de la Parra, *La mala memoria*, los que me revelaron una cierta pauta, me proporcionaron la clave.

Cuenta el dramaturgo su incursión por la industria publicitaria durante los años 80, precisamente en la agencia de José Manuel Salcedo, quien dirigiría posteriormente la Campaña del NO. Lo fascinante es que en dicho mundo ya se estaban fraguando los consensos de una supuesta «transición» que en términos políticos nunca fue tal, aunque se nos quisiera convencer de lo contrario.

Hubo muchos buenos momentos en la agencia de publicidad. Sobre todo conocer –escribe de la Parra– la trastienda del imperio del deseo. Se gana escepticismo, se pierde deslumbramiento, se cree menos en que todo lo que brilla es oro. La interacción con los ejecutivos de cuenta, mucho más formales pero accesibles a la simpatía de Salcedo con la cual trataba de contagiarme, nos conseguía entrada a restaurantes de lujo de esos que recién comenzaban a multiplicarse en Santiago [...]

Gente de la llamada *famosa* pasaba por el mundo publicitario con frecuencia [...]

Comienza el repunte económico de la Era Büchi. Funcionan las AFP, la salud se ha privatizado, cumplimos obedientes las fórmulas del libre mercado, puede ser hasta divertido. Para variar, en el lanzamiento del sistema privado de previsión aparece la figura de José Manuel Salcedo, ya hace años, encarnando a *Prudencio*, el personaje de una de las campañas más grandes. Medio mareado en un dieciocho de septiembre de principios de los años 80 lo imitamos intentando elevar unos escuálidos volantines[...]

Fueron Salcedo y su «gente» también quienes fraguaron la novísima versión del «Hombre Nuevo», esta vez de la Concertación, que consigné al comienzo de este capítulo: un sujeto componedor, *piérdete una*, arrimado al poder tanto público como empresarial, en suma, un fáctico consensual. En fin, en esa área rara de las agencias, que aún siguen siendo poderosas, fue donde se terminó por anular la política de este país. En ese mundo, se esta(ba) únicamente por consensuar. En palabras de Sol Serrano, socia de Tironi y Asociados, también vinculada a la Campaña del NO:

> La transición terminó cuando la política dejó de ser una fuerza movilizadora, cuando dejó de ser un espacio cultural de congregación. La política hoy [1994] es un asunto de profesionales y el cambio cultural y la fuerza social están radicados en el mundo de la producción, en un amplio sentido, y en la vida privada [...]

De lo cual se infiere que nunca hemos tenido «transición» en su versión política, si en cambio en su versión consensuada conforme al itinerario del régimen, es decir, así de vaga. Tanto Pinochet como los Salcedo, Correa, Tironi y compañía, se *consensuaron* anticipadamente, de tal manera que al final la volverían efectivamente «invisible». De hecho, Eugenio Tironi en su calidad de Director de la Secretaría de Comunicación y Cultura del gobierno de Aylwin promocionó, en repetidas ocasiones, la tesis de que la «transición» se había terminado, tesis que en su momento parecía un disparate, pero que a la luz de este clima es más que entendible.

Ahora bien, constituiría una exageración sostener que bastó con que entre cuatro paredes se fraguara este acuerdo para que luego se materializara. Ya en el capítulo anterior argumentaba que el vuelco lo comenzará a dar Aylwin en 1984 al reconocer la Constitución del '80 como un «hecho». El punto es que este maridaje promiscuo, bajo los condicionamientos excepcionales del plebiscito del '88, sumado a la desaparición de la política, es más, el fracaso de la antigua clase política durante el régimen militar, condujo a nuevas formas de operar, las que en no poca medida se fueron construyendo a partir del pragmatismo político y de estas nuevas lógicas comunicacionales introducidas durante la campaña. Será Enrique Correa, una vez más, quien da la pauta. Refiriéndose a una de las directrices específicas de la Campaña del NO, vuelve a confesarse:

> Un segundo pie de cueca [...] fue que *por primera vez no se esperó que todos estuviéramos de acuerdo para cruzar el río.* Este fue un cambio muy fuerte, sobre todo para la izquierda, más aún porque *había sido una cultura muy clásica, en este sector, el requerir el acuerdo previo de todos* para tomar una iniciativa y un objetivo político importante como éste.
>
> Esta vez no se esperó a todos, *se cruzó el río con audacia* y se evitó un estancamiento. Si hubiéramos esperado estar todos de acuerdo, no habríamos ido nunca al plebiscito.

Se pasaron muchos malos ratos con esto, se perdió mucho tiempo en polémicas, pero creo que el resultado final fue positivo, porque se hizo una cierta estrategia que fue predominando y terminó siendo finalmente la estrategia de todos. Creo que ése fue *un nuevo modo de consenso que demostró que no era necesario hacer el consenso primero en una pieza oscura y después salir a anunciar al país la buena nueva. Se formó desde aquellos que estábamos trabajando muy convencidos y así finalmente se construyó el acuerdo que tuvimos* (el énfasis es mío).

Es decir, no entre cuatro paredes, pero sí a partir de la audacia de los que primero captaron que *no había transición posible* y «chorrearon» y «marketearon» hacia abajo dicho sentir implícito sin reconocerlo nunca. Para este sector, al menos, la transición simplemente no estaba contemplada. El autoritarismo era más fuerte. Había que ser igualmente autoritarios y verticales que Pinochet, con otras técnicas «modernizadoras», pero desde el bando contrario, claro está que ya, a esas alturas, ¿qué tan *contrario*?

Del avanzar sin transar al transar sin parar

Conforme, hagámosle caso a Enrique Correa. No se trataría, en realidad, de un acuerdo entre cuatro paredes. Ampliemos el análisis. Enfoquémoslo dentro de una perspectiva más abarcadora. Retrocedamos y luego devolvámonos hasta llegar a nuestros días.

Normalmente, en nuestras conversaciones, estos últimos cuarenta años, desde 1958 hasta hoy, semejan una coctelera bien batida de la que se nos sirve, de vez en cuando, un trago fuerte y amargo, que nos ha vuelto –admitámoslo, estamos entre gente adulta– un tanto mareados. Algunos entre nosotros insisten, a pesar de todo, en seguir tomando. Los hay de dos tipos. Los que prefieren beber lo que siempre han bebido, y los que degustan nuevos sabores. Ambos no tienen remedio. Hay también los que simplemente se excusan, alegando una sobriedad políticamente correcta, la del converso ahora abstemio, y que quiere convencer al resto de la conveniencia de una ley a secas o aguada en que apenas se le note.

No estoy seguro que debamos descartar a estos últimos de la anterior clasificación. Por muy penitentes de última hora que sean –dicen venir de vuelta–, igual están algo alcoholizados. La sobriedad toma tiempo. Lo más probable es que los que aún se mantienen en pie se estén curando de resacas pasadas. Puede que hayan dejado el trago, sin que por ello se abstengan de consumir otros narcóticos, a modo de sucedáneos, en cuyo caso correspondería incluirlos entre los adictos a nuevos sabores o estimulantes no menos tóxicos.

A lo que voy es que nadie a medio filo, por ponerlo de alguna manera, puede alegar temperancia. Los últimos cuarenta años han sido demasiado traumáticos como para que de repente uno que otro de entre nosotros nos hayamos vuelto moderados.

La más somera de las revisiones de este período arroja una secuela dramática y vertiginosa, cambios no comparables a ninguna otra etapa en este país. Por de pronto, durante el período se pone fin al Antiguo Régimen como consecuencia de la reforma agraria de los años 60, término forzoso del orden señorial fundado en deferencias jerárquicas que habían presidido las relaciones sociales durante más de 300 años. El período coincide también con el estancamiento productivo del modelo estatista interventor impulsado luego de la crisis económica de los años 30 de este siglo. Paralelamente, colapsa el régimen basado en alianzas partidistas abriendo cauce a modelos populistas, partidos de masas, proyectos globales, constructivistas y excluyentes, altamente ideológicos, de sesgo revolucionario y, además, apoyados por potencias extranjeras. A todo esto habría que agregar, desde 1967, una progresiva espiral de violencia inicialmente discursiva, luego callejera o focalizada en ciertas áreas de producción, hasta culminar en un régimen militar sistemáticamente represivo, violatorio de los más mínimos derechos de las personas: el derecho a la vida y a la integridad física y psíquica, a la libertad y seguridad individuales, el derecho a opinar, a asociarse, a ejercer cargos públicos, a vivir en este país, a no ser discriminado... etcétera.

Me temo que no es todo. Hemos debido soportar alzas históricas de inflación, manejo irresponsable de finanzas públicas, embates sin piedad a antiguas concepciones de propiedad, y desabastecimiento crónico. A fin de corregir estas distorsiones se han impuesto drásticas políticas con sus consiguientes efectos: desempleo, deterioro de servicios públicos, colapso de áreas enteras de producción, distribución regresiva del ingreso. Es más, el orden público se ha visto amenazado seriamente durante períodos prolongados.

El que con posterioridad se revirtieran algunos de estos hechos no ha redundado necesariamente en mejoras sustanciales de estándares de vida para muchos. En estos últimos cuarenta años Chile ha ostentado, y en algunos aspectos sigue exhibiendo, tasas preocupantes de alcoholismo, violencia intrafamiliar, consumo de antidepresivos, nacimientos ilegítimos, embarazos adolescentes, abortos, marginalidad y deterioro urbano, acceso inequitativo a la justicia, salud y educación, convivencia a diario con delincuencia habitual, en fin, un cuadro muy distante de lo que uno suele asociar cuando se habla de una sociedad desarrollada.

Motivos, por tanto, sobran como para querer dejar atrás viejos traumas. La realidad demasiado a menudo la hemos vivido en estos últimos cuarenta años como caótica o apocalíptica. De ahí que se hayan cifrado grandes esperanzas en diversas recetas correctivas, las más de las veces aparentemente contradictorias, debiendo ser revertidas bajo nuevos signos opuestos. Lo que un gobierno ha hecho, con frecuencia ha sido tachado por el que sigue. No hay que ser historiador, además, para saber que en estos últimos cuarenta años, todas las corrientes políticas e ideológicas han presidido la más alta magistratura. Han ejercido legítima o ilegítimamente cuotas sustanciales de poder. Todos han sido responsables en mayor o menor medida de lo que se ha hecho o deshecho en su paso por el poder.

De ahí que sea tentador adjudicarle al período un carácter caótico. Los golpes y costos han sido durísimos. Las demandas siempre han excedido la capacidad real para satisfacerlas. Nada de raro, por tanto, que subrayemos y aceptemos sin cuestionarnos demasiado lo que damos por sentado: las discontinuidades y quiebres de estos últimos y convulsionados cuarenta años. Motivo suficiente como para, una y otra vez, querer sentar cabeza, abjurar y prometernos volver a ser sobrios según el recetario de turno.

Sabemos sin embargo gracias a la física más de punta que hasta el más caótico de los escenarios es capaz de develar y/o generar nuevos órdenes. Ello invita a dar vuelta el asunto y plantearlo un tanto al revés. ¿No será que estamos frente a un orden enteramente distinto, que hay mucho más en común entre las distintas posturas, en suma, que las continuidades han primado por sobre los quiebres? Insisto, quiero entender a quienes recientemente aparecen desdiciéndose, haciendo causa común con el régimen militar; me interesa encontrarle cierta racionalidad a una historia que de lo contrario resulta errática.

Quizá la manera como hoy vemos nuestra historia está demasiado nublada por el espejismo distorsionador que nos hace suponer el habernos movido desde una época de convicciones a una época de pragmatismo. De ahí que parezca que nos hemos ido volviendo más sobrios en el último tiempo, desde el plebiscito a esta parte. Si en los años 60 el lema era «avanzar sin transar», hoy en los *supuestamente* ya maduros años 90 hemos, también *supuestamente*, aprendido la lección. A la mala, habríamos terminado *aparentemente* por corregirnos.

No comparto la idea. Sospecho de cualquier intento por extraerle «lecciones» a la historia. Incluso más, no me parece que haya nada esencial en los años 60 que no se perciba también en los 90. Por ende, intuyo que estamos frente a un mismo proceso que se resiste en definirse como tal, en reconocerse como un solo *continuum*.

En ambos casos, se constata un anhelo fortísimo, muy serio, una demanda generalizada por modernizar, vale decir, el querer dejar atrás el pasado y abrirse a las perspectivas esperanzadoras que depara el futuro.

En la versión de los años 60 y 70 ello implicaba poner fin a estructuras de dominación para así proveer justicia social y desarrollo. En cambio, el mismo discurso modernizante se traduce en estos días en una apuesta al crecimiento, al mercado, específicamente a la racionalidad de dicho mercado, es decir, a su capacidad para derramar riqueza a crecientes sectores de la población. Por cierto, los medios han cambiado, no así las metas. Si en su momento la apuesta era preferentemente política, hoy ésta pierde protagonismo frente a una opción marcada si no unívocamente económica.

Hay otra pequeña, aunque crucial, diferencia. En los 60 y 70 el salto eudemónico o felicítico al nuevo mundo pasaba por reflexionar, primero que nada, críticamente acerca del pasado. En cambio, hoy se desvirtúa dicho ejercicio desde la partida y se piensa sólo en la «alegría» que viene o que ya llegó. En palabras aparecidas en un artículo elocuentemente titulado «El futuro es más fuerte», Eugenio Tironi nos comunica:

> En definitiva, parece evidente que la nuestra es una sociedad que no siente su historia como una mochila que la inmoviliza. Los chilenos están corroídos por la angustia, no por la melancolía. No están interesados en emplear sus mejores energías en explorar su pasado. Lo que les quita el sueño es el presente y el futuro. No quieren ni explicaciones ni acusaciones; quieren soluciones a sus carencias. Para algunos resultará abominable, para otros fascinante; pero así es.

José Joaquín Brunner sentencia algo similar, también en un artículo reciente:

> Por el contrario, quienes siguen apegados a los viejos moldes de análisis se han vuelto profetas al revés. Anuncian lo que ya pasó o pudo ser; las utopías de la memoria. En el Chile actual, una parte de su *intelligentsia* se halla más preocupada por el pasado que con el futuro. Es normal que así ocurra en épocas de precipitada transformación cultural. Suele suceder que en esas coyunturas algunos intelectuales optan por volverse arqueólogos del imaginario social.

Un Enrique Correa más parco, es simplemente tajante:

> Reflexionar y opinar sobre Chile exige un ejercicio previo: reconocer que el país está bien y todo indica que seguirá estando bien e, incluso, mejor.

Evidentemente la selección que he hecho de los portavoces recién citados no es arbitraria. No suelen dar puntada sin hilo. En su momento, estos tres «profetas» de un presente-futuro que da su espalda al pasado estuvieron en la otra postura, la que actualmente repudian.[9] En lo que sí persisten es en el juicio tajante e imperativo. O se está por la estrategia modernizante que dictan las circunstancias históricas, o simplemente no se está, se automargina uno de la historia misma. En eso no parecieran haber cambiado.

Es más, si en su momento –los años 60 y 70– se estaba por avanzar sin transar, ya sea respecto del pasado o las fuerzas representativas de ese pasado, hoy –en los 90– no cabe sino transarlo todo.

Transar ¿qué?

Desde luego, la historia personal de ellos mismos, en aras, una vez más, de la buena nueva. Dicho de otro modo, lo que transan son sus anteriores convicciones. Pero, ojo, también la historia a secas. Después de todo, la historia no sería –lo dicen– más que un pantano que inmoviliza, mera arqueología; no valdría la pena considerarla, incluso, en el análisis. En otras palabras, no miremos para atrás, porque ya no sirve, incomoda o desacelera. ¡Así es! Los que no están por el futuro –o lo que es lo mismo, la modernización que ya nadie para– están simplemente condenados al basurero de la historia. En fin, precisamente porque, en su momento (los años 60 y 70) ya se hizo una nega-

---

9. José Joaquín Brunner, por ejemplo, cuando todavía era dirigente estudiantil, afirmaba: «La universidad es la conciencia crítica del proceso histórico-cultural de la nación, el lugar donde se hace la práctica teórica revolucionaria [...] el crisol de las nuevas ideas y los valores de choque: el semillero donde se forman las vanguardias del proceso revolucionario chileno».

ción de la historia, es que ahora puede simplemente ignorársela, sacrificársela.

Es precisamente dicho maximalismo modernizante lo que da continuidad a nuestra historia contemporánea, como queda patente en dos citas de Patricio Aylwin. La primera, que aparece en el prólogo del libro de Edgardo Boeninger, *Democracia en Chile; Lecciones para la gobernabilidad,* reza lo siguiente:

> Aunque algún día fui de los que decían que 'todo tenía que cambiar', la vida me ha enseñado que la mejor manera de avanzar es haciéndolo por partes. No renuncio al anhelo de construir un mundo mejor, más humano, más libre, más justo. Para hacerlo hay que luchar, pero con los pies en la tierra. En política, esto exige partir por asegurar la gobernabilidad.

La segunda corresponde a una conferencia dictada en honor del diario *La Segunda* en 1991.

> Soy de los que un día dijo 'todo tiene que cambiar'. Fue sin duda más que una exageración, un craso error. Siempre hay algo que cambiar, *más o menos*, pero nunca todo. Hoy soy de los que valorizan positivamente la historia de Chile de estos sesenta años, porque a pesar de todo lo que hemos vivido, ha habido un proceso acumulativo donde las experiencias se han ido sumando y hemos progresado en nuestra integración nacional. *No obstante, no soy de los complacientes y sigo pensando que queda mucho por cambiar. Soy, por lo tanto, de los inconformistas que queremos hacer marchar la historia* (el énfasis es mío).

Con el tiempo hemos ido aprendiendo cómo entender al señor Aylwin. En los textos anteriores nos está diciendo que si en su momento él pensó que «todo tenía que cambiar» y luego se dio cuenta que había sido un error, igual, dado que el proceso acumulativo ha resultado positivo, cabe seguir apostando a favor del cambio; cambiar, *más o menos*, todo lo que resta por cambiar; por cierto, una vez asegurados en el gobierno.

Curiosamente se infiere de lo que dice Aylwin y no sólo de él, también del desempeño de todos los grupos que han dirigido al país, un alto grado de improvisación, mucho mayor del que suele pensarse. Si Churchill tiene razón, si el político «debe ser capaz de predecir lo que va a pasar mañana, el mes próximo y el año que viene, y de explicar después por qué no ha ocurrido», una o más generaciones de políticos chilenos terminaron por darle vuelta la espalda a la historia. Y si, a pesar de todos los costalazos, han terminado por reconocer que el trayecto accidentado ha sido igual, positivo, quiere decir que su visión política siempre fue mucho más cortoplacista, encandilada por el presentismo, aun cuando se estaba en pleno proceso revolucionario.

En otras palabras, la gran Revolución, la que nos ha permitido dejar atrás al Antiguo Régimen, ha resultado de la contribución cumulativa que se ha hecho en distintos momentos cargados por diversos y contrastantes signos ideológicos (*v. gr.* progresismo democratacristiano, socialismo revolucionario, neoliberalismo capitalista), aun cuando ninguno de ellos ha sido plenamente capaz de dominar el proceso más profundo.

Nuestra historia más reciente ha tenido un solo sentido, el querer modernizarnos, pero quienes han intentado dirigir el proceso no han previsto plenamente las consecuencias o incluso el curso que eventualmente ha tomado esta historia. De ahí también que a pesar de toda la claridad futurista que originalmente demandaran y siguen reclamando para sí, a final de cuentas, han debido acomodarse a una trayectoria que, una y otra vez, revela más sorpresas y frustraciones. Por eso mismo, también, el zigzagueo y pragmatismo al cual han sido obligados últimamente por las circunstancias.

Si en su momento estuvieron por no transar, y ahora lo transan todo, es porque la dinámica de cambio que ha seguido al colapso del Antiguo Régimen ha superado cualquier intento político por administrar un proceso que desvirtúa toda pretensión clarividente original. Por consiguiente, la paradoja ante la cual se encuentra el historiador de este período es que a pesar de lo utópicas, racionalizadoras, voluntaristas, constructivistas y dueñas de la historia que han sido las cúpulas dirigentes, a pesar de que estamos frente a intentos revolucionarios compartidos por las más contrastantes corrientes, la «Revolución» –la de nadie a la larga– ha sido no sólo más impredecible de lo que se creía sino, además, más devoradora y silenciosa de lo que se pudo en su momento imaginar.

En última instancia, lo que se ha impuesto ha sido el deseo modernizador, embriagador y siempre insatisfecho, y no una que otra tendencia política específica. Los políticos han sido derrotados aunque, quién lo duda, aún sobreviven. Han encauzado un proceso que no han podido controlar. *Los hombres podrán hacer la historia, pero no saben necesariamente la historia que hacen.* Para el caso chileno contemporáneo, al menos, Marx estaba en lo correcto. Tiene toda la razón.

El otro gran factor de continuidad, compartido por todos los grupos de poder, en estos cuarenta años, ha sido una fe incondicional, aunque no siempre confesa, en el Estado, y por consiguiente, una desconfianza de raíz frente a la sociedad civil. No me voy a detener en el estatismo de los años 60 y primera época de los 70. Es por todos conocido y su carácter de tal no suscita mayor discusión. A lo más quiero destacar que se trataba de una fe en un Estado remozado, fortalecido –si lo comparamos con el Estado de los años 30 y 40–, con aspiraciones, además, hegemónicas, pero económicamente agotado. Hubo logros, por supuesto, pero los sujetos económicos, el mundo productor distaban muy lejos de estar tranquilos. Los embates a la propiedad eran enormes, la desconfianza no generaba mejores niveles de producción, y los consumidores demasiado a menudo se veían obligados a tener que soportar servicios de mala calidad, inflación galopante, espiral de huelgas, en fin, sus expectativas eran mayores que lo que el sistema económico, en realidad, podía satisfacer. A la luz de hoy día, la economía chilena de esos años impresiona por un gigantismo todavía pobre. Más equitativo si se quiere, pero pobre. Con todo, dicho gigantismo resultó clave a la hora de cambiar el sentido de la economía. La etapa siguiente, la militar neoliberal, si bien pretendió reorientar la economía, en el fondo, capitalizó dicho gigantismo estatista. Como lo ha ido revelando cierta crítica suave, reciente, el gobierno militar administró el Estado más poderoso de nuestra historia.

Gozó de un poder casi omnímodo. Los intereses extranjeros –estoy pensando en la gran minería del cobre– no fueron un factor con que tuvo que lidiar. Tampoco tuvo que enfrentarse con reductos poderosos del mundo económico tradicional: el agro. Es más, contó con la afinidad política acrítica de los grandes gremios empresariales; esta falta de crítica de los gremios los terminó por volver débiles. No olvidemos que el gobierno militar fue muy duro con ellos a lo largo de sus 16 años de administración económica; pensemos en sectores productivos como el textil por ejemplo. Por último, ¿quién si no un Estado sumamente fuerte habría sido capaz de avalar y rescatar a la banca luego que cayera en bancarrota en los años 80, crear nuevos y enormes conglomerados económicos vía privatización de algunos de sus activos, y resistirse a no profundizar aún más en esas privatizaciones? Vale recordar la tenacidad con que entonces y todavía ahora se rehúye la privatización de Codelco. En definitiva, estamos una vez más ante una de las tantas paradojas de nuestra época contemporánea. Precisamente porque se tiene un Estado fuerte es que es posible llevar a cabo un proyecto neoliberal, «desde arriba», no desde el mercado, y de un modo fuertemente autoritario que contradice el sentido auténticamente liberal aún pendiente.

¿Y qué ha pasado con la sociedad civil? Sin duda que a lo largo de estos cuarenta años, ésta ha intentado surgir autónomamente del Estado y del orden establecido. Es el caso de la creciente masa marginal que irrumpe con la inmigración campo-ciudad durante los años 50, también la incorporación social de la mujer, la toma de conciencia de ambos sectores, el crecimiento espontáneo de una organización popular de corte distinto a la tradicional proletaria-sindical, la identidad y protagonismo progresivo de la juventud durante los años 60, en fin, la aparición de todos aquellos sujetos que no estaban representados dentro de la institucionalidad social y política tradicional.

Bueno, sabemos muy bien qué pasó con ellos. Los nuevos grupos políticos que emergen con toda su fuerza durante los 50 y 60 –la izquierda unida y la Democracia Cristiana– pretendieron canalizar a esta masa informe y, por ende, beneficiarse de su poder electoral, pero siempre «desde arriba». Lo lograron en parte. Por un lado, frecuentemente, la espontaneidad social-popular desbordó la capacidad de control de la institucionalidad partidista y estatal; he ahí la Unidad Popular. Así y todo, a final de cuentas, se terminó por sosegar, vía represión, a estos sectores emergentes post 1973. Claro está que, incluso en este caso, la represión fue exitosa hasta cierto punto solamente. Cabe recordar las protestas de los años 80, cuando algunos de estos grupos no sólo reclamaban, sino, además, ponían seriamente en jaque al gobierno de turno, el de Pinochet.

En el fondo, el saldo resultante no ha sido otro que una suerte de *empate*. Por de pronto, a la sociedad civil no se la ha disciplinado por completo, de ahí que periódicamente se haya vuelto díscola. A su vez, no ha podido arribar por sí sola; se la ha condenado a un estado larvario, como mera resistencia al orden establecido. Lo que ha faltado ha sido potenciar a la sociedad civil como instancia plenamente política, exigiéndole responsabilidad a la par con ofrecerle holgura reivindicativa, dentro de un orden de tolerancia, respeto a la diversidad, potencial asociativo, etcétera. Dicho de otro modo, se ha impedido que la sociedad civil devenga en auténtica sociedad libertarista.

Ello pasaba por reforzar el mundo de la política, que es exactamente lo que se ha minado durante estos cuarenta años. Si por política entendemos un espacio público polivalente, plural, abierto a la heterodoxia, pero a la vez equilibrado, de modo que ningún grupo pretenda, y menos aún, logre imponerse como monopolio del poder público, el escenario político chileno en este período manifiesta una deficiencia patente. Todos podrán haber terminado gobernando, pero ninguno respetando lo antedicho. La Democracia Cristiana, porque su triunfo el '64 la tentó con la idea de transformarse en partido único, permanentemente mayoritario, algo así como el PRI mexicano. La Unidad Popular porque, a pesar de ser minoría, se adjudicó el enorme poder administrativo burocrático para desde ahí –amén de querer posesionarse de la agitación y movilización social– hacer la revolución. Me ahorro mencionar siquiera lo que trató de hacer el gobierno militar en este sentido. En definitiva, todos han terminado gobernando sucesivamente aunque solos, y todos también han fracasado, en última instancia, en cuanto a sus aspiraciones monopólicas. Inspirados en el «todo o nada», difícilmente se puede decir que hayan fortalecido la política como esfera pública. En suma, lo que les ha interesado es el poder, no la política.

Lamentablemente, la situación, hoy, no es tan distinta. Posiblemente es peor. Me resultaría largo demostrar este punto. Me basta con citar el diagnóstico que hace José Joaquín Brunner, cuya franqueza es elocuente. Dice Brunner de la política hoy:

> [...] La política deja de ser un sentimiento social y es reemplazada por la gestión de sistemas y subsistemas, cada uno dotado de sus propias legalidades y formas de auto-organización. A partir de allí emerge una visión política fragmentaria, funcionalista, del sentido común y las cosas concretas, donde las nociones de totalidad, los proyectos de país y las concepciones planificadoras del futuro tienden a desaparecer[...]
>
> ¿Qué sucede con la política entonces? Pues sigue presente, a pesar de todo lo que se diga en contrario. Nada más que ahora, concluida la Guerra Fría y disueltos los sistemas ideológicos del siglo XIX, sus formas son menos aparentes, menos organizadas y jerárquicas, menos activas y estatales. En suma, la política funciona cada vez menos como espacio de representación ciudadana y cada vez más acentuadamente como un mecanismo de gobierno sujeto a los sondeos de opinión y a los límites demarcados por la racionalidad del sistema. Los partidos de oposición, por su parte, no son más que centros de reclutamiento para aquellas élites contendientes que aspiran a gobernar. En la práctica, la política se vuelve rehén del modelo de desarrollo; tiene que reconocer límites sistémicos y dedicarse, en lo principal, a una acotada competencia profesional por la adjudicación de decisiones.

Difiero de Brunner en cuanto a suponer que esto sigue siendo política, aunque rescato lo que él testimonia en cuanto praxis. Ocurre que se ha ido produciendo un *área rara*, mezcla de oportunismo y negocios. Eliodoro Matte, vicepresidente de Empre-

sas CMPC, refiriéndose a la probidad del Estado, recalcaba
críticamente, en ENADE 1998, el que los empresarios deban con-
tratar *gestores* o *lobistas*, bien conectados políticamente para obtener permisos de las agencias del Estado, lo que, según él, mina
la confianza. Claro está que el modelo gerencial, o de *gestión*
viene funcionando desde el régimen militar, y lo novedoso desde 1988 es, a lo más, su proliferación, e incluso su justificación
teórica-práctica, a lo Fernando Flores, quien en su momento fue
el gran *gestor* de las JAP, las Juntas de Abastecimientos y Precios
del gobierno de la UP.[10] Un intelectual sofisticado como Brunner
tendría que concederme que el punto es otro, no es *política* lo
que él describe, es lisa y llanamente poder y en su versión más
pedestre.

10. Flores es un caso patente de continuidad/renovación. Trabajó en la
CORFO, fue cercano a los militares, participó en el sistema computacional
Cyberstride que introdujera Stafford Beer, que implicaba todo un sistema de
controles y manejos de información de las empresas del área social. Su idea
posterior del «Coordinador» proviene de esta experiencia, claro que ahora apli-
cada a un modelo capitalista. Luego, fue ministro de Economía y Hacienda. El
día 11 de septiembre fue enviado como interlocutor para que «conversara»
con los militares. Una vez en la Isla Dawson y Ritoque, se dedicaba a organi-
zar «seminarios»; a modo de anécdota, Bitar nos cuenta que en uno de ellos se
concentró latamente en el «Sermón de la Montaña». También demostró pericia
con manejo y *sintonización* de radio; lo llamaba «trabajar la onda». En estos
últimos años, se ha especializado en «vender servicios» a empresas, muchas
estatales. La idea de *gestión* que actualmente opera en la Administración Pública con su afán por lograr «calidad total» y encaminada a *modernizar*, que en
realidad no es otra cosa que *privatizar*, es en buena medida del señor Flores.
También organiza seminarios, donde la impronta es de una sevicia excesiva y
de una vulgaridad impúdica. Lo digo porque me tocó asistir a uno de ellos,
durante cuatro horas seguidas; publiqué mis impresiones en una columna de
El Mercurio titulada «Cazabobos». Insisto, hay *gente* que no cambia, son siempre iguales a sí mismos.

Play it again Sam

Ahora bien, me asalta una duda. Pienso que lo planteado por Brunner habría que ponerlo en cierta perspectiva histórica. Lo que él señala, en otro sentido, es la última entrega de una vieja idea y práctica que se remontan muy atrás. La política ha terminado por volverse mero pragmatismo no porque las convicciones fracasaron sino porque siempre la política chilena ha estado fuertemente condicionada por el pragmatismo.

Me explico. El pragmatismo no es tan sólo de hoy día. Intuyo que lo que nosotros actualmente denominamos época de convicciones –los años 60 y 70– fue mucho más pragmática de lo que se desprende a primera vista. Estoy consciente de lo arriesgado que puede resultar este juicio. Pero veamos. A mí me parece pragmático pretender llevar a cabo cambios radicales, revolucionarios, dentro de una institucionalidad liberal tradicional. Eso fue, en esencia, tanto la «Revolución en Libertad» como la «Vía Chilena al Socialismo».

Usar la tradición institucional para *implosionarla,* socavarla desde dentro, camuflar intentos revolucionarios como reformismo –y eso que reconozco que pudo haber más de algún idealista ingenuo por ahí que haya pensado sinceramente que ello era posible– calza más bien con estrategias pragmáticas que con auténticas convicciones. En pleno 1968, en esos días de supuesta ilusión, «revolución de las flores», «el que no salta es momio», cuando todo era supuestamente pasión revolucionaria, al menos un dirigente estudiantil, el presidente de la entonces Juventud Demócrata Cristiana, y partidista del sector rebelde además, Enrique Correa Ríos, al preguntársele cómo era que siendo «rupturista» su corriente presentaba candidatos, respondía:

> Existe contradicción sólo para quienes están acostumbrados a dogmatizar sobre los medios políticos. *Nosotros no tenemos prejuicios contra ningún medio, los juzgamos sólo por su*

rendimiento, y creemos que todos deben ser utilizados, cada uno en su oportunidad (el énfasis es mío).

Es más, el mismo señor Correa definía la conducta revolucionaria, no en función de convicciones, sino como lisa y llanamente:

Una larga perseverancia y una *audacia oportuna*, unidas en el ejercicio de un análisis científico y de una disciplina rigurosa (el énfasis es mío).

Hay aquí una suerte de racionalidad aguda, positiva, que pareciera desmentir cierto supuesto romanticismo revolucionario, que suele imputársele sin más al período en cuestión. Conste que el señor Correa, tanto ayer como hoy, insiste en la *audacia*.[11]

Uno también se pregunta –a la luz del desenlace final– ¿por qué a la hora de los *quiubos* nadie salió a la calle?, ¿dónde estaban las convicciones el día 11 de septiembre? Indudablemente, en La Moneda y en uno que otro lugar por ahí. Conforme, pero ¿dónde más? Convicciones hubo, pero no siempre hasta sus últimas consecuencias. Entre los exaltados se vivía un ambiente sobrecarga-

---

11. En días antes del golpe, en sesión del Comité Central del Mapu-Gazmuri, Enrique Correa postuló que *la guerra civil era inevitable pero que, igual, se podía triunfar*. Es interesante cotejar lo anterior con la versión que ha dado Viera-Gallo últimamente: «[...] durante la última reunión del Comité Central del Mapu OC., *di mi parecer francamente* sobre la situación: la UP era algo del pasado, es inminente un derrocamiento del Gobierno, hay poca confianza en la capacidad de resistencia de las masas, hay necesidad de extremar las actuaciones para salvar la situación. Tomás Moulian concordó conmigo. Hizo un análisis más refinado, como sociólogo, y llegó a la conclusión que es preciso alterar lo que en el partido se ha dado a llamar `el carácter de la revolución chilena´. Todos guardan silencio. *Nuestras opiniones son muy francas, casi impensadas tiempo antes. Enrique Correa responde con pasión. No me convence. Prefiero no insistir. Me doy cuenta que no es el lugar adecuado y que, en el fondo, todos piensan lo mismo que nosotros, pero que es imposible decirlo.* Jaime Gazmuri sólo habla al final. Interviene para concluir la reunión. No emite parecer» (el énfasis es mío). Por cierto, Viera-Gallo cuenta la mitad, no da la versión de Correa, y es particularmente confuso; por lo mismo, es curiosa, también, su insistencia en el tema de la franqueza.

do de estímulos, una temperatura alta, caliente, una explosión lúdica, una «fiesta», al decir de Tomás Moulian, pero, en el fondo, había más esperanza que fe, más autoconvencimiento que auténticas convicciones. En cambio, entre los menos exaltados y fríos –por ponerlo de alguna forma, entre los *sobrevivientes*– hubo lo que siempre no dejó de haber: «correlación de fuerzas». Sí, hubo mucha correlación de fuerzas ese día «11», que es quizá lo que explica, a final de cuentas, por qué tantos *desaparecieron* en esa fecha, me refiero a ambos, a los «exaltados» y a los otros: los con agudo sentido de la oportunidad; desde luego, los más.

Quien ha descrito mejor el trasfondo ético envuelto en este dilema histórico, el de la sobrevivencia, es, a mi juicio, Cristián Huneeus, en su póstuma *Autobiografía por Encargo*, de hace catorce años. Planteaba, entonces, Huneeus:

A modo de ejemplo, me decía que bastaba una comparación entre la utopía socialista de la UP y la restauración capitalista de la Junta. Nada más violento que su oposición militante de valores, y, sin embargo, un sector no desdeñable del país, una parte nada insignificante de cada uno de nosotros, se adaptó a un sistema y se adaptó al otro, sin sacar mucho partido –mientras no se estime que sólo mantener la cabeza entre los hombros lo sea tan grande– ni disfrutar mayormente de ninguno, pero demostrando una disposición prudente, o si se prefiere, una capacidad notable, para la adopción de identidades contrapuestas, para responder según la pregunta, actuar según el público, declarar según el juez, y advierto con alarma que el rumbo de esta enumeración me va llevando a homologar el ejercicio de la vida con el sentido de la oportunidad o, lo que es peor, con el oportunismo, lo que me resulta siniestro y demasiado darwiniano. ¿Dónde está la «persona» en esta trampa? ¿Cuál es su autonomía real más allá de la dialéctica de su situación?

Es precisamente esta «dialéctica de [la] situación» a la que apunta Huneeus la que ha prevalecido, tanto entonces, antes y después. Pensemos en las aparentemente erráticas mayorías y en las divergentes posiciones que éstas han apoyado: en 1964, en 1970 si sumamos a Allende y Tomic, el `73, los años `88 y `89; por último, nuevamente el `93.

Decía anteriormente que la política en Chile siempre ha estado condicionada por el pragmatismo. De hecho, es posible remontarse bastante atrás y dar con una veta escéptica igualmente capaz de transar, en el sentido que he estado hablando, transar con la historia pasada en aras de abrazar sin mayores cuestionamientos el futuro y lo que ello depara. Me basta con citar un texto extraordinario, que suena casi de hoy día: el programa de los Liberales Democráticos para su precandidato a la Presidencia en 1906, don Juan Luis Sanfuentes:

> [...] Nos parece que la opinión sensata y perspicaz del país reclama como candidato al que sepa y piense esfumar un poco las beldades doctrinarias del pasado y dé relieve al esplendor del sentido común, del arte comercial y del modernismo industrial. Se siente el cansancio y el tedio de una larga y estéril lucha olímpica para reclamar un esfuerzo más terrenal, más positivo en beneficios humanos [...] Principia el clamor por un cambio eficaz hacia una política práctica cuyos resultados positivos sean inmediatos y certeros [...] Lo que caracteriza a nuestra actualidad política no es ciertamente el espíritu de reforma de las instituciones ni el propósito de elevar el nivel intelectual del país. Estas son aspiraciones candorosas de espíritus retrógrados y pesimistas que sueñan buscando orientaciones en un pasado ya lejano [...] Ese era el país en otros tiempos. Pero el Chile de hoy está más avanzado; la República ha entrado de lleno en la gran corriente de los intereses positivos.
>
> [...] El país quiere ser rico a toda costa, y todos queremos serlo.
>
> [...] El país quiere hombres nuevos y emprendedores, hombres en quienes no sobrecoja ningún pánico en el mercado y que sean capaces de lanzar la patria por los caminos

que llevan a la prosperidad y a la riqueza [...] Dejemos a Reyes, a Barros Luco, a Montt y a Lazcano como reliquias inservibles de nuestro pasado histórico [...] ¿Qué importa que nuestro candidato no haya pronunciado estrepitosos discursos en el Senado, cuando no es esto lo que necesitamos? ¿De qué nos servirían hoy Andrés Bello, Mariano Egaña, Manuel Montt, Antonio Varas, García Reyes, Tocornal, Arteaga Alemparte, Errázuriz Zañartu, Yrarrázabal, Santa María y nuestro mismo Balmaceda?

En efecto, pragmatismo fundado en cierto agudo «positivismo» hemos tenido desde hace mucho. Todo lo cual ha engendrado un altísimo saldo confuso. El común denominador ha sido el pragmatismo político, ello no obstante a que en cada época las capas cupulares pregonan «convicciones» altisonantes por razones de legitimidad. Sin ir muy lejos, en nuestros días, a fin de justificar la reciente transacción que hizo la Concertación con los militares en 1988-89, si es que no antes, y de ese modo poder acceder al poder, se ha dicho que tal transacción era imperiosa para terminar con el autoritarismo, afianzar la democracia, poner término a los abusos a los derechos humanos, seguir creciendo económicamente, en fin, afianzar paz, democracia y mercado.

Sin ir tan lejos también uno podría decir que el neoliberalismo, en la medida de que es doctrinario y fundamentalista, tiene un exceso de convicciones. Claro está, que si uno lo piensa seriamente, el querer liberalizar, en este sentido, no es tanto convicción *in stricto sensu*, sino otra estrategia más de orden pragmático. En el fondo, liberalizar no es más que volver la economía independiente de la política. ¿Qué duda cabe? Se ha tratado de autonomizar a los sindicatos, las fuerzas armadas, la cultura, la misma política, incluso, de la política misma; ahora es supuestamente «más profesional». Liberalizar, por tanto, no es otra cosa que despolitizar la toma de decisiones, y hacernos mover a un orden fáctico, no discursivo, donde las relaciones de poder son finalmente pesadas de acuerdo a la mayor o menor influencia y supremacía de los grupos organizados en juego. Por último, el neoliberalismo puede que sea doctrinario y fundamentalista, pero no así su aceptación por las mayorías. Algo similar se podría decir del estatismo socializante.

Regrets, I´ve had a few, but then again...

Entre nosotros, los cambios de opinión han sido fruto de un convencimiento contextuado, dramático, traumático, que invita a olvidar. Nos hemos sentido obligados a cambiar de opinión por las circunstancias, por la supuesta derrota de las anteriores convicciones, por la «necesidad» que dicta el nuevo contexto emergente, en fin, por la sospechosa coincidencia –como se infiere del texto de Cristián Huneeus– de que alguien, no siempre identificado, nos ha puesto la pistola al cuello.

Pienso sí que hay un matiz, que lamentablemente se ha ido perdiendo. En la época de las convicciones había un margen mayor de opción. El país, al menos, estaba dividido. Se podía estar en uno u otro de los bandos. Hoy, en cambio, cunde demasiado a menudo la sensación de que tal opción dejó de existir. En la medida que no se vislumbran alternativas, el imperio y fatalidad de los hechos y su consiguiente obligación es tanto más forzada.

Estamos más tranquilos, Chile ha dejado de ser un país de enemigos, con frecuencia resulta excesivamente amigable, consensuado, sacarinosamente compinche, y, con demasiada frecuencia, también, se recurre a la *razón de estado*, que como sabemos no es más que la constatación que el derecho, la institucionalidad, simplemente no tienen la razón, no son capaces de imponerse con el peso de la razón. De llegar a influir, debe hacerlo sin mayor debate, o lo que es lo mismo, por la fuerza.

Con todo, tanto ayer como hoy, estamos sumidos en medio de una confusión cifrada –por qué no decirlo– en la deshonestidad. Ni los que avanzaban sin transar eran unos convencidos, ni los que actualmente transan sin parar son tan pragmáticos; así, al menos, dicen. Ayer tuvimos una revolución que se camuflaba como

236

reformismo, hoy tenemos una transacción que esconde una revolución desatada. Ambos engañan, mejor dicho, se autoengañan.

Ahora bien, hablar del engaño nos lleva a un último punto, el de la traición. El desdecirse, cuando en verdad habría más continuidad de lo que se cree, es doblemente traicionero. En un plano burdo, que es el único en que se repara, los cambios dan cuenta de una traición: el paso de las convicciones al pragmatismo. Pero ya he argumentado que dicho paso no es tan así; el pragmatismo los hermana. En cuyo caso, no es que se traicionen –me refiero a las cúpulas de poder– sino que traicionan al resto de la ciudadanía, tanto en su momento como ahora, ayer y hoy. El supuesto de que se han autotraicionado –las cúpulas–, antesala del otro argumento (el que han aprendido la lección histórica y, por tanto, doblemos la página), es una manera solapada adicional para seguir ostentando poder. Lo que se nos dice es más o menos lo siguiente: *Mire, yo antes creía, pero ahora sé que me equivoqué, y sufrí mucho en el entretanto. Es cierto, pareciera ser que me estoy contradiciendo. Probablemente lo estoy. Pero ya no, desde el momento que lo reconozco. Ahora soy realista y, es más, un auténtico. Por consiguiente, merezco seguir gobernando.* Es decir, «My Way», mi «camino propio»; *arrepentimientos, he tenido algunos, pero pensándolo bien, tan pocos que mejor ni mencionarlos.*

En el fondo, a lo que estoy apuntando es que se ha terminado por justificar la traición reconociéndola a medias. Se ha traicionado, pero a gente que ya no es, que se quedó en la historia. Incluso, nos hemos autotraicionado. Hemos traicionado a aquel que fuimos y que dejamos de ser, en algún punto nebuloso, y del que es mejor ni acordarse.

No obstante lo anterior, concuerdo con Judith Shklar que en esto de la traición no hay que ser excesivamente purista. Si llegáramos a no tener traición es muy posible que dejaríamos de tener historia. Entre nosotros, al menos, la historicidad de la traición ha sido una constante. En su momento, los criollos traicionaron a su rey; ya Lautaro lo había hecho con Valdivia. Los liberales de fines de siglo, en la medida que abandonaron posturas más radicales –estoy pensando en Santa María y en Balmaceda–, claudicaron ante muchos de sus principios originales. Arturo Alessandri traicionó al parlamentarismo. Ibáñez y los militares traicionaron a Alessandri. Alessandri se volvió a traicionar el '32 derechizándose. Los radicales, también, respecto a las masas populares no organizadas. Nadie que yo sepa duda de la traición de González Videla. Es más, Ibáñez traicionó a su electorado el '52, pues sólo derivó en un gobierno errático cuando lo que se le pedía era que fuese dictador. La Falange hizo otro tanto respecto al Partido Conservador. La Iglesia en los 60 también respecto a dicho partido. Frei Montalva traicionó a la derecha el '64, la cual le había dado mayoría absoluta. Jaime Guzmán traicionó su integrismo al abrazar al neoliberalismo y fundar un partido político. De Pinochet ni hablar: traicionó la doctrina Schneider, a Prats, a Allende... A Aylwin lo traicionan siempre sus propias palabras; aceptó el modelo económico neoliberal para luego decir que el mercado le parecía «cruel»; aceptó a Pinochet, según él a regañadientes, luego lo ha avalado una y otra vez, y eso que también tiempo atrás se lamentó de que no se le hubiera hecho un juicio tipo Nüremberg. En fin, nadie parece haberse librado de la tentación. Ya lo dije cuando traje a colación lo que planteaban los partidarios de Juan Luis Sanfuentes en 1906. Para hacerse del poder en Chile hay que ser pragmático, incluso negando lo mejor que brinda nuestra historia pasada: los Bello, Montt, Egaña... ¡qué importa!

Insisto, Judith Shklar tiene mucha razón. La traición y la lealtad deben «ser ambiguas en una sociedad liberal». En este tipo de sociedades, se presentan a diario muchos objetos de lealtad, a menudo contradictorios. Además, en una sociedad liberal los cambios son frecuentes, son cambios de opinión. Limitarlos implicaría reducir la libertad. La confianza es, a todas luces, esencial, así y todo se corre cierto riesgo cuando nos demostramos demasiado vengativos ante los que traicionan la lealtad. La traición es un «vicio ordinario», no un gran pecado.

Conforme, pero reconozcamos que algo se pierde, algo se quiebra, la confianza ya no puede ser la misma. Es más, ¿cómo valoramos a aquellos que quedaron atrás, a quienes no se les dio la oportunidad de traicionar, los que efectivamente se quedaron en la historia y no la sobrevivieron? Y ¿qué me dicen de esos otros –los hay y por suerte– que han cambiado, y no poco, si hasta lo confiesan, aunque cierto pudor los lleva a automarginarse discretamente. Opinan pero no esgrimen poder, lo que me parece honesto a la par que noble. Como lo dejara entrever uno de los principales protagonistas de los años 60 y 70, en el programa de televisión *La Hora de los Perplejos* –Carlos Altamirano Orrego–, sí, cabe optar por algo más que el poder y la ambición; puede uno «cultivar su jardín» en el mejor sentido de lo que ello implica.

El signo de nuestro tiempo ha sido, quizá, la traición, la ordinaria. Se deduce de lo que dice Cristián Huneeus cuando exclama: «Más de una vez me he preguntado por qué escogí el camino de la ruptura y no otro». Romper con la historia personal o colectiva, romper con las convicciones de ayer para auspiciar las convicciones de hoy. Ser realista siempre, atenerse al orden factual, terrible, de las circunstancias. Romper porque se está en tránsito vertiginoso a estadios más profundos y diseminados de modernidad. Todos ellos son, han sido, y probablemente seguirán siendo, las maneras como nos hacemos y deshacemos de la historia que olvidamos y, a menudo, por lo mismo, sin querer, o hasta incluso queriendo sin saberlo, perpetuamos. En el Chile contemporáneo, al menos, ésta pareciera ser la norma. De ahí, quizás, por qué nuestros índices de desconfianza están entre los más altos del mundo.

Hay, sin embargo, un antídoto a la traición y que tiende un poco a neutralizarla o equilibrarla, al menos, *desaconsejar su abuso*. Me refiero a la perplejidad. Entiendo la perplejidad, en el sentido de Maimonides, como (des)orientación para descarriados, indecisos, los que no saben a qué atenerse.

Por de pronto, reconocer nuestras vacilaciones. Profundizar nuestro escepticismo. No cambiar una ilusión por otra, sino ahondar a concho en la duda, no en aquel sentido racionalista cartesiano en que hay que derribarlo todo para volver a construir algo semejante, sino en el sentido más agudo de una duda que sirve para meditar o reflexionar, desconfiar, sospechar, abstenerse, cultivar el asombro, *cultivar nuestro jardín*. O lo que es lo mismo: indagar la historia. Ver en ella, antes que claridades: dilemas, equívocos, confusiones, conductas erráticas, dramatismo moral humano, uno que otro acierto por ahí, uno que otro escaso momento heroico, atisbos de moderación, chispazos lúcidos, en fin, generosidades que la nobleza todavía, sí, todavía obliga, a pesar de todo.

El *discreto encanto de nuestro desengaño*

Recién decía que habría que profundizar nuestro escepticismo. En efecto, la reflexión sobre nuestro pasado político reciente no ha ahondado suficientemente, a mi juicio, acerca de la naturaleza de nuestro desengaño.

Todos concordamos que las utopías de no hace mucho han sido desechadas; ya nadie puede plantearse como hace veinticinco años. Usualmente basta con este diagnóstico. No se precisa más. Normalmente también las utopías a las que el debate se refiere no son otras que las distintas variantes socialistas o marxistas tan en boga durante la década de los 60 en este país. Es decir, ideologías o bien proyectos políticos puntuales que estuvieron en el centro de la discusión pública de ese entonces. A veces –aunque con menos frecuencia– se decreta la muerte de concepciones más abarcadoras y menos definidas políticamente, como son las «grandes planificaciones», los «modelos excluyentes» o los macro-proyectos holísticos.

En fin, vulgar y vagamente, entendemos por desengaño la desilusión que nos producen modelos aprioristicos de sociedad de un marcado carácter o tinte económico y sociológico, que adjudicaban un papel preponderante al Estado como agente del cambio social, y se planteaban en términos constructivistas o ingenieriles respecto a la realidad social. Me temo que el debate no especifica más la naturaleza acerca de lo cual supuestamente estamos desengañados.

Intuyo, sin embargo, que el desengaño es más profundo. La anterior discusión apunta a una desilusión que afectaría tan sólo a un sector altamente ideologizado y politizado que para efectos de tener que volver a ejercer o compartir algún grado de poder, habría tenido que revisar sus principios, cuestionarse acerca de lo que en algún momento se propuso, y reajustarse o reacomodarse a un nuevo discurso y lógica. Me temo que visto así el asunto, el desengaño no sería más que un mero revisionismo. El desengaño consistiría en una mera desilusión ideológica que habría recomendado un cambio de estrategia a fin de acceder al poder y recuperar el protagonismo perdido.

Insisto, nuestro desengaño es mucho más profundo. Desde luego el desengaño no es propio de Chile únicamente y, además, se viene anunciando desde el siglo pasado en Occidente. Esta dimensión planetaria, me limito tan sólo a mencionarla. Lo que aquí interesa guarda relación únicamente con Chile.

Concretamente, pienso que el detonador de este desengaño es el golpe militar de 1973. Y cuando me refiero al golpe es preciso que nos volvamos a representar una vez más, me temo, el «golpe» mismo en toda su dimensión emblemática como hito histórico: esa mañana de septiembre, el *shock* frente a algo tan inusitado no obstante haberse intuido como posible de antemano, la incapacidad de dimensionar la magnitud del drama wagneriano escenificado, en fin, los *hawker hunters*, la humareda, etcétera.

¿Por qué el golpe mismo? Cualquiera que sea el juicio moral que cada uno pueda tener acerca de este hito –y eso que aumenta cada vez más el número de personas para quienes éste es un hito que los deja indiferentes–, lo que me parece esencial, fundamental, es el carácter fáctico de este hecho. El golpe revela el potencial fáctico que puede alcanzar la política chilena. Y con ello, y desde entonces, se inicia el gobierno fundado en la lógica fáctica.

El golpe se nos aparece como algo dramáticamente distinto a lo que estábamos acostumbrados. Tiene el efecto de una amputación irreversible que marca un antes y un después. Sigue sorprendiendo aún luego que se produce. Cuesta digerirlo, por lo mismo que elude parámetros institucionales previos que podrían haber ayudado a explicarlo. Tiene la imponencia de lo sorpresivo y extraño. No se amolda a ningún patrón pre-establecido. Es más bien un hecho enigmático cuyo significado se nos invita a desentrañar, pero para lo cual se nos adelantan pocos o ningún elemento de juicio. Es ineludible. Es así. Es fáctico.

Con el golpe se inicia o se evidencia descarnadamente la lógica fáctica en la política. Pienso que hay ciertos aspectos que definen esta lógica. Se trata de una manera de ejercer o relacionarse con el poder que se presenta como algo eminentemente real, una realidad prosaica que no puede negarse. Como tal es una lógica que se desprende de toda ilusión, no necesita de ella para hacerse presente. No es apariencia. Es lo que resulta de un hacer efectivo; es simplemente la cosa llevada a cabo, es *res gesta*.

Como tal no se encuadra, a primeras por lo menos, a ideas o conceptos. El «hecho» reviste un carácter existencial no esencial. No presupone necesariamente un plan, tampoco una racionalidad. Irrumpe contingentemente. Su naturaleza más evidente lo revela como algo único, irrepetible e irreversible. La lógica de lo fáctico en política es por ende una lógica positiva, agnóstica en cuanto al ser ontológico. La lógica fáctica en la política no pretende explicarse. Le basta con que el poder sea tenido en cuenta, sea presenciado, escenificado.

Dadas las características anteriores, un régimen político fundado en lo fáctico suele ser o más errático o más impredecible que uno fundado en ideas, proyectos, construcciones racionales apriorísticas. Y eso indudablemente distorsiona nuestra asentada preferencia por un tipo de política que se supone va hacia algo, responde a una lógica racionalizante, persigue metas, supera derroteros, construye un plan, un diseño. Por consiguiente, cambiar de una lógica de esta naturaleza a otra fundada en el peso de lo fáctico no puede sino desengañar y desilusionar. Y conste que uso estos dos términos en un sentido literal, no afectivo, como suelen emplearse.

Ahora bien, la introducción de esta lógica fáctica produce efectos concretos que refuerzan este desengaño. Desde luego desenmascara algunas pretensiones anteriores nuestras, muy queridas sin duda, pero al fin y al cabo pretensiones. Por ejemplo y sin ahondar mayormente, esta lógica nos hace reparar en manifestaciones anteriores de este poder fáctico. A modo de ilustración, hace evidente el poder histórico de las fuerzas armadas; poder que está en el origen mismo de la versión de nación que manejamos y que se vuelve omnipresente siempre en las reconstituciones del orden político luego que se producen quiebres institucionales. Hace también evidente la facilidad con que en este país se impone el control social, es decir, nuestra proclividad tradicional al sosiego, a la disciplina, al respeto a la autoridad, en suma, el *peso de la noche* como gráficamente describe la incisiva frase de Portales.

Pienso que el desengaño en que hemos desembocado al imponerse esta nueva lógica fáctica es incluso más agudo. Me atrevería a sugerir que al tomar conciencia de lo fáctico nos desengañamos de nuestra autoimagen de país civilizado. Se pone en tela de juicio nada menos que nuestros más caros prejuicios civilizadores.

El catastro largo de estos prejuicios que ha dado por tierra al imponerse el imperio de lo fáctico es impresionante: la arraigada creencia entre nosotros de que la fuerza está subordinada a la razón; que en nuestra evolución política no se dan quiebres, sino más bien se goza de una continuidad institucional prolongada; que podemos confiar en que la resolución de los problemas se obtiene por vía institucional; que los militares constituyen una instancia no deliberante, obediente, y no han tenido nunca nada que ver con el orden político en este país; que somos tolerantes de las diferencias; que éste es un país tradicionalmente respetuoso de los derechos de las personas; que la democracia se aviene a nuestro carácter, no así en el resto de América Latina; que el carisma y el caudillismo no cuajan por estos lados; que el sistema siempre ha dispuesto de mecanismos de autocorrección; que éste ha sido un país modelo en términos de leyes y de política; una especie de isla abierta a cobijar víctimas de la opresión; en el fondo un país culto y civilizado. Un país que reprime su propensión instintiva, impulsiva, bárbara, y la canaliza institucionalmente.

Tan poderosa y persistente es esta autoimagen civilizadora que el discurso que pretende explicar el colapso de estas virtudes nacionales hace aparecer nuestra historia como traicionada por las fuerzas diabólicas que vulneran nuestro ser más intimo. Al igual que en una de las más aludidas imágenes goyescas en nuestro tiempo, es la razón supuestamente la que se duerme desatendiendo a los monstruos que se apoderan de la situación. Con eso se salva nuestra autoimagen a la vez que se explica el colapso. El Chile «civilizado» cae abatido en la batalla de Santiago-centro; pero la guerra no está perdida; hay que atravesar el desierto y reencauzar la cruzada hasta resucitar el alma herida y volver a exclamar *¡Así me gusta Chile!*

Sospecho de este tipo de autojustificaciones. ¿Por qué no encarar el problema derechamente? ¿Por qué persistir en el engaño lamentando esta etapa como una mera desilusión, una caída de la cual podemos levantarnos?

Concuerdo más bien con E. M. Cioran: «Siempre se paga caro haber tomado la `civilización' en serio, haberla asimilado excesivamente». La civilización entre nosotros no ha sido más que un propósito, una pretensión, una utopía. Esta utopía civilizadora siempre ha preferido ocultar nuestro trasfondo tosco, burdo, inculto, el trasfondo que rehúsa atenerse a la ley, a la norma, a la autorrepresión, al decoro. En el proceso nos hemos convencido de nuestra autoimagen ideal creyéndonos la máscara.

Hemos confiado demasiado en la razón olvidando que la razón bien puede disfrazar a la fuerza, la puede hacer aparecer como otra cosa que lo que es. La puede institucionalizar, legitimar, amnistiar, anestesiar, justificar. En otras palabras, puede vestir su desnudez fáctica. La más de las veces, la razón no nos ha vuelto más razonables. Se ha afanado en ilusionarnos acerca de las virtudes de la razón, o sea, nos ha ocultado el poder de lo no razonable, el poder de lo fáctico.

Hay en todo esto una suerte de obnubilamiento que hoy resulta ingenuo. Antes se pensaba que al hacer florecer la cultura, la barbarie retrocedería. En palabras de George Steiner:

> Ahora nos damos cuenta de que extremos de histeria colectiva y de salvajismo pueden coexistir con una conservación paralela y, es más, con el desarrollo ulterior de las

instituciones, burocracias y códigos profesionales de una cultura superior. En otras palabras, las bibliotecas, los centros de investigación por obra de los cuales se transmiten las humanidades y las ciencias pueden prosperar en las proximidades de los campos de concentración.

Hoy sabemos que la civilización también puede cometer pecado original. Y al igual que en ese génesis perdido, más vale perder la inocencia, comer del fruto prohibido y exiliarnos del paraíso de la ilusión.

Pienso que estamos en una encrucijada histórica. Lo fáctico nos lleva a tener que elegir entre la desilusión y el desengaño. Pero no hay que confundirlos. No son lo mismo.

Los *desilusionados* son los que han visto caer sus ídolos. Son los que han debido renegar de todo lo que en su momento afirmaron y por lo cual lucharon. En el fondo, los desilusionados se han autotraicionado. Terminan con sus utopías y se insertan dentro de la lógica del poder fáctico. Se arrepienten, reconocen lo evidente a fin de ser funcionales y reinsertarse dentro de la lógica del poder. Estos desilusionados no son más que conversos al desengaño. No son auténticamente unos desengañados. Son utópicos desilusionados que cambian la utopía de ayer por el realismo de hoy. Son los que abrazan la «medida de lo posible» a fin de compartir el poder. De más está decirlo, pero abogar por la «medida de lo posible» significa reconocer de partida el margen amplio de la imposibilidad. Implica aceptar lo fáctico porque no queda otra si se quiere gobernar. Si en su momento, ilusionados, se creyeron la máscara de la «civilización», hoy, desilusionados, le hacen caso a la prudencia y ensayan el disfraz de la «barbarie».

Los auténticamente *desengañados*, en cambio, toleran pero no asumen como propia la lógica de lo fáctico. La contemplan suspicazmente y con distancia. Se relacionan irónicamente con ella. La de ellos es una mirada escéptica que reconoce lo fáctico pero no se obnubila con su poder. Contemplan la escenificación política «gestual», pero no entran a transar con ella. Si en su momento, ilusionados, se creyeron la máscara de la «civilización», hoy, desengañados, sospechan de ella, conviven y reconocen a los «bárbaros». Resulta difícil evitarlos; están en todas partes. Incluso más, los desengañados pueden hasta *reconocerse* primitivos; después de todo vivimos en comunidad, lo que facilita la mímesis. Es más, no cuesta mucho reconocer que la barbarie, la militar de no hace mucho, por ejemplo, es tan parte nuestra como la más noble de nuestras tradiciones. *Plutôt la barbarie que l´ennui.* Claro que reconocerse primitivo no es lo mismo que *volverse* primitivo a fin de liderar la tribu. Por último, los desengañados no pierden la esperanza de que los desilusionados terminen efectivamente por desengañarse. En el fondo, los desengañados son unos realistas irredentes, «sueñan lo imposible».

Frente a la descarada apostasía de nuestro tiempo –la de los desilusionados– habría que oponer un desengaño de bajo tono, un discreto *des-encanto*, que no abjure y mantenga pendiente el desafío de siempre, el desafío de la civilización. Hay signos de que ésta es una tarea aún por cumplir. Como dice Cioran: «No todo está perdido; quedan los bárbaros».

Capítulo VII

El antiguo régimen y la revolución

«A través de las tinieblas que ocultan el porvenir, pueden ya entreverse tres verdades clarísimas. La primera es que todos los hombres de nuestros días se ven arrastrados por una fuerza desconocida que quizá sea posible regular y moderar pero no vencer, que tan pronto los impulsa suavemente como los precipita hacia la destrucción de la aristocracia. La segunda, que de todas las sociedades del mundo, las que con más dificultad se librarán durante largo tiempo del gobierno absoluto, serán precisamente aquellas en que ya no exista o no pueda existir la aristocracia. La tercera, en fin, que en ninguna parte puede producir el despotismo efectos más perniciosos que en esas sociedades, pues favorece más que ninguna otra clase de gobierno el desarrollo de todos los vicios a que están sujetas, empujándolas hacia el lado a que por inclinación natural tendían de por sí.»

ALEXIS DE TOCQUEVILLE, *EL ANTIGUO RÉGIMEN Y LA REVOLUCIÓN*.

«Nos pidieron
dulcemente,
casi al oído,
que gritáramos
viva no sé quién»

GONZALO ROJAS, *OSCURO*

Del peso de la noche *a la liviandad del día*

Es demasiado tarde, sin duda, como para sacar algún provecho práctico de las palabras de Alexis de Tocqueville publicadas en 1856. Que yo sepa, nadie en estos últimos treinta años reparó en ellas. Lo cual no significa que *a posteriori*, a modo de reflexión, no nos sirvan a fin de «pensar la Revolución», analizar y comprender el convulsionado tránsito de una sociedad tradicional a una sociedad plenamente moderna que, sólo ahora y ya medianamente conscientes, podemos reconocer como el meollo de lo que ha estado en juego durante estas tres últimas décadas.

Por cierto, éste no ha sido sino el undécimo capítulo, la última entrega, de una larga historia que se remonta bastante atrás. La amenaza revolucionaria –la posibilidad de que se viniera abajo el orden tradicional señorial– la podemos constatar, desde luego, a partir de esa coyuntura crítica que fue el período de Independencia. Sin embargo, lo significativo aquí es que, si bien en este caso colapsó el orden político imperial y terminó nuestra dependencia ultramarina aceptándose, de hecho, un orden de legitimación republicano-liberal de corte jacobino, no ocurrió lo mismo respecto al orden señorial. Es más, la historia del siglo XIX confirma su persistencia.

De ahí que no sea del todo disparatado aventurar una lectura lampedusiana, por así decirlo, de la posterior sobrevivencia del orden tradicional. En efecto, va a ser la permanente sospecha escéptica, de parte del grupo dirigente tradicional, de que sus días están contados, seguida de la reafirmación, todavía vital, de que no por ello éste ha de claudicar tan fácilmente, lo que va a

249

motivar el cálculo cínico,[12] *gatopardiano*, de que su mejor apuesta es relacionarse pragmáticamente con el poder, con mayor razón aún si se define progresivamente en clave modernizante, o lo que es lo mismo, sepultador a la larga del orden tradicional.

Concebir el poder en términos pragmáticos implicó no angustiarse frente a los cambios, sino cooptarlos, hacerlos propios; en otras palabras, dirigir el proceso modernizador durante todo el siglo pasado. Esto último de acuerdo a cada una de las fórmulas progresistas que se fueron ofreciendo, pasadas por el cedazo correspondiente, amortiguador, a fin de que no perjudicaran sino, por el contrario, aseguraran, cuando no magnificaran, incluso, el poder tradicional. Es así como vemos que la sociedad dirigente amén de apropiarse del doctrinarismo liberal jacobino lo modera, admite al capital extranjero y la creciente apertura comercial, acepta restringir los gobiernos fuertes después del decenio de Manuel Montt (1850-1860), rechaza todo intento caudillista, desconfía de los militarismos, seculariza el ámbito institucional público, amplía gradualmente el sufragio (si bien no renuncia a controlarlo), tolera cuotas no despreciables de libertades públicas, apoya fuertemente la educación, institucionaliza el juego político plural centrándolo en el Parlamento y en los partidos, destina gran parte de las nuevas fuentes de riqueza a adelantos en obras públicas, en fin..., se entiende, más o menos, el sentido al que estoy apuntando.

Concibo, por tanto, al Antiguo Régimen no como un orden tradicional estático ni tampoco nostálgico. No pretende restaurar sus prerrogativas, sino que las defiende con las mismas armas que la propia modernización le proporciona. Se trata de un Antiguo Régimen que, lejos de volverse anacrónico, participa del mundo cada vez más moderno capitalizando sus logros. Lo que no significa dejar de condicionar su impacto.

El punto medular del cual no se admitiría transacción alguna

---

12. No es lo mismo cínico que hipócrita. El cinismo tiene *status* y trayectoria filosófica, la hipocresía, no.

fue la pervivencia del núcleo social fundamental: que siguiera tratándose de una sociedad fundada en jerarquías, deferencias y privilegios, conforme a un modelo patronal-rural, que venía del siglo XVII, y que había logrado constituirse, además, en nada menos que el único paradigma de cómo ejercer la autoridad entre nosotros. El mundo agrario tiene –debido a su larga duración– dos cruciales logros a su favor: el que históricamente hiciera posible las bases perdurables de la organización social, y el haber consagrado el paternalismo vertical como la modalidad más probadamente eficaz, económica, en términos de esfuerzo, por cierto inequitativa aunque –conste– no brutal, de ejercer la autoridad.

Lo que intento explicar se resume en la idea aquella que Portales explicitara de que el orden en Chile se mantiene por lo que él llama el *peso de la noche*, es decir, la doble y copulativa condicionalidad de que (a) existe una masa que tiende al reposo, y (b) de que no existe un grupo crítico, *hombres sutiles, hábiles y cosquillosos* –según las palabras del mismo Portales–, que hagan temer una alteración de la tranquilidad pública. Claro está que Portales, curiosamente, y he ahí su genialidad de bajo tono, en el famoso párrafo al que estoy aludiendo, se pone teóricamente en el caso de que faltara este *peso de la noche*, escenario que, según él, exigiría recurrir a *medidas dictadas por la razón, o que la experiencia ha enseñado a ser útiles* a fin de sosegar a los díscolos. Vale decir, Portales –el estratega lampedusiano por excelencia– reconoce que el orden estable en Chile, hegemonizado hasta entonces de acuerdo a patrones tradicionales inertes, no estáticos, admite equilibrios ulteriores, por causa sobreviniente, haciéndose cargo de cualquiera amenaza conforme precisamente a las mismas pautas de ésta. Dicho de otro modo, de irrumpir la crítica y por consiguiente la inestabilidad, según Portales, no cabe más alternativa que recurrir a la razón a fin de paliar el desasosiego. Cuanto más se nos amenace con desestabilizar la tradición, tanto más habrá que hacerse del instrumental crítico modernizante.

De ahí que el Antiguo Régimen, valga la reiteración, no estuviera predispuesto negativamente ante ningún cambio que lo inquietara e intimidara, sin perjuicio que lo viera con sumo recelo, desconfiara de él, y así y todo intentara cooptarlo neutralizándolo, apropiándose del mismo. Históricamente esto explica por qué el grupo dirigente termina por aceptar un estado crecientemente poderoso; bastaba con volverlo cautivo, oligárquico, para moderar sus efectos. Explica también por qué incluso, después del período 1920-25, en que estamos frente a una crisis política de la oligarquía –ésta efectivamente pierde su hegemonía–, igual ello no se traduce en un cambio revolucionario equivalente. El Antiguo Régimen, a pesar de todo, persistió.

El populismo demagógico anti-oligárquico de Arturo Alessandri, que en 1920 se autoproclamaba una «amenaza para los espíritus reaccionarios», se diluye al poco tiempo en una fórmula que combina estatismo empresarial, autoritarismo y orden político tradicional, que caracterizó a su segundo gobierno, y a la que se plegaron sin dificultad los sectores de derecha contra los cuales fustigara el primer Alessandri.

Los militares –brazo armado de la primera ola populista democratizante y quienes estuvieron más cerca de hacer una auténtica revolución– fueron eventualmente disciplinados y marginados, debiendo circunscribirse a tareas estrictamente profesionales, de las que, por lo general, no se desviarían hasta que Allende los llamara el '73, llamado que porfiadamente insisten todavía en cumplir.

Las nuevas corrientes ideológicas de corte socialista, marxista y socialcristianas –el otro factor novedoso que en décadas posteriores se empecinó en poner fin al Antiguo Régimen– distaban muy lejos de ser una alternativa política revolucionaria viable allá por los años 30. Por cierto, tuvieron una primera y significativa participación en el Frente Popular y en los gobiernos liderados por el Partido Radical. Con todo, una larga y agria historia de disputas faccionales tanto en la izquierda, entre socialistas y comunistas, como en la derecha, entre falangistas y conservadores, los obligó a atenerse a un sistema político fraccionado que privilegiaba coaliciones de gobierno y en el que el sector de derecha liberal se constituyó –como ha dicho Sofía Correa– junto al Partido Radical en pivote, gozne, bisagra política de lo que ha venido a denominarse estado de compromiso, estado nacional-desarrollista, estado empresa, estado clientelístico, llámenlo como quieran.

Conste que el sistema político siguió siendo fuertemente cupular. En 1940 los electores inscritos ascendían a tan sólo el 11% de la población, siendo la abstención por sobre el 20%; de modo que los votantes efectivos, según Paul Drake, fluctuaban entre el 8% y 9% de la población total. Cabe señalar que el voto cumulativo de los sectores de derecha, a pesar de que perdieron la hegemonía política durante los años 20 y 30, continuó siendo alto. En las elecciones parlamentarias de 1937, conservadores y liberales sumaban un 42%; en 1941, un 31.1%; en 1945, un 41.8%, y por último, en 1961, un 31.4%.

Está claro, además, que el cambio más trascendental en lo económico, la introducción de un modelo de industrialización sustitutiva de importaciones, tampoco varió en lo esencial una sociedad todavía fuertemente tradicional. No mermó la influencia de los grupos empresariales organizados, vinculados al mundo tradicional; de hecho, lo más probable es que éstos se hayan fortalecido. El agro, en lo sustancial, tampoco sufrió alteración o convulsión alguna. El carácter crecientemente mesocrático-administrativo y político clientelístico de este estado desperfiló cualquiera posible desviación más populista, incluso nacional-populista si se quiere. El carácter dependiente de nuestra economía, a pesar de plantearse en términos nacional-desarrollistas, se agudizó. En fin, insisto, el Antiguo Régimen sobrevivió.

Recordemos, además, algunos datos socio-económicos ya expuestos que ilustran hasta qué punto Chile hacia las décadas de los 50 y 60 todavía continuaba siendo predominantemente tradicional: la alta concentración de la tierra cultivable en pocas manos, la deficiente distribución del ingreso, el aprovechamiento mayor del crecimiento producido entre 1940 y 1957 que hacen los grupos altos y medios en comparación con los trabajadores, en fin, el que un cuarto de la población todavía fuese analfabeta.

Quisiera detenerme en un último aspecto que, a mi juicio, no ha sido debidamente ponderado respecto al Antiguo Régimen y que sirve también para demostrar su tardía y prolongada continuidad. Fundamentalmente el hecho de que el Antiguo Régimen privilegió ante todo una serie de valores por sobre el de la libertad. La historia que da cuenta de este sesgo también se remonta muy atrás, tan lejos como la Conquista incluso.

Ya sea que desde nuestros inicios nuestra peculiar versión de libertad no fue otra que evangelizar y ser evangelizados conforme a múltiples credos que se fueron ofreciendo, o bien, gozar de una autonomía *de facto*, porque estábamos demasiado lejos del escrutinio fiscalizador de la autoridad metropolitana, tanto peninsular como local –la ruralización del siglo XVII es clave en acentuar este aspecto–, el punto es que nuestra concepción tradicional de libertad ha sido un tanto insuficiente, precaria.

La *versión evangelizante* de libertad se ha planteado siempre desde las alturas más soberbias. En su momento fue escolástica, luego ilustrado reformista, jurídico liberal, científico positivista, reaccionaria tradicionalista, dejémoslo hasta el siglo XIX, en fin, entelequias totalizantes de alcance general, aprovechables, útiles preferentemente para quienes los proponen. Concepciones precarias porque una y otra vez se desechan a cambio de una u otra, previa (re)conversión posterior. Débiles también porque no obstante plantearse como liberalizantes, suelen preterir la obtención de la libertad concreta para un tiempo futuro, *después de*, después que nos salvemos, que nos volvamos más ricos, más ilustrados, progresistas, en fin..., después que alcancemos la utopía siempre inalcanzable. Libertad sujeta a metas, no a plazos.

A su vez, tenemos la *versión autonómica* de libertad, esfera de no coerción, constatable e históricamente central en el caso chileno –*v. gr.* el ejercicio fáctico de la autoridad que ejerce el patrón dentro de su hacienda, y el alcance ineficaz de la jurisdicción que aprovecha el peón transhumante, el vagabundo nómade, el bandolero tránsfuga, etcétera–, es decir, el mundo marginal al orden patronal. Versión ante todo libertaria aunque igual, a la larga, débil porque no se expresa en una formulación decantada, propositiva, capaz de superar su carácter puramente natural o espontaneísta, y objeto, al final, de dura represión.

Autonomía más que libertad, funcional al orden establecido, propia del Antiguo Régimen.

No obstante esta dualidad a todas luces históricamente insatisfactoria, pienso que el Antiguo Régimen y su concepción de orden tuvo el mérito de que se planteó políticamente –y aquí vuelvo a De Tocqueville– en términos realistas, pragmáticos, moderados, gradualistas, cínicos y escépticos. La sociedad siguió siendo tradicional, fácticamente libertaria e institucionalmente utópica, pero en definitiva no absolutista, o de por sí excluyente aunque evidentemente discriminatoria; tampoco capaz o deseosa de revolucionar las estructuras que garantizaban su estabilidad. Esta es una sociedad que regula y modera pero no vence –siguiendo con el lenguaje de De Tocqueville– cierta predisposición cada vez más amenazante tendiente a querer terminar con el orden tradicional-señorial establecido. En suma, es una sociedad que no doblega pero tampoco capitula, una sociedad en permanente equilibrio frágil, pero no por ello menos eficaz, capaz de ofrecer márgenes, además, no despreciables de autonomía. Pienso, mejor dicho, quiero creer, que a De Tocqueville no le habría disgustado nuestra sociedad, en este estadio pendiente, de habernos visitado.

La revolución y nosotros que la queremos tanto

Durante las décadas de los 60 y 70, y de ahí en adelante, todo habría de cambiar. Entramos en el período más convulsionado de nuestra no muy larga historia. Nada antes se compara con estos últimos treinta años. Ni en densidad, dramatismo, sorpresivos desenlaces, para qué decir euforia y desmadre, vértigo y desgarro, miedo y parálisis, ira y desesperanza, o actualmente, complacencia y autoflagelación, olvido y apatía.

¿Qué lleva a un país tradicionalmente quieto si es que no sosegado, flemático según algunos, melancólico según otros, a experimentar tantos vaivenes y tan súbitamente? Lo más probable es que en 50, 70 o 100 años más, redondeemos el período, concibiéndolo como un todo –el detalle seguramente importará menos– y lo etiquetemos por lo que es: el período más revolucionario de nuestra historia. En efecto, mirado en su conjunto, uno está tentado a constatar cada uno de los momentos que Metternich denominara «*le cycle révolutionnaire complet*»: del Antiguo Régimen a la anarquía, de ahí al terror, seguido por despotismo militar, y por último, la restauración, esta última, a la manera como la entendían figuras como De Tocqueville, vale decir, *una consolidación, no una vuelta atrás*.

Nosotros, sin embargo, que somos todavía parte del ciclo revolucionario, nos situamos más bien en los distintos anillos, las alburas, que marcan el paso del tiempo, las fases y distintas versiones de la Revolución, las *revoluciones dentro de la Revolución*. Las hay al menos tres claramente distinguibles, correspondientes a los distintos giros con que se ha ido re-signando el proceso: la versión mesiánica democratacristiana, seguida por el populismo amenazante socialista, la fase brutal militar, paralela al capítulo capitalista neoliberal, hasta llegar a la restauración consensuada. Esto me recuerda la anécdota en la novela de Guillermo Blanco y Carlos Ruiz-Tagle, *Revolución en Chile*, de 1962, en que a la periodista gringa, «Sillie Utternut», quien viene a reportear una posible revolución en Chile, se le anticipa que ésta puede ser de cualquier tipo, «militar, comunista o de extrema derecha». Curioso cómo eventualmente habrían de ser las tres, aunque también, democratacristiana, omisión que no deja de llamarme la atención, ¿será porque es la más encubierta?

Puede resultar un tanto antojadizo concebir todas estas fases como «revolucionarias». El gobierno de Frei habría usado el término a modo de *slogan*; lo que pretendía era, más bien, evitar la revolución. A su vez, la Unidad Popular ¿qué fue sino una revolución frustrada? Y ¿cómo es esto de que un gobierno militar, de las características del chileno, además, realiza una revolución? ¡Cualquier cosa pasa por revolución siguiendo este tipo de raciocinio!

A pesar de las objeciones, insisto en el argumento. No falta ningún elemento definitorio de un escenario revolucionario. Por de pronto, antecede al período un ciclo de prosperidad económica y mejoramientos sociales –el estado clientelístico de los 30 y 40– que se estanca en los 50 y esto se ve acompañado por cierto temor a perder los avances ya adquiridos. Recordemos lo que ya se dijo respecto de las obsesiones del teatro chileno de esa época. Otro tanto ocurrirá durante la Unidad Popular, y también en la década de los 80, en pleno gobierno militar; el temor a desclasarse vuelve a aparecer.

Se advierte también una progresiva crisis de representatividad en el sistema político ya en el antipartidismo del segundo gobierno de Ibáñez y en cierta medida también en el de Jorge Alessandri. De más está decir que el gobierno militar se define como apolítico en sentido convencional. Me referiré a este punto, luego. Los índices de violencia, «violencia popular política» –siguiendo en esto el lenguaje y trabajo de Gabriel Salazar– comenzaron a crecer durante la década de los 50, y fueron escalando hasta llegar a su máximo apogeo radicalizado durante el gobierno de la Unidad Popular y luego en el período 1980-1985. Es más, en momentos específicos se dan ciertos indicios que apuntan a una guerra civil larvada, en que la variante de lucha de clases no está del todo ausente. Añadiría a esto que la dicotomía a la que recurre a menudo el gobierno militar de un núcleo impoluto patriótico, encarnado en las fuerzas armadas, *vis-à-vis* el comunismo internacional, suele guardar semejanza lógica con el pensamiento marxista-leninista de igual tenor, una suerte de variante blanca del mismo sentido dialéctico confrontacional pero en clave «seguridad nacional».

Otro aspecto compartido es el carácter fundacional o refundacional que se le imprime a la acción política, siendo el caso más pronunciado en esto el del gobierno militar, el cual se postula como un retorno purificador, saneador, que pretendía revertir el estado de cosas a un momento previo a su reciente degeneración. Cómo olvidar la placa de cobre en el salón principal del edificio Diego Portales en que aparecían las emblemáticas fechas de 1810 y 1973.

Hay más. En todas las fases revolucionarias se manifiesta un curso pauteado por un fuerte dirigismo iluminista. Mario

Góngora, por lo demás, hermanó a los gobiernos de Frei, Allende y Pinochet conforme al tenor proyectista planificador excluyente, agreguémosle, de acentuado sentido constructivista, tecnocrático e ingenieril, hoy diríamos, de *gestión*. En este mismo sentido no es del todo implausible que todas las fases revolucionarias intensificaran el autoritarismo. Lo avala el que en todas dichas fases se intente «hacerse» del Estado, reforzar su extraordinario poder, incluido el gobierno militar, y en esto, desde luego, me aparto de lo postulado por Góngora. Como es bien sabido, la crítica de Góngora apunta a que el neoliberalismo destruye al Estado.

Cabe destacar, sin embargo, que el gobierno militar profitó del Estado, a todas luces, más poderoso de la historia chilena tanto en su dimensión normativa, productiva y, qué duda cabe, coercitiva. Al punto, incluso, que se dio el lujo de contemplar su desmantelamiento parcial, toda vez que respecto a su activo principal al menos –la gran minería del cobre– se oponen tenazmente, entre otros, sectores militares, hasta el día de hoy. El que se intensificara el autoritarismo pareciera reforzar, además, la idea, original de De Tocqueville, que ello marcaría una continuidad con el Antiguo Régimen, ingrediente fundamental para entender el paso revolucionario según el pensador francés, dado que la ciudadanía estaría ya predispuesta a tolerar un mayor grado del mismo, del autoritarismo. No se me escapa que en reflexiones mías anteriores he tendido a distanciar el orden tradicional señorial con respecto al Estado. A modo de clarificación, quisiera dejar constancia que si bien eso puede que sea válido casi siempre –el grupo dirigente *es* frondista–, la relación se vuelve más compleja a partir de la pérdida de la hegemonía oligárquica y de la reformulación del Estado hacia la década del 30 en este siglo.

Por último, y quizá lo principal, las distintas fases revolucionarias pretenden iniciar una nueva era, alterando tanto lo político como lo social, a fin de transformar irreversiblemente las estructuras de poder, reubicando el poder social, en fin, transfiriendo el poder de una clase a otra. Concedo que éste es, aún, el punto más difícil de demostrar. Requiere estudios de tipo empírico.

Con todo, me atrevería a sugerir que el problema se resuelve, en parte, si admitimos que lo medular –el colapso del Antiguo Régimen– es verificable.

Al respecto, me basta con recordar que durante los gobiernos de la DC y UP, en menos de 10 años, se expropió un total de 5 mil propiedades, correspondientes a 10 millones de hectáreas, equivalentes al 60% de la propiedad cultivable del país. De éstas, tan sólo un tercio fue retornada a sus antiguos dueños durante el gobierno militar. Se me dirá que desde ese entonces puede que haya habido cierta reversión, que la propiedad agrícola industrializada tiende hoy a concentrarse nuevamente. No lo descarto, el punto es que, como lo dijera hasta la saciedad la clase terrateniente en su momento, y nadie le hizo caso, el agro no es sólo propiedad, es «modo de vida», implica una cosmovisión, una historia para atrás, significa poder electoral, poder social-señorial, preeminencia patricia en un mundo que aspira a la igualdad. Y eso, para bien o para mal, simplemente murió; para ser más exacto, lo liquidaron, con todas las consecuencias que ello ha traído consigo. Les recuerdo las palabras iniciales de De Tocqueville:

> [...] de todas las sociedades del mundo, las que con más dificultad se librarán durante largo tiempo del gobierno absoluto, serán precisamente aquellas en que ya no exista o no pueda existir la aristocracia.

Lo que dice De Tocqueville anticipa a lo que quiero llegar. Desde luego, que el haber colapsado el Antiguo Régimen no significó haber terminado con el autoritarismo, sino todo lo contrario. Que el ciclo revolucionario de estas últimas tres décadas hay que entenderlo como un todo coherente, continuo, cumulativo. Que los supuestos quiebres que usualmente invocamos –el '73 y el '88-'89– no son tales, o son mucho menos tajantes, que el dramatismo nos pudiera sugerir. En fin, que no hay retorno posible. De hecho, todas las fases profitan de la anterior, profundizan –perdónenme la expresión– el *camino recorrido*, y en una de éstas –me atraganto un poco, pero qué le vamos a hacer– el *aún por recorrer*.

Acabo de mencionar el hito '88 y '89. ¿Por qué no habría aquí un punto de inflexión que nos permita salirnos de esta historia un tanto claustrofóbica que he estado rebobinando? Después de todo, se nos ha querido hacer creer que éste es un punto de fuga, aunque no muy convincentemente, me temo, por una razón muy simple. Desde el '88 no hemos hecho nada tan distinto en lo esencial que no hayamos estado en-*caminados* antes. Del avanzar sin transar pasamos, a lo más, al transar sin parar, al ni un paso atrás, o lo que es lo mismo, compañeros, camaradas, tropa –qué más da– seguimos avanzando. Vuelvo a recordarles las palabras de Patricio Aylwin, citadas en el capítulo anterior, en homenaje al diario *La Segunda,* escenario mejor elegido, difícil. Si ustedes reparan cuidadosamente en las palabras oblicuas del entonces timonel de la «transición», lo que decía en 1991 es que, lamentablemente sí, es cierto, él, su generación y nosotros nos equivocamos, pero hemos aprendido la lección; nos hemos corregido. El realismo nos ha vuelto sobrios, pero igual no nos arrepentimos plenamente. No nos pidan demasiado. Si en su momento pensábamos que todo debía cambiar, pensándolo mejor ahora, quizás no; se nos pasó la mano. Con todo, mirado el asunto desde la distancia, de hecho, acertamos. Fuimos unos auténticos entonces, somos unos auténticos ahora. Por tanto, la historia sigue siendo nuestra. Merecemos seguir liderando el camino de siempre: el *camino propio.*

Evidentemente, el problema con la *confesión* de Aylwin es que proviene de quien proviene. Insisto, Aylwin en esto cumple un papel paradigmático; el resto de la Concertación lo avala. ¿A qué voy? Si estamos ante protagonistas de esta historia que siguen siendo los mismos –entonces y ahora, antes del '73 y después del '88–, no cabría sino llegar a la conclusión que sus últimas actuaciones los estarían delatando como unos inconsecuentes. Por el contrario, si no son los mismos, si les concedemos que han cambiado, se trataría, pues, de unos incoherentes. Por último, cabría la posibilidad de que fueran ambos, los mismos y distintos. Vale decir: han cambiado, pero mantienen más o menos los mismos principios modernizantes, siendo la letra chica la distinta, entonces socializante ahora neoliberal. Bueno, en ese caso, en verdad, hay que reconocerles que son lo que son: coherentes y consecuentes, aunque confusos.

El problema se aclara si reconocemos que lo que viene después de 1988 es una suerte de *restauración*, pero no la que quieren hacernos creer. Supuestamente, veníamos transitando desde una democracia, luego nos salimos de la historia, y ahora volvemos a ella. En dicho caso, la democracia habría quedado en paréntesis y sólo ahora la habríamos vuelto a rescatar.

Por el contrario, pienso que la historia es de todos. Es el protagonismo, sin embargo, el que no ha sido todo lo continuo que se hubiera querido. Lo que se restaura, por tanto, es dicho protagonismo perdido, bajo cualquier costo, llámese coherencia, consecuencia o inteligibilidad. Lo que está operando aquí, entonces, es la lógica del sobreviviente. Parafraseando a Tayllerand, lo que dicen estos restauradores es que la política es un asunto demasiado importante como para dejársela a los militares. *Ergo*, sumémonos a la última fase del ciclo revolucionario, la militar, hagamos una mezcolanza, un combinado cívico-militar; retomemos el cuento donde *nosotros* lo dejamos la última vez, adhierámonos a lo que estos *otros* han hecho en el entretanto, y por último, redondeemos, de una vez por todas, el asunto.

¿El gatopardismo de siempre? Moulian no hace mucho se ha referido al fenómeno como «transformismo» gatopardiano. No me parece. No exactamente. Hay un significativo matiz. El viejo gatopardismo, el de Portales por ejemplo, comparte por cierto con esto último el cálculo pragmático frío por el poder. La diferencia estriba en que durante el Antiguo Régimen el grupo dirigente tradicional se sumaba a los cambios pero, a final de cuentas, desconfiaba de ellos. Su actitud era escéptica; en cambio, en esta suerte de travestización consensual de nuestros días, el pragmatismo encubre una fe a menudo doctrinaria, a la larga populista, una convicción inclaudicable, ortodoxa, que los cambios modernizantes son positivos para todos, para los que están en el poder, y de ahí para abajo si el «chorreo» lo permite. El gatopardismo tradicional era funcional a resguardar cierta autonomía libertarista propia de un orden social que desconfiaba del dirigismo. En cambio, el «transformismo» del que habla Moulian apunta a un fundamentalismo desarrollista modernizante desde las estructuras de poder vertical o de *gestión* gerencial, según reza el eufemismo ideológico actual.

Hay otra gran diferencia. El gatopardismo en clave Antiguo Régimen creía en la política y ello ayudó a institucionalizarla en Chile. Se aceptaban los cambios políticos –las nuevas versiones de derecho, los principios republicano-liberales, en fin, la creencia en las virtudes públicas de una *respublica* tolerante– porque se pensaba que de esa manera, abriendo cauces crecientemente plurales pero que debían atenerse a la negociación y moderación racional, se podía amortiguar, desacelerar y postergar lo que igual se terminaría por imponer trayendo consigo el fin mismo del Antiguo Régimen. La apuesta política, un tanto melancólica, lampedusiana, de sumarse a los cambios permitiría que nada cambiara, aunque inevitablemente todo, a final de cuentas, terminara por cambiar.

El transformismo más reciente, sin embargo, de lo que más desconfía es de la política en su versión persuasiva, retórica y elocuente. De ahí que haga especial hincapié en su carácter técnico gerencial. Esto ya lo vimos; me remito a lo que decía José Joaquín Brunner anteriormente. En otras palabras, a lo que más se puede ambicionar es a lograr condiciones de «gobernabilidad» como diría Edgardo Boeninger, atendiendo a un sistema que se estructura sobre una base cada vez más neocorporativista fáctica, en virtud de la cual cada subsistema de poder –*v. gr.* los empresarios, los militares, la Iglesia, los medios de comunicación e incluso la «clase política», los *gestores*, quienes ya no hablan sino que negocian tras bastidores– si no se vuelve consensual y concertada, si no logra los acuerdos correspondientes, se enfrentará a vetos de los otros poderes fácticos.

En el fondo, esta idea de «gobernabilidad» parte de la premisa que se está ante una civilidad debilitada, apática, agotada por la exacerbación ideológica que habría llevado al colapso de la institucionalidad y luego extenuada durante el gobierno militar.

Una civilidad –me corrijo–, potenciales «clientes» que parecieran reaccionar o revivir sólo si se les ofrecen novedades oportunas, ofertas de temporada. En el fondo, la idea de gobernabilidad –argamasa de criterios mercantiles, militares y constructivismo ingenieril sistémico– es la versión actual de la idea de orden hecha a la medida de un mundo neoliberalizado, postpolítico, virtual, que naturaliza a los sujetos sociales, los despoja de su virtuosismo político y se atiene a lo único que entiende: el poder en bruto. En suma, *gobernabilidad no es política, es otra cosa*.

Este antipoliticismo –no hay que dejarse engañar– no se debe tanto a un descontento reciente con una política hipertrofiada, como a una vieja compulsión crítica propia del ciclo revolucionario, y que data incluso de mucho antes, en que junto con sospechar de la política, igual la instrumentalizó, se sirvió de ella. Este es uno de los aspectos, a mi juicio, más originales del caso chileno.

Lo que mejor tipifica al sentimiento anti-político es su carácter anti-oligárquico y anti-frondista. Al decir de De Tocqueville:

> [...] todos los hombres de nuestros días se ven arrastrados por una fuerza desconocida que quizá sea posible regular y moderar pero no vencer, que tan pronto los impulsa suavemente como los precipita hacia la destrucción de la aristocracia.

Esto se debe a que la política, según esta visión anti-política, se ve como un fenómeno propio de un grupo dirigente tradicional, que usa la política únicamente para afianzar sus intereses de clase, desatiende los temas nacionales, hoy diríamos los temas que verdaderamente preocupan a la «gente», esteriliza el debate, es excesivamente cupular, partitocrática, materialista, pobre en espiritualidad, extranjerizante en su cosmopolitismo, frivolizante, etcétera.

Esta idea cunde ya, en la segunda mitad del siglo pasado, con el positivismo y el ultramontanismo tradicionalista opuestos al liberalismo parlamentarista moderado. Se alimenta además de toda la larga discusión acerca de la «cuestión social», y tiene un primer clímax en la literatura finisecular de *crisis* y en la crítica despiadada respecto al parlamentarismo. Sus orígenes, por tanto, corresponden a un espectro ideológico amplio: conservador anti-oligárquico, en algunos casos con arranques pseudopopulistas, mesocrático cientificista, eventualmente socialista, socialcristiano, marxista, y por último tecnocrático variopinto. Pero donde mejor queda plasmado es en la historiografía conservadora de este siglo, en Alberto Edwards, Francisco A. Encina, en el pensamiento falangista y en las distintas vertientes conservadoras hispanófilas.

A pesar de sus claros avances deslegitimadores del orden político establecido, esta visión anti-política, que va desde el siglo XIX hasta el XX, nunca fue capaz, sin embargo, de derrumbar al liberalismo político. Mi impresión es que ello se debe a que es una visión en último término fuertemente autoritaria, no así la liberal moderada tradicional, a la cual, a pesar de su antipatía por el liberalismo, no le queda más alternativa que reconocer ciertas virtudes «ordenadoras» del sistema institucional creado por éste. Da garantías de estabilidad, permite un margen amplio de respeto a las libertades públicas, no impide el ascenso social –vale decir, permite el arribismo–, y por último, siempre existió la posibilidad de que reforzando el presidencialismo autoritario «portaliano», en especial el aparato administrativo estatal, se neutralizara al liberalismo moderado frondista.

Un persistente trabajo de concientización durante más de setenta años gracias al efecto notable de la historiografía conservadora anti-oligárquica (Edwards y Encina), capaz de ejercer enorme influencia entre los nuevos grupos ideológicos falangistas y socialistas; sumado a que un mundo crecientemente moderno volviera anacrónicas a las oligarquías y se apostara a las masas vía estrategias populistas democratizantes; más el impacto del estructuralismo de raigambre positivista; y por último, el descrédito total del último esquema partitocrático coalicional (los gobiernos radical-liberales); todo ello terminó por socavar el prestigio del liberalismo institucional moderado y parlamentarista. Ello sin perjuicio de que arrasar con el sistema liberal habría significado hacer la Revolución, cuestión que el *peso de la noche*, más el peso de la tradición, en fin, la gravitación no insignificante ejercida por un Antiguo Régimen agonizante pero aún no muerto, gracias al liberalismo, requería de una estrategia sutil de corte reformista, implosiva, antes bien que auténticamente revolucionaria.

De ahí que el sistema político chileno bajo este orden liberal, propio del Antiguo Régimen, sobrevivió en una suerte de limbo esquizofrénico. Por un lado respetado, al menos de palabra, a la vez que minado desde dentro. Al punto incluso que hacia la década de los 60 en este siglo, cuando la Revolución era por fin posible, igual se optó por la estrategia ya consagrada. He ahí que el centrismo democratacristiano, a pesar de su sectarismo, de sus pretensiones monopartidistas, de su fuerte resentimiento clasista y su rechazo a un liberalismo que le parecía vacuo y oligárquico, y en fin, su propensión radicalizante y centrífuga, igual prometió que su revolución iba a ser en libertad. Otro tanto ocurrió con la Unidad Popular, al postular que su versión revolucionaria no era tampoco tan así, sino la «Vía Chilena al Socialismo».

Revisando toda esta historia uno se pregunta ¿hasta qué punto un sistema puede soportar que desde dentro, implosivamente, por así decirlo, se socaven sus fundamentos? Lo raro es que haya sobrevivido tanto más de lo que se podría haber esperado: 150 años, desde la Independencia a los años 60. En suma, pienso que el Antiguo Régimen colapsó gracias a una combinación de factores: la irrupción del ciclo revolucionario *desde arriba* en la década de los 60, amparado, legitimado por esta tradición antiliberal y anti-oligárquica, y auxiliado por una estrategia reformista *implosiva* potencialmente revolucionaria, que el mismo liberalismo toleró.

Un último punto, a modo de mera sugerencia, el que existiera esta propensión *implosiva,* ¿no nos estará dando cuenta de una también estructural lógica desleal al interior del sistema político chileno? ¿No residirá aquí la clave que explica las innumerables, reales o no, traiciones y autotraiciones del ciclo revolucionario? Acostumbrado el sistema a alimentar en su seno una deslealtad consustancial, ¿qué tan extraño que la deslealtad se haya erigido en la virtud de nuestra época revolucionaria? En una de éstas el costo ulterior de que el Antiguo Régimen haya sobrevivido exitosamente, más de la cuenta, es que ello ayudó a consagrar la apostasía y el oportunismo como *las auténticas vías chilenas a la Revolución*, constituyéndose ambos –la apostasía y el oportunismo– además en el engrudo preciso que ha permitido que el ciclo revolucionario amén de coherente se valga de más o menos los mismos protagonistas. Los desleales valen por dos, por tres, por cuatro, por... Son siempre los mismos y distintos.

La otra *revolución*

El panorama general que acabo de reseñar no estaría completo si lo dejáramos hasta aquí sin referencia alguna a la otra cara de la Revolución. La Revolución no se agota en su dimensión puramente dirigista, *desde arriba*. Existe un fenómeno paralelo igualmente decisivo y radical, a veces más extremo incluso, que a falta de otro nombre y definición, cabría denominarlo vagamente como la *otra* revolución. Estoy siendo ambiguo *ex profeso*; el fenómeno es de por sí ambivalente.

La principal característica de esta *otra* revolución, es que no hay rasgo específico que la perfile. Es demasiado informe como para precisar sus deslindes. A lo más, estamos ante el fenómeno toda vez que se constata una dinámica irracional, o bien, se elude la racionalidad vigente, o su inteligibilidad se posterga para un momento posterior en que se vuelve algo más comprensible. De ahí que se aproxime a un escenario de orden caótico. Subrayo esto de *orden caótico*, porque el fenómeno guarda similitudes con aquello en que, últimamente, la física ha estado insistiendo.

Esta dinámica *irracional* suele ser violenta, aunque no siempre. No es discursiva en un sentido literal del término. Puede ser meramente fáctica, expresarse en hechos, al punto que, incluso, opere –cuando se logra detectar– como fenómeno silencioso. Es más, no siempre proviene *de abajo*, del mundo popular, aunque su diferencia crucial con la revolución en su versión convencio-

nal, oficial, es que definitivamente no es *desde arriba*. Bien puede
provenir *del lado*, de cualquiera instancia marginal, incluso desde
dentro del mundo elitario. Quizá uno de los aspectos más llama-
tivos de esta *otra* revolución es que en su seno, a menudo, surgen
nuevos sujetos históricos. En efecto, en estas modalidades revolucionarias alternativas a la revolución dirigista-oficial estamos
ante un altísimo grado de densidad histórica.

Estas *otras* revoluciones se aproximan a lo que los historiadores solemos llamar *fenómenos de crisis*. De ahí que irrumpan en dichas coyunturas, sobrecarguen de energía la temperatura ambiente, y vuelvan especialmente espeso el momento histórico que se
vive. Si algo constatan estos fenómenos irracionales es vitalidad,
por eso se reproducen vertiginosamente, pueden llegar a monopolizar la atención y el terror público, contagiando a medio mundo.
En general, estas variables de revolución tienden a ser percibidas
como amenazas al orden establecido y lo son. Esta es la variante de
revolución que más espanta a la gente seria y grave. La *desde arriba*
la pueden normalmente soportar; después de todo, es afín con el
autoritarismo prevaleciente. En cambio, este otro fenómeno pone
en jaque a la autoridad, incluso a los que están haciendo la revolución *desde arriba*, desvirtuando o deslegitimando los propósitos
verticales revolucionarios *oficiales*. Por lo general, esta *otra* revolución sí que es libertaria o simplemente desenfrenada, de ahí, por
tanto, su peligrosidad y, lo que es muy importante, su carácter impredecible.

En estos últimos treinta años en Chile, 1968-1998, este *otro* fenómeno revolucionario paralelo es constatable en múltiples escenarios y momentos. De hecho, tiendo a pensar que el ciclo revolucionario que pone fin al Antiguo Régimen se abre con esta variante
y no con la versión *desde arriba*. Concretamente en la década de los
50, con los primeros sismos sociales que comienzan a hacerse sentir. Por de pronto, la creciente masificación urbana, el descenso de
la población rural y la concentración de un tercio de la población
total del país en Santiago. Conste que se trata de una mayor concentración que hace tanto más visibles las diferencias de riqueza e
incluso vuelve evidente la miseria. Todo esto, además, en medio

de una crisis de estancamiento económico, sostenida alza inflacionaria, aumento de huelgas y desprestigio de las estructuras políticas. Esto genera malestar, cuando no *reventones* espontáneos en la base popular –por ejemplo, el 2 de abril de 1957– y pone en guardia a los sectores más ilustrados y políticamente conscientes.

Es este cuadro tensional que va a recomendar la profundización del proceso democratizador. Ya antes, el «terremoto» electoral ibañista en 1952, con su alta cuota de desencanto sumado a la extensión del sufragio femenino, aconsejaba un cambio de giro. De ahí que el centro democratacristiano y la izquierda unida se plantearan en términos crecientemente participativos y proyectuales, preocupados de la agenda social a fin de incorporar y encauzar a los nuevos sectores emergentes no contemplados en el sistema hasta ese entonces: mujeres y marginales urbanos y rurales, precisamente el segmento que decidió las elecciones de 1952, 1958, 1964 y 1970.

Pienso que este escenario evidencia esta *otra* revolución por cuanto toma por sorpresa al mundo cupular, lo obliga a redefinirse políticamente, y abre una progresiva espiral de *violencia popular política*.

Otro gran momento de esta *otra* revolución se produce hacia fines de los años 60. Por ese entonces comienza a ocurrir una crisis de expectativas que rebasa la solución democrática plebiscitaria y el partido más supuestamente monolítico, con más apoyo externo y dotado con un fortísimo respaldo técnico desarrollista, fracasa. A mayor abundamiento, aflora el movimiento estudiantil, el tejido social organizado empieza a adquirir autonomía de base, el estamento militar resiente su postergación, la derecha se vuelve dura, aparecen grupos armados, hay represión, la Guerra Fría repercute cada vez más, en fin, surgen diversas otras vías de enfrentamiento que la institucional. La mejor prueba de que el gobierno de la época fracasa es que al final está aislado, su partido se fragmenta, desaprovecha un triunfo electoral espectacular, desprecia su papel potencialmente moderador, y Frei, quien había sido elegido para evitar la revolución, le entrega el poder a una coalición aún más radicalizada.

El tercer momento revolucionario alternativo tiene lugar durante el gobierno de Allende, quizá su cristalización clásica. A estas alturas el expediente plebiscitario electoral se descalabra. La espontaneidad social-popular, «poder popular», desborda toda capacidad de control por parte de la institucionalidad partidista y estatal. Ya nadie hace política; el desenfreno lúdico, en especial el *hueveo* callejero, alcanza su expresión más desinhibida. La trinchera de clase deviene infranqueable («Este gobierno es una mierda pero es mi gobierno»). Se llega a un punto en que la amenaza igualitaria es real. Todo indicio de autoridad, cualquiera sea ésta, se desploma. El rupturismo se transforma en promesa autocumplida. En suma, nunca antes y nunca después hemos estado más vivos, más despiertos. Nunca antes la libido revolucionaria ha sido tan potente; igual la tolerancia se acaba, se agota. No hay plazo que no se cumpla ni gratuidad que no se cobre. El desborde que comenzara con Frei se derrama con Allende. Al fin, al orden le han bajado los pantalones.

El cuarto escenario revolucionario no oficial, o mejor dicho no reconocido oficialmente, es aún más incontinente. Lo que comenzó como un supuesto intento de desintoxicación culminó en perversas modalidades de autocastigo. El mareo, que en ningún caso desapareció, de ahora en adelante se fue produciendo a escondidas. ¿Qué no tuvimos durante el gobierno militar? Delación, sadismo, descomposición de líneas de mando (o así al menos dicen ellos mismos), estados dentro del Estado (y eso que aquí nada pasaba), masoquismo cómplice (a falta de libertad e igualdad, fraternidad colaboracionista), insensibilidad colectiva, y quién sabe qué más que hemos olvidado. Ahora bien, ¿por qué habría de ser esto revolucionario? Pues bien, porque no lo digo yo, lo dice De Tocqueville:

> [...] en ninguna parte puede producir el despotismo efectos más perniciosos que en esas sociedades, pues favorece más que ninguna otra clase de gobierno el desarrollo de todos los vicios a que están sujetas, empujándolas hacia el lado a que por inclinación natural tendían de por sí.

Y también porque un régimen, militar por lo demás, que asegura que va a mantener el orden y no lo mantiene, no es que mienta sino que a duras penas ejerce autoridad; su propia revolución se le escapa. Ni hablar lo que pasaba entre sus propias filas. Lo que es, en el bando contrario la *violencia política popular* –sabemos– se dispara a partir de 1979, llegando a sus máximos niveles en 1986. En otras palabras, la legitimidad del gobierno, y es más, de las fuerzas armadas, es posible que se haya erosionado, quién sabe por cuánto tiempo más. Otra cosa es que ello se reconozca o se haya olvidado a la hora de negociar el paso a la próxima fase de la revolución *desde arriba*.

Mi impresión es que esta negociación, la de 1988-89, resultó, como casi siempre sucede en Chile, en un *empate*. Es bien complejo esto de los empates. Los hemos ido perfeccionando. A veces sirven hasta para ganar y pasar a la próxima ronda, aunque después de un tiempo igual al equipo lo desclasifican por derrotado.

El gobierno militar hacia la década de los 80 estaba en una situación difícil. Desde luego, no había vuelto atrás la reforma agraria, tampoco el estatismo; la flecha del tiempo se lo impedía. Con todo, había aplicado un modelo fáctico, brutal en lo represivo, brutal en lo económico, y de eso nadie se salvó: ni los partidos, los sindicatos, las universidades, los empresarios, los tribunales de justicia, que según declaración de su actual presidente «hicieron lo que pudieron», los medios de comunicación masivos, las mismas fuerzas armadas incluso; circula por ahí una tesis que dice que la represión estaba dirigida a aleccionar hacia dentro no sólo hacia afuera. Quizá la única excepción fue la Iglesia, lo que quizá también explica por qué posteriormente salió fortalecida, aumentó su poder y prestigio. Igual, el modelo revolucionario económico tambaleó varias veces y a la sociedad civil no se le pudo disciplinar totalmente. He ahí la desobediencia civil, las protestas y las derrotas entre comillas de 1988, 1989 y 1993. A su vez, los opositores al gobierno militar venían fracasando sistemáticamente, y cuando mostraron algo de iniciativa se aterraron, quedándose sin estrategia alguna frente a Pinochet. Es más, a los cuadros políticos tradicionales, y a ciertos personajes, se les estaba acabando el tiempo. Qué duda cabe, la necesidad de recobrar cierto protagonismo era imperativo; son contados en las manos los *otros*, los pudorosos, los que dejaron de jugar y miraron sólo desde fuera. Por último, el mundo empresarial no podía sino tratar de salvar su parte en la revolución económica. Por tanto, las condiciones no podían ser más óptimas; había que negociar una salida a cualquier costo.

Concuerdo con Tomás Moulian que dicha negociación se hizo, por parte de la Concertación, a espaldas del triunfo electoral plebiscitario, aunque los resultados fueron bien parejos en todo caso, y, como ya he dicho, hay indicios de que existía un acuerdo consensual subterráneo previo a la elección. Lo que constituyó un acierto, de parte de Pinochet, fue que se atuvo al único plan de salida que realmente había: el *camino propio*, el de Chacarillas, la llamada «democracia protegida». Lo notable de dicho plan es que en su interior estaba consagrado constitucionalmente el *empate político*. Que yo sepa, es Jaime Guzmán Errázuriz, su inspirador, quien por primera vez habla en el contexto chileno de los «consensos básicos» (1979), en un artículo titulado «El camino político» condicionándolos al siguiente principio:

> [...] en vez de gobernar para hacer, en mayor medida, lo que los adversarios quieren, resulta preferible contribuir a crear una realidad que reclame de todo el que gobierne una sujeción a las exigencias *propias* de ésta. Es decir, que si llegan a gobernar los adversarios, se vean constreñidos a seguir una acción no tan distinta a la que uno mismo anhelaría, porque –valga la metáfora– el margen de alternativas que la cancha imponga de hecho a quienes juegan en ella, sea lo suficientemente reducido para hacer extremadamente difícil lo contrario.

¡El empate perfecto! y, además, explicado en términos futbolísticos, la pasión igualitaria de nuestro siglo.

A mí siempre me ha parecido que Guzmán era un «empatado», de ahí que le gustara jugar en la posición de árbitro, el empatado por antonomasia. Guzmán, en cuanto origen, era un empatado social y un conservador anacrónico, empatado con los tiempos que le tocó vivir. Guzmán podrá haber sido influyente, trazó la cancha política, pero la sociedad igual galopa hacia una creciente modernización que desmiente su visión conservadora. Nada de rara, por tanto, su estrategia y metáfora. De lo que estoy seguro, sí, es que Guzmán no era De Tocqueville, aunque el dilema que ambos enfrentaban era similar. En todo caso, habría que concederle a Guzmán –nobleza obliga– que la historia, hasta ahora al menos, le ha dado la razón política. Era un hombre de los «nuevos tiempos».

Capítulo VIII

La revolución silenciosa

«Lamentablemente, cierto tiempo de dictadura era necesario»

Patricio Aylwin Azocar,
El reencuentro de los demócratas

«Quizá no escriba nunca una obra que valga la pena [...] pero el resultado no es todo.»

Jorge Edwards, *Persona non grata*

La medida de lo posible

¿Y cómo son estos «nuevos tiempos»?

No es difícil adivinar la respuesta: *empatados*. Es tan chileno esto de los empates. Desde los años 50 que venimos empatando. Hoy, finalmente, lo hemos llevado a la perfección. Cada intento de control, cada esfuerzo por canalizar a esta sociedad conforme a patrones de orden, se ve desvirtuado, por otros tantos impulsos opuestos, pero sin alterar el equilibrio resultante. Y, todo esto, para callado.

En el orden político, como ya he dicho, este empate está consagrado constitucionalmente. Desde el plebiscito del '88 lo que hemos ido constatando es su desenvolvimiento práctico. Por un lado, *transitamos* en «democracia», es lo que se nos dice; por el otro, nos regimos por el sistema diseñado por Guzmán, centrado en el veto militar y el de sus socios fácticos. Esto proporciona un margen de maniobra, un conjunto de condiciones, que sirven de pretexto para que el orden institucional no se afiance, no se concretice, no se llegue a una normalidad como usual e históricamente se ha entendido en este país. Con una salvedad, se nos pretende hacer creer que esto y no lo otro es lo natural, lo habitual. Este es el orden establecido, el único posible, el de *la medida de lo posible*. No es que *transitemos* hacia la normalidad, sino que el mantener este equilibrio, entre un orden institucional y el fáctico, ésa es nuestra única versión aceptable de «normalidad». En palabras de nuestra *carta magna*, Chacarillas:

Finalmente, entraremos en la *etapa de normalidad* o consolidación, el Poder será ejercido directa y *básicamente* por la

275

civilidad, reservándose constitucionalmente a las Fuerzas Armadas y de Orden el papel de contribuir a cautelar las bases esenciales de la institucionalidad y la seguridad nacional en sus amplias y decisivas proyecciones modernas. (El énfasis es mío)

De lo que se deduce que ya llegamos. *Al alcalde en los desfiles / ya no le dicen «el relegado» / y cuando tiene visitas / se prueba el traje de diputado.* Estamos en normalidad. Nos hemos consolidado. Estamos en democracia. A la política la han «profesionalizado».[13] Doblemos la página. Dejémonos de viejos cuentos. Sigamos, sigamos avanzando...

Por consiguiente, todos esos *otros* hitos, en estos últimos años, en que pudiera inferirse que el sistema no *marcha* bien, no son exactamente tan así. Por el contrario, son la constatación de que el sistema funciona, anda como es debido, en *la medida de lo posible*. Si esto ocasionalmente ha causado incomodidad es porque a lo más, hemos estado aprendiendo a ejercer el poder conjuntamente: «básicamente» por la civilidad, a la par que las fuerzas armadas «cautelan» la institucionalidad. Raro será, pero así es. No nos angustiemos. Armémonos de sentido común y de paciencia. *Digo, paciencia y barajar.* En efecto, según palabras tan originales, tan pausadas y proverbiales, como las de José Antonio Viera-Gallo: «La política es el arte de lo posible».[14] Es cuestión de tiempo. Ya verán. Después de un rato, nadie se sorprenderá. Nadie se incomodará.

Qué mejor viñeta de este *camino del aprendizaje advertido* que el llamado «ejercicio de seguridad, alistamiento y enlace», acto

---

13. Curioso lo que ha venido pasando con esta palabreja. Según Gonzalo Vial «no hubo nada más *profesional* que el golpe militar de 1973».

14. Téngase presente que ya en 1971 el señor Viera-Gallo, en calidad de subsecretario de Justicia, se inspiraba en los sabios dichos del gobernador de Barataria: «Y aquí es bueno recordar a Sancho Panza, decía en ese entonces, que sin ser ni entendido en leyes, cuando tuvo que actuar como tal lo hizo bien y todos quedaron bien».

de fuerza que se constituyó en uno de los tantos desencuentros (diciembre 1990) producidos entre el gobierno de Aylwin y Pinochet, los que han seguido con similar ritmo aunque más pausado en el de Frei Ruiz-Tagle. El *affaire* es enredoso. Se gatilla a causa de cuantiosos pagos efectuados por el Ejército (cerca de tres millones de dólares) a un hijo de Pinochet, le sigue la consiguiente «renuncia» supuestamente «ofrecida» por el General, la que después de una serie de ambigüedades terminó pareciendo exigida por el gobierno. Al final, sin embargo, todo se resuelve de modo versallesco, estilo «vienés»; estamos, después de todo, en *restauración*. Según la versión de Ascanio Cavallo:

> El general se queja, sin culpar a nadie, del mal ambiente que se ha generado; el Ejército se sabe en el centro de todo, pero no le gusta: los soldados, don Patricio, no somos para esto, no nos forman para vivir de punta con las autoridades. Incluso cuando repite sus reclamos contra el ministro de Defensa parece que lo hiciera con cierta resignación. El Presidente, midiendo cada palabra, dice que lo primero que hay que despejar es que el gobierno no busca la salida del comandante en jefe. Puede contar con eso, general.

Se impone la mesura, los malentendidos se despejan, los acuerdos se renuevan. En marzo de 1992, a Aylwin se le ve tranquilo: «La verdad, manifiesta, es que ya estoy acostumbrado a gobernar con el general Pinochet en la Comandancia en Jefe».

Seguimos avanzando, con sus altos y bajos: el «boinazo», el caso Stange, nuevamente los «pinocheques», el encarcelamiento con «fórceps» de Contreras, el *picnic* de Punta Peuco, una y otra vez... en fin, la *petite histoire* de la «transición» pausada, la que va y viene, se agita y calma, se da y no se da, la proclaman terminada, dicen que «sí», dicen que «no», corre sola, sale en *La Segunda*, en *La Tercera*, en *La Cuarta*... Viene el zapateo, se forman las parejas, siempre de a dos, un, dos, tres, siempre de a dos, media vuelta, vals... Del *Nadie puede parar de bailar / la música del general*... al *El hombre que yo amo / sabe que yo lo amo / me toma en sus brazos / y lo olvida todo / El hombre que yo amo / siempre sabe todo, / no sabe de enojos, no / entiende rencores / El arregla todo / El me da alegría que / nadie me dio...,* qué duda cabe, nos hemos ido acostumbrando, por fin, a la normalidad.

Por muy normal que sea, esta habitualidad sospechosa ha tenido costos. Los partidos y los políticos han sido los más perjudicados. Si bien han gozado de las prerrogativas del poder –se les cotiza–, han sido objeto de permanente suspicacia, de parte de las fuerzas armadas, del mundo empresarial y de los medios de comunicación. Han sido vigilados y espiados, ocasionalmente se les compromete en situaciones francamente bochornosas, como cuando Ricardo Claro se dio el gusto, muy personal y perversamente «moral», de revelar en su canal una grabación, conseguida gracias a un montaje de «inteligencia» militar, a fin de demostrar qué calaña de individuo era un senador de la República que no le parecía especialmente simpático; curiosa manera (¿pinochetista?, ¿patronal?, ¿interactiva?) de cambiar la programación. Nadie lo paró; luego chillaron. *Yo no me trago más tus verdades / tu moral y tradición / Si el mundo de hoy es tu legado / Yo no quiero ser tu empleado...*

En fin, a los parlamentarios y políticos se les ha acusado de toxicómanos, corruptos y homosexuales, esto último para callado; de hecho, el rumor ha llegado a ser un arma de información y desinformación poderosa. Se ha vinculado, incluso, al gobierno con grupos terroristas y en La Moneda nada menos. Por último, una y otra vez se presenta a la clase política como insensible ante los temas que realmente preocupan a la «gente». ¿Cuestión de *rating*? Quizás.

Sea como sea, al mundo político le ha costado mucho hacer su propia «transición». La Unión Demócrata Independiente aparece como mero satélite de un gobierno militar todavía operando «a las sombras». Al interior de Renovación Nacional, partido fratricida y antropofágico como quizá no lo ha habido otro, se han acuchillado y envenenado al punto que tampoco resultan confiables. La Democracia Cristiana no lo ha hecho menos mal, amén de que casi siempre resulta la más comprometida a la hora de descubrirse manejos turbios; últimamente añora sus etapas derechizantes e insiste, al igual que siempre, en el principio del *si no yo, nadie*. El Partido Socialista y el Partido por la Democracia, otro tanto: fraccionalistas, ambivalentes, rabiosos o «entreguistas», esto último para gusto del mundo izquierdista nostálgico, a la vez que no logran despojarse de la desconfianza del electorado de centro. En suma, empatados consigo mismos, unos con otros, con los tiempos que se viven, con su pasado, con lo que se espera de ellos...

Y en una de éstas, ni tanto. Día a día la opinión pública alimenta menos ilusiones. Según un sondeo (enero 1995), un tercio de la población mayor de 18 años no entiende qué es democracia; a su vez, el 70% estima que el sistema democrático chileno es débil. Lo que está ocurriendo aquí es un auge creciente de apatía. Si en noviembre-diciembre de 1994 un 61% de encuestados manifestaba un bajo interés por la política, en julio de 1995 la cifra se había elevado al 67%. Sin perjuicio de lo anterior, cabe señalar que todavía en septiembre de 1997 un 70% (hay cifras menores) consideraba a los partidos indispensables para la democracia. *Te crees revolucionario y acusativo / Pero nunca quedas mal con nadie*. De ahí que, hasta cierto punto, los guarismos resulten un tanto paradójicos; se cree y no se cree en la política. En definitiva, la opinión pública manifiesta perplejidad; no descarta la posibilidad de que se la pueda *reencantar*, pero igual se reserva su derecho a putear, para callado, por lo menos en las encuestas de opinión.

El punto más bajo de motivación pública corresponde a las elecciones parlamentarias de diciembre 1997, en que un 40,4% del electorado o no se inscribió (un millón 549 mil 457, 16.09% del total con derecho a voto) o no votó (un millón 105 mil 213) o votó en blanco (295 mil 581) o anuló el sufragio (943 mil 235). Es decir, un total de tres millones 893 mil 486 de individuos que se expresaron así de vagamente.

En términos comparativos esta apatía electoral ha ido en aumento. Si para el plebiscito de 1988 la abstención total fue de un 2,69%, los blancos 0,90% y los nulos 1,30%, ya para las parlamentarias de 1997 las cifras suben a 13,70% de abstención, 4,37% de votos blancos y 13,54% nulos.

De más está decirlo, pero el grupo más apático es la juventud.

La participación del estrato más joven del electorado, entre 18 y 29 años, ha ido bajando progresivamente: de un 35,99% para el plebiscito de 1988, a 18,88% en las parlamentarias de 1997. De las tantas anécdotas que registran este progresivo distanciamiento entre jóvenes y políticos, la mejor la leí hace un par de años en *El Mercurio*:

> Señor Director:
> Hace dos fines de semana, en una entrevista en un canal de televisión le preguntaron al senador Sebastián Piñera por qué creía él que la juventud no estaba interesada en inscribirse en los registros electorales y menos aún en participar en política. El senador, con su gran capacidad oratoria, dio sus razones. Luego el entrevistador le preguntó qué opinaba sobre Venus. El senador se vio un poco confundido, pero luego respondió: «es un planeta que aprecio mucho» (sólo un político puede apreciar a un planeta). [...] Entre paréntesis, el entrevistador se refería al grupo rock Venus.

Por último, cabe señalar que el enjuiciamiento político moral es, a todas luces, desfavorable. En julio de 1995 un 68,9% opinaba que aún no se había logrado plenamente la reconciliación nacional. Otro estudio, esta vez de agosto 1995, revela que el 67% de la clase política, y sólo el 47% de los dirigentes sociales y el 51,82% del público piensa que se ha logrado parcialmente el establecimiento de la verdad sobre las violaciones más graves a los derechos humanos. La opinión fuera de Chile es coincidente. Según la ONU, todavía en 1996 Chile merecía seguir figurando entre los países que practican la tortura; recientemente el gobierno suizo ha denegado una extradición a un terrorista fugado por estimar que Chile no otorga suficientes garantías procesales.

Esa es la percepción general de la política y de los políticos. Ahora bien, ¿cómo ven los chilenos al país?

En términos globales pareciera ser que «la vuelta a la democracia» no ha redundado en mayores cambios para una gran mayoría. Lamento tener que citar otra encuesta más; es la manera cómo nos hemos llegado a conocer, y según la Secretaría General de Gobierno, cómo gobernar. En un sondeo de enero 1995, un tercio opinó que el país no permite surgir, es culturalmente «chato» y no se desarrollará en el futuro. Estimaciones para 1996 muestran que el 45% de encuestados cree que Chile está progresando, mientras que el 52% piensa que está estancado o en decadencia. En julio 1997, un 16,4% de entrevistados de Santiago Sur y Oriente manifestaron que la gente vive más feliz, mientras que 82,8% contestó negativamente. Con todo, el 53,6% sostuvo que en términos económicos el país estaba mejor *versus* un 45,6% que disintió.

¿A qué se deben estas disonancias? Pues bien, a que nuestro desenvolvimiento en estos años ha sido igualmente disonante. Macroeconómicamente hablando, nos ha ido estupendo. En los últimos diez años hemos sostenido un crecimiento de 7% anual. La riqueza se ha duplicado. Se ha reducido la inflación y el desempleo es de un 6%. Las remuneraciones crecen a un promedio de 4% anual. Las exportaciones suben en un 90%, las inversiones extranjeras en un 250%...

Nos hemos ido acostumbrando a los éxitos. En 1994 se nos pronosticó que ese año las ventas en informática nos acercarían al 2% de Estados Unidos. Al año siguiente, Chile se ubicó entre las diez economías emergentes con bajo nivel de riesgo para el inversionista extranjero; gran éxito y muy publicitado: ¡prepagamos la deuda externa! Las noticias de 1996 fueron aún más espectaculares. Ese año Chile se ubicó entre los países más competitivos; las proyecciones de crecimiento para el mercado inmobiliario destacaban que «desde 1981, el mercado de oficinas ha[bía] crecido en 21% cada año en promedio», pronosticándose que para 1996, se llegaría a un «crecimiento notable» de 58%; Disney Chile alcanzó ventas por US$ 60 millones; se anunció que el centro comercial más grande del Perú, Jockey Plaza, construido con capitales chilenos, requeriría una inversión total de US$ 50 millones, calculándose sus ventas en US$ 240 millones; ese mismo año, José Piñera invitaba a los Estados Unidos a imitar el sistema previsional chileno; Chile, se nos dijo también, exporta 30 millones de moscas a la semana tan sólo a Perú (no se especifican otras destinaciones), sobran las moscas; se calculaba que el tráfico aéreo hacia el año 2000 podría llegar a más de un millón de pasajeros entre Chile y los Estados Unidos... En los dos años siguientes, 1997 y lo que va de 1998, los resultados siguen impactando: US$ 120 millones en operaciones en Internet; crecimiento del consumo de carne en 114% en los últimos diez años; un 20% de la población activa opera un celular, siendo los clientes unos 700 mil; finalmente, se espera que el turismo genere US$ 1.200 millones este año...

Lo que de lejos más me impresiona, sin embargo, es el crecimiento del mercado de la imagen. Mi intuición es que es ésta la clave del *modelo*. Ya hacia fines de 1993 se nos informaba que en el período enero-octubre la inversión publicitaria nacional ascendía a US$ 500 millones, en 1994 a US$ 830 millones, y en 1995 a US$ 1.100 millones. Desde 1993 a 1996 se duplica el número de eventos internacionales realizados en Chile. Constantemente se nos anuncia que el país está por emprender campañas promocionales a un costo de varios millones de dólares en los Estados Unidos y Europa. Se dan en todo caso escenarios promocionales a escala menor. En un *boat-show* en 1996 se gastaron sólo US$ 180 mil; involucraba 22 embarcaciones, entre ellas tres cruceros para 10 personas, una piscina de 1.300 metros cuadrados en el club de campo de Carabineros en La Reina, que significó ventas por más de US$ 1.5 millón. A su vez, cabe recordar la inauguración del Alto Las Condes que congregó a 12 mil personas, participaron 500 mozos, 180 promotoras, 100 estacionadores de autos, y otras 50 personas: tramoyistas, bailarines y coordinadores.

En este caso se trató de una inauguración. Suelen darse los meros cambios de *look*. Cada año 3.500 chilenos cambian nombre o apellido. Entre enero y junio de 1997, los desembarques de ropa fueron de US$ 179 millones. Se venden anualmente cerca de US$ 400 millones en artículos de perfumería y cosmética. Hasta 1995, 5 mil personas habían sido atendidas en la exclusiva clínica plástica de Héctor Valdés. Según Andrés Benítez, qué duda cabe, Chile no es tropical; gracias a la llegada de los *yuppies chilenos* nos hemos ido convirtiendo en *los ingleses de América Latina*, «[...] basta subirse al metro para darse cuenta de ello: en los carros percibimos un silencio casi inglés», los ejecutivos usan camisas rayadas...[15] Carlos Orellana me recuerda el «delicioso» episodio aquel de Raquel Argandoña, un poco más *yanqui* y menos flemática que lo que admiraría Benítez, pretendiendo imponer la fiesta de *halloween* en Pelarco. *I´d like to be in A-me-ri-cá / O.K. by me in A-me-ri-cá / CHI-LE-is-in... / A-ME-RI-CÁAAA...* En calle Compañía es posible comprar una boa, sí, una boa, por algo así como $ 70 mil; son «la muerte» a la hora de los bajativos. Hace un año Christie´s y Amigos del Arte ofrecieron un «*Blind Wine Tasting*»; en esa ocasión le preguntaron a Mary Rose Mac-Gill cuán difícil había sido «concretar la idea»; su respuesta: «Al comienzo, costó que *penetrara*». Me cuentan que es un *must* tener crianza de caballos; uno los cambia como estampillas y se hace de nuevos amigos. Según Jack Alaluf:

> Hace 10 años pensar en un departamento de un millón de dólares o más era casi una locura. Hoy –si bien no es de lo más común– hay mucha gente que puede adquirirlos.

15. Escribo estas líneas, *pace* Benítez, mientras el general (R) Pinochet yace convaleciente en una clínica en Londres, bajo arresto, custodiado por Scotland Yard, en espera de ser interrogado por jueces británicos y españoles a fin de dilucidar su participación en violaciones a derechos humanos. El gobierno chileno insiste en la inmunidad diplomática del Senador Vitalicio. El Presidente Frei va a pedir una audiencia con S. M. don Juan Carlos para representarle esta situación tan vejatoria a la República de Chile, y para hacerle ver la inconveniencia que tendría para España el que no se reconociera la institucionalidad legada por el General Franco.

No deja de llamarme la atención, desde un punto de vista histórico, por cierto, el que Pinochet haya logrado aliar a dos tradicionales enemigos como Inglaterra y España, los peculiares ecos napoleónicos que tiene todo este *affaire* (Pinochet es un gran admirador del Emperador), y por fin, lo *colonial* que resulta el petitorio de nuestro Presidente. Confieso, también, que no puedo sacarme el sonsonete que me producen el *God save the Queen* y ¡*Viva el Rey, Muera el Mal Gobierno!*

Una alternativa más modesta es irse a vivir a Chicureo, lugar que le ha permitido a Sergio Villalobos Rivera «renovarse mentalmente». *Jet set, por qué no puedo ser del jet set / Jet set, yo sólo quiero ser del jet set / Es el sueño de mi vida.*

En efecto, el consumo conspicuo se ha convertido en signo de *status* y avance personal imprescindible. En palabras de la gerenta de Asuntos Públicos de una de las tantas multinacionales que operan en el país:

> Me encanta vestirme, me encanta la ropa linda. Me compro pocas cosas, pero buenas. Me gusta la armonía de colores, de líneas; me produce paz, dicha. Todo esto mientras no me consuma tiempo. Si es fácil y me produce agrado, adelante. Si no, ¡chao!

Confiesa haber sufrido una juventud llena de privaciones.

> Tuve una experiencia social difícil en el colegio [el *Villa Maria Academy*] porque todas mis compañeras eran mucho más ricas que yo. No recuerdo a nadie que tuviera casa a la que se entrara por el garaje, como tenía yo. Tenían piscinas, viajaban, iban a esquiar. En ese tiempo me sentía fea, me sentía densa. Nací con esa imagen porque mis hermanas eran preciosas, entonces trataba de compensar mi falta de atractivo físico y seducción ¡con ser tan inteligente!

Myriam Hernández, menos arribista aunque más *naif*, a propósito de su último relanzamiento, nos cuenta su «experiencia».

> Me corté el pelo hace un año, y obedece a un cambio personal. Si eso además le gusta a la gente, fantástico, pero no hay nada planificado. Fue para renovar. Es un cambio mío, una necesidad mía y es lo que me acomoda. Todos tenemos necesidad de cambiar.

Se sabe que Myriam no es la única que se ha *cortado el pelo*; se han cortado la barba, los bigotes, de un cuanto hay, los que sabemos, los que en su momento sembraron discordia y hoy cosechan *consenso. Un mechón de su cabello / su color carmesí / se borró con los años...* Así y todo, a la luz de estos testimonios de *renovación*, no deja de asombrar que el video más arrendado en 1997, según Blockbuster Video, haya sido «Mentiroso, Mentiroso». Seguramente, una pura coincidencia.[16]

Veamos la otra cara de nuestro maquillaje. La pobreza e indigencia han bajado de 45,1% en 1987 a 23,2% en 1996, es decir, todavía hay 3 millones 300 mil pobres. *Quiero decirle a un niño / de 5 años, que el viejo / pascuero no existe / que es su papá, y por eso / no recibió regalo de navidad / el año pasado.* Más de la mitad de los chilenos señalan que su ingreso les alcanza «justo» para vivir; el 18,5% reconoce que «no les alcanza». Según datos de 1990-1992, el 10% de los chilenos percibe casi el 50% del producto nacional; el 20% más pobre participa en un 3,3%, mientras que el 20% de la población de mayores ingresos obtiene el 60,4%. Aproximadamente 1.5 millones de familias poseen algún tipo de deuda de consumo con bancos, financieras o casas comerciales. *Tengo el bolsillo agujereado / Pero al menos tengo el rolex / Lo he logrado.* Estimaciones aproximadas prevén que sólo hacia el año 2015 se podría erradicar la pobreza.

El fuerte grado de inestabilidad de este cuadro todavía regresivo explica por qué cuatro de cinco chilenos dicen tener mie-

---

16. Un caso curioso de *renovación* es el de Renato Poblete, actual director del Hogar de Cristo. En los años 60 este sacerdote estaba vinculado a Roger Vekemans y era uno de los más exaltados religiosos de la época. Hoy organiza *cenas de pan y vino* a bordo de transatlánticos en los muelles de Nueva York. Consciente que ciertos chilenos en sus matrimonios gastan hasta casi dos millones de pesos tan sólo en flores, el señor Poblete promociona un servicio más módico. A propósito, conozco el caso de una novia que, hace unos años, dispuso de tres trajes distintos para el día de su matrimonio, según como se presentara el tiempo o bien su estado de ánimo. Otro caso interesante de *renovación* es el de un arquitecto que en su momento era un conocido exponente de la vanguardia modernista; hoy se especializa en casas de estilo *Georgian*. En fin, los ejemplos son infinitos.

do. Este miedo puede incluso llegar a niveles «top». Volvamos a nuestra deslenguada gerenta de Asuntos Públicos.

> La marginalidad no la he querido ni de lejos. No la soporto. Me encanta estar en el *mainstream*, chapoteo. Quiero ser importante, tener influencia; no quiero ser del montón ni mediocre. En esos mundos llamados alternativos me siento disfrazada. No me atraen las experiencias límites. Sacarse los zapatos, soltarse las trenzas, me da susto. No tengo espíritu aventurero. Mi horror a la marginalidad también está vinculado a la pobreza. No quiero ser pobre, no puedo. La pobreza me da pena. Pienso: qué esfuerzo, yo no sería capaz.

La angustia no es poca. Según la Organización Mundial de la Salud, en 1994, Santiago se adjudicó el dudoso honor de ser la ciudad con más trastornos mentales en el mundo. La Organización Internacional del Trabajo determinó que Chile, en 1995, era el país donde más horas se trabajan en el planeta; los rendimientos, es cierto, son comparativamente más bajos. En 1994 se calculaba que en Santiago habría más de 200 mil adictos a las benzodiazepinas, fármacos que provocan una rápida dependencia, y son usados para tratar la ansiedad, el insomnio y la gordura; un 42,9% de las personas habrían consumido alguna vez este tipo de droga, y en el 60% de los casos sin prescripción médica.

El estado de la salud en Chile está fuertemente condicionado por los niveles de ingreso que, como ya hemos visto, distan muy lejos de ser equitativos. La salud pública junto con la educación son el talón de Aquiles del modelo económico, situación que se arrastra del gobierno militar. Si en 1972 se destinaba un 3,5% del PGB al presupuesto de salud pública, esa cifra colapsó a sólo un 0,8% en 1989. Cada año mueren 15 mil personas por falta de cuidados intensivos. En 1996 existía un déficit de 1.500 especialistas médicos para el sistema público. La mortalidad infantil, según datos de 1992, puede alcanzar un 14,3% por cada 1.000 nacidos vivos.

Según el Ministerio de Educación, el 50% de las escuelas tiene mala infraestructura. El chileno medio destina sólo un 6% del presu-

puesto familiar a educación, mientras que gasta un 8% en vestuario
y un 27% en alimentación. Según la Cámara Chilena del Libro, en el
40% de los hogares chilenos no hay textos. Es más, un tercio de los
chilenos tendría problemas de escribir aunque supuestamente son
letrados. En un sondeo el 60% de los niños encuestados considera-
ron que la principal atracción de fin de semana era ir a Fantasilandia.
En abril de 1998 se decretó la suspensión de clases en ocho comunas
de Santiago a causa de la Cumbre de las Américas; había que dejar
libres las calles para que los mandatarios se movilizaran fácilmente.
Según un ex director de la Biblioteca Nacional, a ésta habría que
pensarla no como un centro de acumulación de libros sino como
«un centro de información». Los profesores perciben salarios menores que los de las empleadas domésticas.

La situación del medio ambiente es también preocupante.
Casi medio Chile sufre procesos más o menos graves de erosión.
Santiago está saturada por ozono; sólo en 1995 generó 26 mil to-
neladas de desechos peligrosos. Las estimaciones sobre destrucción del bosque nativo van desde 421 mil hectáreas a 959 mil hectáreas entre 1985 a 1994 según cálculos optimistas o pesimistas.
*Quiero cortar con una motosierra / los árboles milenarios de la plaza / y
venderlos como leña de ulmo.* Otro dato ilustrativo de nuestra calidad de vida: el 95% de los edificios de Santiago Oriente presenta-
rían problemas de escape de gases.

El informe sobre *Desarrollo Humano en Chile - 1998* del PNUD
es especialmente convincente en cuanto al aumento de inseguridad. La sensación de que la delincuencia crece con respecto al
año anterior va de un 59% de encuestados por Paz Ciudadana en
1993 a 74% en 1996. Según el CEP-PNUD (1997) un 17,4% de
encuestados ha sido objeto, una o más veces, de robo sin violencia en la calle en los últimos 12 meses; 6% con violencia en la
calle, y 6% sin violencia en el hogar. *Quiero solamente, advertirlos /
Cierren sus casas / acuesten sus niños / oculten sus perros / cuiden sus
discos / nunca se duerman / si están despiertos / tengan miedo / mucho
miedo.* Se estima que anualmente ingresan al país 20 mil armas,
preferentemente «de puño». En Las Condes hacia fines de 1996
se habrían instalado 5 mil «botones de pánico»; un año antes, el

alcalde Lavín aspiraba instalar 50 mil alarmas. En 1996 ya estaban operando alrededor de 52 cámaras de vigilancia en las calles de Santiago-Centro, Providencia y Las Condes. En junio 1996 el periódico informaba que se habían robado 14 chalecos antibalas.

Es más, cerca de dos mil chilenos mueren cada año por accidentes en la calle, en promedio más veces que en Europa o Estados Unidos. Se cursa anualmente un millón de partes. Se producen periódicamente fuertes desmanes callejeros en Santiago, en recintos universitarios o en estadios, por conmemoraciones o protestas; las celebraciones por la clasificación de Chile para asistir al Mundial de Francia '98 arrojaron un muerto, 22 heridos y 204 detenidos. Conste que un 64,4% de los encuestados recientemente por Adimark es de la opinión que los conflictos sociales irán en aumento este año, comparado con el año pasado. Se estima, por último, que habría una red de aproximadamente 20 mil personas a las que se les podría tipificar como «anarquistas».

La violencia subterránea es más difícil de medir, pero existen indicios de que puede ser mayúscula. Un estudio de UNICEF (1997) registró tan sólo un 22,5% de niños y niñas encuestados quienes no habían sido objeto de violencia familiar; se consignan cada semana 600 casos configurativos de violencia intrafamiliar. Cerca de 27 mil hogares estarían afectos a este tipo de violencia; en el 97% de los casos la víctima es mujer. Diariamente desaparecen 30 personas. De hecho, en el año 1996 se registraron 11.297 denuncias por presunta desgracia; conste que en Santiago mueren cada año alrededor de 24 mil personas. No está claro el número de suicidios y si éste aumenta o no; en todo caso, el promedio anual de denuncias es 950. Los chilenos prefieren, por lo general, ahorcarse.

Dentro de este cuadro general de inseguridad cabe destacar ciertos índices de impunidad. Sondeos tanto para 1991 como 1994 demuestran que menos de un 27% de encuestados consideran que la justicia funciona bien; cerca de un 70% cree que favorece siempre a los poderosos, y un 37% contesta que para gente como ellos la justicia simplemente no existe. Según la Brigada de Homicidios (1996), el 15% de los crímenes demora en resolverse. La evasión tributaria en 1996 fue del orden de US$ 4.500 millones. Se estima que actualmente 150 mil serían los casos de «colgados» al cable, al punto que ya no se le considera como un delito grave. La incidencia de radios piratas, hoteles y casinos clandestinos también crece.

Conjuntamente con este cuadro de inseguridad e impunidad se percibe una mayor desconfianza. Sólo un 4% de la población dice confiar en el resto de las personas y eso que en países escandinavos la cifra es superior al 60%. De todos los medios e instituciones la radio es lejos la mejor evaluada (84,3%), muy por encima incluso de la Iglesia (68,6%), diarios (64,9%), televisión (63,1%), fuerzas armadas (63,1%), empresarios (39,2%), para qué decir el poder judicial, el Congreso, los sindicatos y los partidos políticos. De hecho, se observa en el último tiempo un auge en programas interactivos radiales, siendo la tónica más bien de tipo testimonial si es que no impúdica. El chileno confía en sí mismo cuando se escucha, cuando oye su propia voz; parece que se está volviendo cada vez más ensimismado. Con todo, la capacidad de la televisión es extraordinaria. Se calcula que los televisores están encendidos diariamente unas 7 horas en los sectores socieconómicos altos, y 13 horas en los sectores de ingresos bajos.

Otra tendencia entre los chilenos que ha venido registrándose es cierta inclinación por lo irracional. Se calcula que el mercado total de los juegos de azar e hípica se ha empinado desde 5 millones U.F. en 1986 a cerca de 20 millones U.F. en 1996. Es más, lo esotérico y no convencional cunde como nunca, ya sea que se trate de adivinas, brujos, yerbateros, medicina alternativa, literatura nazi, lectura del tarot y cartas, quiromancia, y entre grupos jóvenes, al igual que en otros lugares del mundo, música satánica. A juzgar por ciertas ráfagas periódicas, la profanación de tumbas se ha convertido en verdadera plaga. Fascinado por el fenómeno, redacté hace poco una pequeña nota titulada «Gente Nueva» que me tomo la licencia de reproducir:

> En años recientes hemos tenido una racha. Comienza en La Ligua con más de 100 tumbas profanadas. Meses después, en Playa Ancha, abren el ataúd con un fierro (tipo diablito), decapitan el cadáver e intentan arrojarlo a una

quebrada. No pasan dos meses y hacen desaparecer la man-
díbula a un asesinado durante el Festival de Viña. Días después nos enteramos de una recién sepultada de 17 años en
Quilpué sometida a necrofilia. Otra vez dos meses y se nos
informa de 14 nichos destruidos en Punta Arenas y 3 nichos
abiertos en Quintero. Desaparecen los cráneos y dos de los
cadáveres corresponden a jóvenes trágicamente fallecidos.
Curioso también que en las tumbas se exhibieran los retratos de los muertos.

No me convence la sospecha de que todo esto tiene que
ver con el auge satánico o el fin del milenio. Intuyo algo más
sórdido. Nunca antes en la historia de este país el acto de
desenterrar y volver a sepultar ha estado tanto en la noticia.
Pensemos en O´Higgins, su madre y hermana, los héroes de
La Concepción que los llevan y traen, Allende, Alberto Hurtado, Neruda y los tantos caídos recientes. Que esto degene-
re en desvarío no es extraño. Sea lo que sea, en Chile no se
descansa en paz.

La morbosidad del chileno puede que sea de siempre pero, a juzgar por estos nuevos antecedentes, va *in crescendo*. Están de moda
los cementerios-parques, más de 50 en todo Chile. Uno que otro
ofrece «atención integral». *Quiero reventarte los sesos / y peinarme
con todos tus huesos.* Con frecuencia en las esquinas de los periódicos, como a escondidas, nos topamos con nuevos hallazgos de
osamentas. Nada de raro en ésta *o la tumba será de los libres*; claro
que el *tic* periodístico, eso de que se tenga siempre que hacer
especial hincapié en si la data de muerte es o no inferior a 25
años, resulta un tanto autoincriminatorio.

En fin, cuesta morir en Chile, no así desaparecer y esconder-
se en la memoria hasta que lo desentierren a uno para después de
un tiempo volverlo a enterrar. En el entretanto, penan las almas,
penan los muertos, penan... *en la sala de parto, en los bancos de escuela, en las boletas de compraventa, en los muros, en las olas de las
playas, en las calzadas, cuando eligieron a la Bolocco, a la sombra de
Baquedano, en los entrepiernas, en los zaguanes de La Moneda, en los*

potreros y rodeos, leyendo a Suskind, a la mira del cóndor, recordando a J. F. González, mientras vemos un Gil de Castro y se elevan los helicópteros, en los soldados rosas enfilados en perspectiva, en la fotocopia de una fotocopia de una fotografía que a veces también desapareció, en el perfil aquel reflejado en el espejo...

Es y no es

Es que ocurre que entre nosotros, a menudo, no olvidamos. Ocurre también que recordamos para olvidar como cuando nos fabricamos un mundo profiláctico a partir de una imagen idealizada y nostálgica de la tradición y de ese modo escaparnos del presente que nos tiene tan pero tan sumamente angustiados. En efecto, en estos últimos años hemos debido soportar, con no poca paciencia, la peor *revancha tradicionalista* de la que se tiene memoria.

A juzgar por cierto periodismo, la Iglesia, la moralidad católica, el Papa, los prelados, los laicos comprometidos, son nuestro único norte espiritual, no hay salvación posible fuera de esas coordenadas. La cruzada ha producido efecto. Chile en estos años se ha *convertido* en un verdadero Purgatorio.

–¿Despenalizamos el adulterio?

–Es un tema demasiado delicado por todas las implicancias que tiene. Tiene implicancias morales, religiosas, familiares, sociales; en fin, es un tema muy serio.

–No me está contestando. Le repito. ¿Despenalizamos el adulterio?

–Bueno, si usted insiste. Para serle franco, por ningún motivo. Eso es tender una trampa a la gente débil en la fe. Si se empieza con este primer paso, se va a terminar legalizando después el aborto.

–Quizá sería bueno reformar la ley e introducir, como en el resto del mundo, la posibilidad de un divorcio vincular.

—*Absolutamente improcedente. Atentaría contra la familia, la célula básica de la sociedad, y eso conducirá a su desintegración.*

—Y si modificamos la ley e igualamos a los hijos, sean éstos legítimos o ilegítimos.

—*La madre legítima no lo aceptará como lo hace con los hijos propios porque ello implica dar entrada a la intimidad y privacidad a un descendiente del marido y de la conviviente, cualquiera haya sido la fecha de sus relaciones. ¿Para qué imaginarse situaciones que nunca serán realidad? Es increíble pensar que una mujer casada va a aceptar impunemente esta situación paralela a la suya debido a que su marido formó 'pareja' en alguna época con esa mujer. Esta trilogía del hombre casado con dos mujeres de status jurídicos diferentes no sólo es peligrosa para la estabilidad del matrimonio, sino contraria a la moral familiar.*

—Veo que conoce el tema. Vamos a otro. Hace tiempo, en mala hora, me atreví a sugerir la necesidad de una ley de aborto por razones de salud pública. Recibí después un recado de un conocido abogado. Mandaba decir que por favor señalara fecha y hora para que se me desconectara de los tubos. Aparentemente pensó que yo me había referido a la eutanasia. Aparentemente... Mi pregunta: ¿Por qué no reintroducir el aborto terapéutico tal como existía tiempo atrás?

—*¡Cómo se le ocurre!*

—Se habla cada vez más de «género» e incluso se sostiene que existiría «igualdad» de género entre el hombre y la mujer. ¿Qué le parece?

—*Esta es una noción ambigua. Dios creó al hombre y a la mujer, no creó 'géneros' influenciados por la sociedad y la cultura. Este proceso de eliminación de todas las diferencias entre los sexos constituye una verdadera reconstrucción social y cultural. ¿No será que se pretende dar status social a la homosexualidad, al lesbianismo, a hermafroditas o a otras tendencias no normales? Con este tipo de terminologías rebuscadas lo único que se intenta es dislocar la sociedad y la humanidad. Lo más probable es que esté Gramsci detrás de todo esto. Si nos dejamos llevar por las modas nos encontraremos con que pare-*

*jas homosexuales adoptan niños y los mandan a hacer 'in vitro',
lo cual, aunque suceda, es una aberración. Debemos proteger a
la mujer...*

—A propósito, ¿cómo definiría usted a la mujer?

—*Por favor no me interrumpa, le estoy contestando. La mujer,
centro de la familia y de la sociedad debe, debió y deberá ser razón
de unidad, en especial su esencia, dignidad y mayor atributo: 'la
procreación'.*

—Concordará conmigo que ésa es una postura sumamente conservadora.

—*Es la postura de la Iglesia.*

—Estoy consciente que es la postura del Papa, pero no
digamos que el Papa es particularmente avanzado en mate-
rias de moral.

—*Protesto su descalificación del Sumo Pontífice. Debo hacerle
presente que la moral no distingue entre conservador y progresis-
ta. Esta postura es transversal. Nadie puede discutir que son temas en los cuales estamos de acuerdo —diría— el 99% de los chilenos, porque se trata de valores chilenos.*

—Tiempo atrás se instaló una máquina expendedora de
preservativos en la Facultad de Derecho de la Universidad
de Chile. ¿Qué opinión le merece?

—*Concuerdo plenamente con la sabiduría que inspiró a la autoridad. Déjeme leerle lo que en esa ocasión se decidió: «En sesión
extraordinaria celebrada el día [...], el Consejo de la Facultad tomó
conocimiento [...] y acordó unánimamente lo siguiente: 1. Representar que este hecho hiere innecesariamente la sensibilidad de parte
de la comunidad universitaria [...] 2. Hacer un llamado a la prudencia de los alumnos a objeto que se restablezcan los principios
quebrantados con su actuar [...]»*

—Ya se ha referido a la homosexualidad, pero ¿qué hacemos con los homosexuales?

—*De acuerdo a los sentimientos morales y éticos compartidos
por la mayoría de la sociedad, la homosexualidad, la droga y la
violencia son conductas inmorales, aberrantes o desviadas. Si se
quiere cambiar esa apreciación, nosotros queremos estar alerta para*

defendernos. Insisto, la sexualidad desintegrada, artificializada, despersonalizada, es una bomba de tiempo.

–Pero ocurre que vivimos en un mundo cada vez más plural y tolerante.

–No hay nadie relativista. Nadie. Todos creemos en el Derecho Natural, inclusive quienes lo niegan cualquiera sea el griterío moderno o postmoderno. El punto, que usted no parece entender es otro: ¿Qué dejaremos a las futuras generaciones respecto a la familia? ¿Su fortalecimiento o su deterioro? ¿Caos u orden social?

–Se han hecho intentos de educar a los jóvenes...

–Perdóneme. ¿Usted se refiere a las llamadas Jornadas de Conversación sobre Afectividad y Sexualidad? ¿Las J-O-C-A-S?

–Claro que sí.

–Un horror. Pienso que las JOCAS no sirven para nada, en cualquier forma que se hagan. Para decirles a niños y niñas, de 10 años arriba, que el 'sexo anal' es una 'opción voluntaria de cada uno'; que masturbarse es un 'mal menor'; 'ni bueno ni malo'; que las 'lolas' están 'maduras' para el sexo 'a los 16 años y otras cosas similares'. Yo le pregunto a usted: ¿Qué le parece que hagan una representación en el colegio de su hija donde al profesor lo acosan doce alumnos con carteles que dicen SIDA, hasta que lo rescata un muchacho disfrazado de 'Super Condón'?

–Tengo entendido que la situación ha cambiado. En un artículo en *La Tercera* el periodista Juan Andrés Guzmán describe lo que están haciendo ahora: «Sobre el escenario hay una muchacha vestida de mimo que revolotea al ritmo de una música suave, recoge una flor, la huele, da saltitos sobre el escenario disfrutando de la vida. Luego aparece otra chica también mimo, pero mala. Por un momento, el auditorio teme sobre el tipo de acto que pueden realizar dos jóvenes en la inauguración de un programa sobre sexualidad y afectividad. Pero la duda se resuelve pronto. No hay caricias poco pías, sino simplemente [...] el mimo malo ahorca prolongadamente al mimo bueno con una cadena. El mimo bueno muere. Luego resucita y el malo trata de matarlo de nuevo. Y así siguen, hasta que el bueno logra la conversión del malo [...]

El auditorio estalla en aplausos». Como puede ver, han cambiado. ¿Qué le parece?

–*Edificante.*

–¿Estaría de acuerdo con que el país se ha vuelto más tradicionalista?

–*Algunos dirán que somos 'fomes´, 'pacatos´, 'conservadores´. Yo prefiero entenderlo como pudor.*

–¿Históricamente, siempre hemos sido así? Después de todo, tenemos toda una tradición liberal.

–*Parte muy importante de la construcción de este país fue hecha por los liberales, en términos políticos, pero habría que preguntarse si acaso todos los liberales no eran casados con mujeres activamente católicas. Sería maravilloso.*

–Hay historiadores que cuestionarían su hipótesis.

–*¡Me dicen a mí qué es historia!*

–Cambiemos de tema. ¿Cómo cree que afecta el postmodernismo al mundo de la fe? ¿Hay confusión entre los fieles?

–*Hay de todo, está el 'new age´ que se ha metido por todas partes. El vestir descuidado, por ejemplo, facilita el lenguaje grosero entre las mujeres... Hay confusión, sin duda. Como dice..., discúlpeme, justo se me olvidó el nombre, no importa. Fulano dice que todo se echó a perder desde que las mujeres empezaron a usar pantalones y los hombres se dejaron el pelo largo. Por eso aplaudo a la Universidad XXX que prohibe a estos melenudos. Comienzan así y después ¿qué? Es Occidente, después de todo, lo que está en juego.*

–Esa confusión de usted..., perdón... quiero decir, de que usted habla, no explicará quizá el que seamos tan hipócritas.

–*¡Por favor! La hipocresía hay que interpretarla con cierta finura analítica. Como dice el viejo adagio: 'La hipocresía es el tributo que el vicio le rinde a la virtud´. La hipocresía tiene un cierto sentido de equilibrio social* –se ríe, sin que se le mueva medio pelo.

–Por último, me podría decir ¿a qué aspiran con esta cruzada?

—Muy simple. Tenemos la posibilidad histórica de que Chile sea la vanguardia mundial en cuanto a matrimonio y familia se refiere. Chile puede más.

Pero en el fondo, ¿cómo les ha ido con la cruzada? Bien en cuanto a difundir esta visión moralizante, menos bien a la hora de concordarla con la realidad. La realidad en una sociedad tan subterránea como la nuestra, tan «pudorosa» como se ha dicho, es más compleja.

Pasa con la postura tradicionalista que ha terminado por transformar su axiología en un vehículo del deseo fantasioso en un doble sentido. Por un lado sus exponentes se atrincheran en un mundo aséptico, donde los valores se ofrecen como sucedáneos fugaces de una realidad en crisis y decadencia, pero, por el otro, es tal su insistencia, su obsesión que, en verdad, se aproximan, colindan, se *rozan* peligrosamente con esta *otra* realidad intermedia: la que *es y no es*, se quiere y no se quiere. Un buen ejemplo es la palabra «condón». Hasta no hace mucho no aparecía en la prensa, no existía. Claro que, después de un tiempo, cómo no usarla, como prohibirla, esto de seguir vetándola sin nombrarla era complicadísimo. El pecado hay que identificarlo. Pues bien, ya nadie evita el término; todos nos hemos enterado. En el mundo auténticamente tradicional podía no hablarse del condón, en el tradicionalista, como el actual, se le prohíbe. Ciertamente un avance. Emerge el condón.

BUENOS AIRES, 25 [junio 1996] (AFP). *Los negociadores técnicos del Mercado Común del Sur (Mercosur) evidenciaron un alto concepto sobre la virilidad de los varones del bloque al establecer medidas mínimas de 16 centímetros de largo y 4,4 de ancho para los condones que circulen en el área, se informó hoy [...] EL GRUPO definió al preservativo como «un instrumento a ser usado sobre el pene erecto durante la relación sexual, con la finalidad de [...]*

Y así sucesivamente. En Chile, por ejemplo, no debiera haber adulterio. El punto insoslayable y clave es que su incidencia es probablemente alta. Un 71% de los hombres y 44% de las mujeres, según un estudio de Conasida-Time (1993), dicen haber tenido varias parejas.

¿Debiéramos o no tener una ley de divorcio? Mejor dicho, ¿existe o no «divorcio» en Chile? Vamos viendo. Encuestas hablan de un 72% de personas que estarían por un régimen de divorcio vincular, y de 85% que se manifestarían a favor de legislar; y si bien existen encuestas que registran porcentajes menores, hay estudios que sostienen que una abismante mayoría (90%) estaría a favor de un divorcio por mutuo consentimiento. En 1993 se estimaba que cada año se producían 10 mil separaciones. Las nulidades crecen a un ritmo de 10,7%, pasando de un total de 5.144 en 1987 a 6.004 en 1992. Se habla también de más o menos 20% de separaciones conyugales en Santiago.

Lo crucial, en todo caso, es que en Chile, no obstante haber un 53,1% de familias «nucleares» (padre y/o madre y los hijos), un 21,6% tiene como jefa de hogar a una mujer (1993). Datos sobre familias monoparentales registran algunos cambios últimamente; en los censos de 1970 y 1982 suben de un 17,6% a 24,5% respectivamente, ascendiendo a un 28,5% en 1989. Otros estudios demuestran que más de un 25% de niños declara no vivir con ambos padres. Es más, el número de separados y anulados crece de 2,7% en 1982 a 3,82% en 1992. Conste que la tasa de crecimiento anual de «convivientes» aumenta considerablemente, y eso que el ritmo de crecimiento de los casados en iguales períodos se mantiene más o menos igual; la de los «convivientes» va de 1,22% en el período 1960-1970 a 5,74% entre 1970-1982, hasta llegar a 7,10% entre 1982 y 1992.

A esto habría que sumarle el que se esté constatando un 42% de niños que nacen fuera del matrimonio. La cifra en 1990, sin embargo, era de 34,5%, y en 1960 de 15,9%. Cualquiera sea el caso estamos hablando de tasas significativamente más altas que en Francia (31%), el Reino Unido y los Estados Unidos (30%), o Alemania (15%). En 1993 se calculaba que el 15% de los nacidos tenía madre menor de 19 años. Se estima que podría haber alrededor de 40 mil embarazos de adolescentes cada año. Un 62,6% de jóvenes, además, se supone que mantendrían relaciones sexuales premaritales; otro dato que suele aparecer es que los chilenos se estarían iniciando sexualmente a más temprana edad que los suecos. *[Quiero] hacerte gatear en la cama / dejarte ladillas como recuerdo / quiero solamente que me / comprendan.* Se calcula también que el ritmo de crecimiento de contagiados por el SIDA crece en un 28% anual. Cabe señalar que respecto al número de abortos la cifra más frecuentemente citada es de 140 mil anuales. Una estimación moderada del número de violaciones concluye que se producirían alrededor de 26 mil por año, de éstas 44,8% corresponderían a situaciones intrafamiliares, y un 53,5% de los casos tendría como víctima a menores de edad. *Profanador de cunas / te crees novio / de kindergarten / Las conquistas / con chocolate / Los flippers / Ubícate.*

A pesar del carácter especulativo de muchas de estas cifras y, por ende, su probable margen de error, igual impactan, no poco porque estarían desvirtuando las visiones más conservadoras sobre el tema de la sexualidad y de la familia. Es más, muestran un alejamiento de la normativa legal vigente, al punto que ésta se delata ineficaz. Comparten, además, con datos ya citados sobre violencia, apatía y angustia social cierta tendencia a exponenciarse en «silencio» por así decirlo. No hay plena certeza respecto a lo que nos está diciendo. Son vagas y estimativas. Conforme, pero ese mismo carácter nebuloso las vuelve tanto más inquietantes. Evidencian un distanciamiento progresivo entre la realidad que por un lado a duras penas entendemos y, por el otro, desbordan nuestros paradigmas, nuestras aproximaciones valóricas o normativas. En el fondo, están dando cuenta de un mundo que es y no es, que no termina por emerger plenamente de su mutismo pero que tampoco es recogido y comprendido en toda su variada complejidad. De ahí que desborden, hacen las veces de una cascada sintomática de algo. ¿De qué? No se sabe aunque se intuye.

Otro tanto cabría decir de la mujer. ¿Qué sabemos? Que es discriminada, que ésta es una sociedad fuertemente autoritaria, y que en este plano hay nula democracia. En 1990 sólo un 31,8% del total de mujeres de 15 años o más trabajaba por un sueldo, comparado con un 75,1% para hombres. Según la OIT, las mujeres ganan casi un 38% menos que sus pares masculinos, mientras que en los sectores más pobres apenas logran la mitad de lo que perciben los hombres. Sólo un 7,2% son parlamentarias, siendo el promedio mundial de 12,9%. Sólo el 18,9% ejercen puestos de gerentes, administradores o directivas. El 45% trabaja como empleada de oficina o vendedora. De las que trabajan sólo un 27% son madres. Un 54% de encuestados de ambos sexos están de acuerdo que la mujer que se queda en casa es mejor madre. Otro 52% opina que la razón principal porque las mujeres no trabajan es porque al marido no le gusta. En cuanto a los casos de violación, sabemos que la mayoría de las víctimas corresponden a mujeres. Y ¿qué es lo que no sabemos? Pues, obvio; no tenemos idea de lo que va a ocurrir cuando dejemos de ser tan provincianos.

La juventud es otro de estos flancos que abren un sinfín de interrogantes. Hemos dicho ya que es políticamente apática y sexualmente precoz. Pero hay más. En 1993 se calculaba en 2 millones los niños y adolescentes que vivían en pobreza. En cuanto al maltrato infantil, se estima que un 63% de niños chilenos son víctimas de violencia física, y 34% habrían sufrido agresiones graves. El desempleo juvenil en el estrato entre 15 y 19 años asciende, en la actualidad, a un 21,3%, más de tres veces el promedio general. Cerca de la mitad de los jóvenes que trabajan carecen de previsión. Según cifras de 1997, 10 mil niñas y niños, si no más, se prostituyen en el país. A su vez, la mitad de la población penal es menor de 29 años.

Las estadísticas sobre el consumo de droga son altamente preocupantes. Según una encuesta, más de la mitad de la población juvenil regularmente ingiere alcohol. Otra encuesta sostiene que un 72% de la población escolar habría consumido alcohol alguna vez, el 13,2% marihuana, el 3,6% pasta base, el 2,1% cocaína y el 12,6% tranquilizantes. El muestreo más alarmante que conozco concluye que un 62% de los entre 20 y 24 años en el Gran Santiago fuma marihuana, y un 22% entre 15 y 19 años consume neoprén. Se ha dicho también que entre un 2% y 3% tendrían problemas graves de habitualidad y posible dependencia con droga. Es más, casi dos tercios de la pasta base es ingerida por menores de 25 años.

En encuestas los jóvenes entrevistados declaran llevar una vida sexual activa, sin embargo la mitad no estaría usando anticonceptivos. Un 80% de los niños no reconocidos son aportados por adolescentes. *Quiero acostarme con la hermana / de mi mejor amigo y decirle / al papá que ella no es virgen / y que no puedo reconocerle / el hijo, porque dudo que sea mío / la idea es que toda su familia / la presione y ella aborte... / quiero solamente... que me / comprendan.* Cabe destacar que las tasas de suicidio aumentan y se concentran peligrosamente entre los 15 y 24 años. Suelen también ser menores las víctimas más frecuentes de accidentes de tránsito.

El 80% de los jóvenes declara no formar parte de ninguna organización. Con todo, según el Instituto Nacional de la Juventud, más de un 20% de los jóvenes entre 15 y 24 pertenecen a «pandillas». Algunos de estos grupos tienen un claro tinte anarquizante. *Quiero esparcir mi Veneno / por toda esta vil sociedad / Esta noche ando trash.* Para «Epha», grupo que operaba en el mundo universitario allá por 1991, su propósito no era otro que «descartuchar ojos y oídos; para ello utilizamos el sexo, el alcohol y las drogas, que es parte de lo que más espanta». Otro de los tantos principios que inspiran a «Epha» lo resume el lema: «Moderniza, mata a un viejo». Esto último es particularmente inquietante toda vez que encuestas recientes revelan que la población chilena envejece a pasos acelerados, estimándose que en el 2050 un quinto de los chilenos tendrá 65 años o más. Reconozco que mi único consuelo es que, para ese entonces, los miembros de «Epha», si es que han sobrevivido su desmesura, ya se encontrarán dentro del grupo etario actualmente «amenazado». Claro que igual habrá que precaverse. Los que tenemos 40 y tantos años seremos presa fácil de los profanadores, si es que esos *otros* continúan proliferando.

Con todo, hay signos que demuestran que la juventud no es cien por ciento marginal. Es altamente proclive a consumir. Puede que sólo un 40% de jóvenes encuestados declaren leer en su tiempo libre, 46% confiesen aburrirse, y sólo un 9% escuche música clásica, pero mayoritariamente gastan en movilización, colación, bebidas y cigarros, son adictos a música popular, se manejan como nadie en el espacio virtual y han hecho de la televisión su segunda conciencia. En efecto, según un sondeo, tres quintos aseguran que *aprenden* de la publicidad televisiva y que ésta les ofrece todo tipo de orientaciones. En definitiva, por muy *sin sentido* que sean, son cooptables; en no poca medida, el mercado se encarga de integrarlos a su manera. Tienen, además, menos trancas sociales que sus mayores; a primera vista, al menos, suelen ser cada vez más indiferenciables en cuanto a origen. Y, de ofrecerles condiciones adecuadas, su sensibilidad a menudo absurda puede llegar a transformarse ocasionalmente en creatividad de las más poéticas y surrealistas. *¿Sabía que mi amiga escoba / se quedó sin plumas / Mi amigo el pájaro / floreció / La mermelada está con pelo / Rasch salió con fósforos / y el agua era pipí?*[17]

Contento, Señor, contento

Y ¿qué tan auténticamente católicos realmente somos? Esto también es contradictorio. Por un lado se nos hace ver el enorme poder de la Iglesia a través de los medios de comunicación, su autoridad se hace sentir, y la confianza que produce se sabe que no es poca. Con todo, existe evidencia que apunta a lo contrario.

De lo que no cabe duda alguna es de su capacidad de movilización. El vuelco decisivo se habría producido con la venida del Papa a Chile en 1987. Así y todo, en esa ocasión, las manifestaciones desatadas en el Parque O'Higgins seriamente amenazaron, a cien metros del altar, la seguridad personal de Su Santidad, y en el Estadio Nacional miles de jóvenes respondieron con un rotundo «NO» el llamado pontificio a renunciar al sexo. Quizá sea esta *contradicción vital* que presenta el panorama chileno «religioso» lo que en definitiva explique la vehemencia desplegada por algunos personeros en estos últimos años.

El caso de monseñor Jorge Medina Estévez no tiene paran-

17. Poema de mi hija Emilia.

gón. Entre 1993 y 1996, reclamó para sí y obtuvo una cobertura desmesurada. Frente al tema de los derechos humanos, opuso el derecho de los «niños asesinados antes de nacer», *Nos despedazaron, nos ahogaron, nos envenenaron, con la frialdad de un verdugo. Por nuestra muerte se pagó dinero [...] Botaron a la basura los pedazos de nuestros pequeños cuerpos, o los quemaron en un incinerador, para que no quedara rastro de nuestro asesinato [...] ¡Que nuestro grito salve a otros niños!* Se mostró también proclive a una ley de Punto Final y declaró que no siempre es moralmente obligatorio expresar públicamente el perdón. Las emprendió en contra de la política sobre sexualidad del Ministerio de Educación, exigió que se aplicara severidad ante un caso de *strip tease* masculino protagonizado por alumnos en la Universidad Católica de Valparaíso, envió revistas pornográficas al Presidente de la República, llamó la atención respecto al número creciente de moteles en Concón, se enfrascó en polémicas extendidas con parlamentarios y con La Moneda, con esta última por cuestiones estrictamente protocolares que supuestamente habrían ofendido su dignidad... En fin, no hubo tema en el cual no reparó a fin de hacernos ver que «la secularización es, en el fondo, atea» y que «la astucia del demonio» estaría detrás de todo. En septiembre de 1996, por fin, partió a Roma a desempeñar un alto cargo en la curia vaticana, pero desde ese entonces vuelve periódicamente; en agosto `97, por ejemplo, se manifestó altamente conforme con la nueva versión de las JOCAS, con lo cual nos enteramos de su nuevo tenor.

Evidentemente son las posturas más conservadoras dentro de la Iglesia las más estridentes. Lo que no está claro es si dicha estridencia es fruto de una indiscutida hegemonía o bien de que el mundo crecientemente secularizante la está acorralando, marginando y obligando a una postura desmedida. En efecto, quizá lo más interesante a la par que paradójico del discurso de monseñor Medina es su propia contradicción interna. Admite esta doble lectura. Por lo mismo que es destemplado pareciera estar dando cuenta de una crisis de paradigmas, reflejando mejor que cualquier otro índice que la sociedad transita silenciosamente hacia *otra* realidad, por cierto amenazante, pero no por ello menos vital, creativa y efervescente. Que nadie salga al camino a este integrismo no resulta tan crucial. A la larga, es *el silencio el más fuerte.* O bien, el mero efecto surrealista que suele producirse, el que por un lado las posturas conservadoras parecieran ufanarse de su triunfalismo, pero, igual, deban hacer un extraordinario esfuerzo para llegar a las estructuras cupulares a través del andamiaje que les brinda el poder mediático.

El mejor ejemplo lo proporcionan los niveles de paroxismo generados a raíz de la canonización de Juanita Fernández en 1993. Dos aviones Boeing de la FACH, transportando a la comitiva oficial, despachados a Roma para la ceremonia; un total de 630 kilos de equipaje tan solo en obsequios y reliquias; dos mil peregrinos en otros tantos vuelos; venta de paquetes turísticos, *rutas de religión* de acuerdo al principio de que *se puede viajar rezando y rezar mientras se viaja.* Una vez allá: despliegue televisivo, vigilias y apreciaciones estéticas de Gabriel Valdés: «Ha sido uno de los momentos más lindos de mi vida... La ceremonia es la más hermosa que se realiza en el mundo». En palabras igualmente emotivas del Secretario de Estado del Vaticano, monseñor Angelo Sodano, es la patria, es la patria, gracias a Dios:

> En ella aparece, sobre el azul inmenso del océano, la figura purísima y grácil de una gaviota. Abajo ruge la espuma de las olas con sonidos que aluden a la condición dramática de la creación y del hombre. En la altura, la gaviota nívea, evoluciona en círculos gloriosos con regia serenidad. Y, tal vez, lo más decidor sea que el ave no se agita para dibujar ese recorrido. Solamente se deja llevar por la brisa marina [...]

Lo que es acá: más y más vigilias, en una de ellas un mapa de Chile anteriormente despedazado en el escenario para luego ser exhibido milagrosamente intacto como el «mapa de Chile resucitado» hacia el cierre de la ceremonia; un año antes andinistas chilenos ya habían enterrado en la cumbre del Everest un pequeño hueso de Santa Teresita... Luego la «llegada» de la Santa al son de un himno compuesto especialmente para la ocasión, también un *video clip*, «religioso por un lado, comercial por otro [...] desde la gente y para la gente [...] algo como la fe» (palabras de su creador); disputas entre los municipios de Los Andes y de Rinconada, con debida mediación del obispo, a fin de determinar a quién realmente le pertenece la Santa; invitación «a Fieles a Acompañar a Santa Teresa en su Recorrido por Santiago»; viaje en tren de la Santa con una locomotora a vapor de 1952. *Lágrimas en los rostros de campesinos curtidos por el sol, ancianos, huasos de la zona de rodillas aguardando el tren, niños haciendo su Primera Comunión en horas de la mañana y esperando con sus albos atavíos el paso de la Santa, para ser presentados a ella por sus padres y cantarle con toda su candidez, señoras recitando versos, mientras otros escolares ejecutaban bailes nortinos o «diabladas», pies de cuecas, esquinazos, Canción Nacional, la declaran «Hija Ilustre», le cambian el nombre a la avenida Sarmiento en Los Andes* (la gran revancha)... *Jamás podría haber imaginado esto. Ella llegó sola, como cualquier pasajero, y hoy vemos con la emoción con que se la recibe. Esto es algo grande que traerá bendiciones para todos... ¿Cómo es posible? Una santita tan pura, chiquitita, tan finita, tan nadita...*

Efectivamente, ¿cómo explicarlo? Es que «la gente, nos dice Hernán Larraín Fernández, no se equivoca [...] De acuerdo al lenguaje de moda, ella podrá no ser `moderna´, ni tampoco `postmoderna´ ni nada parecido. Pero es más que eso. Es una santa. Es el modelo. Y su autenticidad es lo que explica la sintonía espontánea de los chilenos con esta joven mujer.» Y más... Según el sacerdote Rodrigo Tupper, «en tiempos pasados» la misión de la Iglesia «fue el estar cerca de las personas cuyos derechos humanos fueron violados», en cambio, «hoy, la Iglesia *quiere estar atenta para hacer un buen signo, acorde a la sociedad en que vivimos*» (el énfasis es mío). Pero mucho más...

cuando Chile se encuentra en una encrucijada decisiva, por una nueva cultura que emerge; por el camino que hace hacia una plena democracia y por la necesidad de renovarse, convertirse y reconciliarse, nos advierte el obispo Manuel

Camilo Vial, *Teresa nos previene para no dejarnos llevar por espejismos* (El énfasis es mío).

En efecto, ¿de qué *espejismo* exactamente se nos habla? En 1993 había en el país 2.118 sacerdotes, mientras que en 1969 existían 2.784. En otras palabras, en 1969 había un sacerdote por casi 3 mil quinientos habitantes, mientras que hacia 1993 la proporción se había doblado: un sacerdote para casi 6 mil quinientas personas. La Iglesia, por cierto, es la que está más consciente del problema. Ya en 1996 monseñor Oviedo señalaba que si bien el 76,7% se declaraba católico, sólo el 6% de los católicos estaría yendo a misa los domingos; es más, sólo un 8% estaría cancelando su aporte mensual, la Contribución a la Iglesia (el CALI).

No serían éstas las únicas limitaciones estructurales que la estarían atormentando. Por de pronto, en el mismo campo religioso la competencia de las «sectas» evangélicas es alarmante. Si bien se barajan distintas cifras, se estima que los datos del último censo, que calculaban la población «evangélica» en 13,3%, han sido sobrepasados con creces. De hecho, según fuentes evangélicas, su número real hacia 1992 se aproximaba al 24% de la población nacional. En efecto, su tasa de crecimiento en estos últimos años sería de un 5%, mientras que el número de católicos habría decrecido en casi igual proporción. De hecho, el gobierno estima que hacia el año 2000 llegarán a representar el 30% de la población nacional.

Espejismo o no, las posturas de corte conservador tanto políticas como religiosas han sido extraordinariamente exitosas a la hora de imponer censura en el país. Han logrado prohibir la exhibición de películas de Woody Allen, Pasolini, Fellini, Bertolucci, Goddard, Pablo Perelman, Ignacio Agüero y recientemente el caso más bullado, «La Ultima Tentación de Cristo» de Scorsese, extendiéndose dicha prohibición a los «videos y otros soportes similares». Otro tanto se puede decir de la televisión. En palabras de Pablo Ruiz-Tagle,

el actual Consejo [Nacional de Televisión] ha desarrollado una estrategia que consiste en confiar y apoyarse en la autocensura de los concesionarios y permisionarios con el objeto de hacer imperceptible y dar la ilusión de que en realidad ésta no existe.

Conste que desde 1994, el número de sanciones propiamente tales de parte de este organismo aumenta. La censura de libros también ha sido notoria, como lo demuestra el igualmente publicitado caso de *Impunidad diplomática*, asentándose en este caso la jurisprudencia de que la libertad de información es una garantía constitucional de baja consideración toda vez que se encuentra en el numerando 12 del artículo 19... Sin comentarios. En definitiva, espejismo o no, hacen sentir su poder. Me basta con lo que dice Ruiz-Tagle: «Nuestra realidad chilena [es] de continua y solapada censura y autocensura».

A pesar de todo lo hasta aquí reseñado, y eso que me podría extender aún más, pienso que hay suficientes motivos como para no desfallecer. Se puede ser moderadamente optimista.

Estamos aún bajo un régimen cívico-militar, la política sigue fuertemente desprestigiada, la vulgaridad exitista todavía ejerce embrujo, lo más probable es que no hayamos visto aún el fin de la revancha tradicionalista... Con todo, cómo no reconocerlo. Hemos estado infinitamente peor. Hay buenas perspectivas económicas. Variables fundamentales, en particular la juventud, siguen estando todavía abiertas, nadie hasta ahora ha podido *hincarles el diente*. Por último, la cultura muestra cierto grado de efervescencia no despreciable.

La cultura en sus dos registros. La popular se está volviendo fuertemente virtual y masiva, y, en verdad, no sabemos a ciencia cierta qué significa eso. La más ilustrada también manifiesta cierto despertar. Las editoriales se agitan. Libros recientes causan impacto, generan discusión. Al menos un programa de televisión es un lujo aquí o en cualquier lado. El periodismo de opinión mejora. Nuestros novelistas trascienden fronteras; los traducen hasta en chino. Nunca se han ofrecido tantos cursos, tantas conferencias. Están llegando más libros. Hay varios proyectos de revistas dando vueltas. El periodismo investigativo, cuando se lo propone, impacta.

El tema de los derechos humanos no desaparece. La sexualidad alternativa de a poco aflora. Artistas de renombre les salen al camino a senadores que censuran obras artísticas sobre la base de su supuesto «buen gusto» personal. La producción sobre temas de mujer, ecología y etnias es cada vez mayor. Los libreros de segunda mano, que hacen una extraordinaria labor cultural en este país, ahí están, tienen ferias, visitan universidades, exponen en la calle. El teatro crece. La poesía no afloja. Vuelven los pintores. Uno que otro suplemento periodístico cultural se pluraliza; una que otra revista se abre al fenómeno cultural. Cunden los lugares donde se puede ir y socializar. Cada vez se viaja más y se sabe lo que está pasando afuera. Varias universidades extranjeras están enviando alumnos para que pasen una temporada entre nosotros.

A diferencia de lo que ocurría hasta hace un tiempo, la discusión sobre Chile se produce en Chile y ya no fuera. Hay muchas universidades, no todas buenas, la abrumadora mayoría es mediocre, pero la apuesta educacional sigue siendo alta y a la Universidad de Chile no la han terminado por destruir, y eso es crucial, siempre ha sido crucial en este país. En fin, hemos estado infinitamente peor.

En el plano ya más político, los dos tipos de revolución, la oficial y la *otra*, en efecto, guardan un prudente, aunque enervante, compás de espera.

Podrán seguir tratando de encauzarnos por aquí o por allá, igual la sociedad nunca antes ha dado muestras subterráneas más iluminadoras de que estamos ante una vitalidad y secularización masiva de las costumbres. Que eso se traduce en angustia y ansiedad, disconformidad y crítica, pluralismo y cambio, es cierto. ¿Qué otra alternativa tenemos?

Estamos a medio camino. Prolifera la modernización revolucionaria ingenieril, pero distamos mucho de alcanzar el punto de llegada: la modernidad. Se impone, día a día, un modelo revolucionario «desde arriba», pero semana a semana, surgen como contrapartidas situaciones que parecieran desvirtuarlo, deslegitimarlo, emplazarlo, condicionarlo. Una y otra vez reaparece la *otra* revolución.

En fin, estamos entrando a la modernidad, por la puerta trasera y empatados. ¡Bienvenidos a la modernidad, nuestra modernidad!

Todavía el Antiguo Régimen ejerce su influjo, al menos cierta predisposición que aprendimos entonces al empate y al equilibrio, claro que por motivos totalmente diversos y sujetos también muy distintos. Estamos en plena Restauración, es decir, y aquí volviendo a nuestro guía, De Tocqueville, lo de antes de la Revolución todavía nos proyecta cierto peso tradicional, distanciado de un mundo en donde efectivamente tenía sentido, mundo que, sin embargo, finalmente colapsó. De ahí que dicho peso se torne, en nuestros días, trasnochado, anacrónico. Así y todo, el hechizo de una modernidad «alegre», a la que se nos invita una y otra vez, es fortísimo, pero esta alegría, igual no llega, engendrando una profunda insatisfacción.

Es que estamos a medio camino del ya recorrido. Huachos, y en Chile está visto que hay muchos huachos; de hecho, son cada vez más. Digo, huachos entre un ayer y un hoy, un ayer que ya no es más, y un hoy que aún no es un mañana.

Todos recordamos el comercial ese, de hace años, en que padre e hijo estallan en iras. Literalmente están por tirarse los platos por la cabeza. El hijo decide irse. Es una escena infernal. Tiene razón el viejo Sartre, el de *Huis Clos*, el infierno son los «otros». Pues bien, finalmente hemos superado el infierno.

Un poco más de maquillaje, uno que otro ensayo, y la cámara nuevamente hace lo suyo. Se apagan las luces, y ...¡Acción!... Toma Dos: una gran torta con velitas y detrás de ellas la cara medio sonriente, un poco bobalicona del hijo pródigo que viene de vuelta. Se acerca, y *más, pero mucho más*. Va hacia el padre. Al punto que uno comienza a preocuparse. No vaya a ser que le plante el tortazo en la cara. No, siempre el No. *El amor es más fuerte*. Se produce el reencuentro. Padre e hijo se *reconcilian*. Gracias a «Clos de Pirque», *la alegría ya llegó*.

Esa es la primera versión de la reconciliación. La segunda es más confusa. *Se te olvida...* Ocurre también en la televisión y, por cierto, en un comercial. Es reciente.

Hombre maduro, aunque joven, viene a buscar a Niño. No cuesta mucho darse cuenta que son Papá e Hijo, en casa de este último, en realidad de Mamá, aunque probablemente la de Papá alguna vez, quizá pague todavía los dividendos. Todo un lío.

Es que es el día que Papá tiene derechos de visita y salida. Lo pasan *bacán*. Se nota que son el mejor amigo el uno del otro. Pasean, juegan, en los columpios –bueno para el equilibrio–, quizá un mall, *a la sombra de la mano invisible*, hasta que llega la tarde.

Toma Dos: en el departamento de «soltero» de Papá. Deciden cocinar. Está de moda. Pero Papá no digamos que es muy diestro. Se caen los platos, los cubiertos, es el caos mismo. Está visto que Papá no sirve mucho para esto de vivir solo. Así y todo, Papá encuentra la solución. Salsa de tomates Malloa. Unos tallarines, salsa de tomate, y nuevamente se sale del paso.

Toma Tres: Papá e Hijo vuelven a casa de Mamá. Tocan el timbre. Sale Mamá. Se intercambian miradas. Papá le pasa a ella la mano del niño. Mamá extiende la suya. Niño los mira a los dos, y en un acierto espontáneo, une manos de Mamá y Papá. Todo muy tierno, todo muy incómodo. ¿Cómo salir del paso? Muy simple, *el amor es más fuerte*. Se abrazan todos, de nuevo estamos en plena reconciliación. Corte.

Moraleja: Salsa de tomates Malloa une. Aunque pensándolo mejor, no está del todo claro por qué exactamente.

¿Más de lo mismo? ¿Más de lo mismo, pero mejor? ¿Ni más ni menos, sino todo lo contrario?

Cierto subtexto, que apenas se atisba, pareciera estar diciéndonos otra cosa: que, en realidad, la salsa es incomible. En el fondo, a lo que voy, es que el niño no quiere más guerra, no quiere más salsa de tomates. Lo que Dios ha unido, que los niños angelicales de este mundo en crisis vuelvan a reparar. Y todo, por cierto, gracias a Malloa. Con un poco de salsa, maquillada pero aún roja, rosada a estas alturas, todo se recompone.

¡Chile!... ¡La alegría ya viene!...

La hora de los perplejos
(A MODO DE EPÍLOGO)

Después de este largo periplo por nuestra trayectoria reciente, por fin llegamos a lo que siempre ha estado ahí, el meollo de nuestra historia contemporánea, lo que nos vincula con el pasado más inmediato.

De un tiempo a esta parte, entre nosotros, *todo es y no es*. El mundo tradicional, en cambio, siempre *era*, siempre *había sido*. Puede que las Mistral, los Frei, la Falange y así sucesivamente hayan querido que dicho mundo no *fuera*. Pero igual recordemos lo ya visto, cómo desde un comienzo en este siglo, a pesar de todos esos esfuerzos por derribar el Antiguo Régimen, *íbamos* hacia ello pero *no llegábamos*. Insisto, el mundo tradicional *era*. Sólo hoy podemos decir que *fue*, y eso porque se terminó, *ya no es más*. De hecho, lo terminaron. Basta comparar el mundo que dejamos atrás, el de los años 50, e incluso aún más atrás, el de las décadas de los 20 y 30, con que comenzamos esta discusión, y ésta nuestra época *actual*, donde, por fin, se nos quiere hacer *arribar*.

Lo que ha seguido desde ese entonces, sin embargo, desde los 50 y especialmente desde los 60, tiene algo como entre frenado y todavía chantado. Hemos estado viviendo en una suerte de limbo, en un *ni aquí ni allá*. Todos los intentos nos han hecho avanzar, pero igual nos hemos arrepentido, o nos han obligado a arrepentirnos, como se quiera. El punto es que hemos terminado en este *otro* estadio histórico, a medio camino de un recorrido aún por culminar. La «Revolución en Libertad» fue y no fue. La «Vía Chilena al Socialismo», otro tanto, fue y no fue. Hoy, en plena «Revolución Silenciosa», gobernado por imágenes y encuestas, ¿qué somos? ¿qué no somos?

En el plano del deseo esto se traduce en el *queremos y no queremos*. En el de la realidad, el *concretamos y no concretamos*. Ahora bien, respecto al pasado, qué duda cabe, nuestros juicios históricos demasiado a menudo *son y no son*, sentimos que *fuimos y no fuimos*. Y, por último, nuestro liderazgo político, nuestras mayorías silenciosas, ocasionalmente bulliciosas, ¿qué no han hecho? Señalan a la izquierda, doblan a la derecha, dicen que «no», terminan operando como «sí»... Por cierto, entre nosotros, los más exitosos son los ambidiestros, los que manejan ambas alternativas a la vez, y si, además, apenas se inmutan, mucho mejor. *Son vuestros nombres, imprescindibles audaces, que habéis sido de Chile el sostén, ni el grito de muerte, ni en la boca del fuerte, y para qué decir eso de que han hecho al tirano temblar.*

De más está decirlo, pero en buena medida el propósito de este libro no ha sido otro que *lo sepan nuestros hijos también*.

Si me quedara hasta aquí, este libro no haría otra cosa que confirmar lo que suele criticársenos a los que hemos ido cultivando –también de un tiempo a esta parte– el fino arte de putear. Eso a lo más nos expondría al *¿y qué?*, el *ni ahí* de los autocomplacientes. ¿Qué, entonces, es lo que he pretendido?

Pues bien, que atendida nuestra confusión y ambigüedad, ¿por qué no volverlas liberadoras y no sólo transformarlas en frustración? Me explico. Por qué no reconocemos que el problema radica en que en este país, desde siempre quizá, pero ciertamente a lo largo de este siglo, nos hemos planteado en términos épicos. Como que estamos siempre protagonizando una gran hazaña, mítica en realidad, epopéyica en nuestras imágenes de nosotros mismos. Lo cual termina siendo a la larga, digámoslo con todas sus letras, terriblemente agotador. *Siempre vamos*, no nos basta con el *somos*. De ahí que el *fuimos*, propio del mundo tradicional, nos resulte tan perturbador, tan sacador de quicio. El *vamos*, en cambio, nos libera del dilema, aunque habría que también reconocerlo, hasta cierto punto, libera a modo de mero escape o fuga, hasta que nos pillen, o nuestro liderazgo se chaquetee una y otra vez más... en fin, hasta que la epopeya se vuelva comedia, tragedia, o brote nuevamente esa combinación mixta y empatada, la tragicomedia, el género dramático más recurrido de nuestros días.

Se me dirá que *lo fáctico*, al menos, es una manera de aterrizar, y por tanto, por qué no encontrar ahí la paz. Sí, por cierto. Aterriza y forzosamente además. Con todo, *lo fáctico* tiene el gravísimo inconveniente de que opera *a la sombra de los muros*, en ese limbo del silencio, y por ende, de la confusión, la ambigüedad, el *ni aquí ni allá*. Como ven, volvemos al mismo punto inicial, con lo cual, a lo más, redondeamos el círculo. No, *lo fáctico*, el uso de la fuerza torpe y carente de elocuencia, el matonaje del poder, no aclara. En el peor de los casos se vuelve brutal, en el mejor, a juzgar por nuestra historia reciente, se vuelve autista. No, los muros fácticos esconden, ocultan, restringen, limitan, y lo que es aún peor, liberan, pretenden liberarnos. Y ya sabemos lo que es eso: otro intento más para apuntalar los muros.

No. Descartemos *lo fáctico* aunque no así el realismo. El realismo que, por cierto, parte reconociendo nuestra ambivalencia, la que debiera ser mayor para el presente y el futuro, no así respecto al pasado. El pasado, después de todo, no tendría por qué tener más ambigüedad que el que naturalmente se desprende de la distancia, o bien de nuestra (in)capacidad interpretativa. Si el pasado todavía *no ha sido*, o *no fue*, en el sentido que les he dado a estos términos, es porque sigue siendo, en cuyo caso, no es estrictamente pasado. Es todavía presente.

Insisto, el pasado ya fue, está congelado en el tiempo. La historia es un límite. Hasta ahí se llegó, hasta ahí se pensó, hasta ahí se hizo o no se hizo. De lo contrario, no serviría para reflexionar. Y con eso no quiero caer en la falacia típica de Santayana que supone que se estudia la historia para no repetirla. Sabemos, gracias a la física, que *el pasado no se repite*. Persiste, a menudo majaderamente. Pero volviendo a lo que importa, reflexionamos a partir de la historia a fin de tener elementos de juicio para de ese modo vivir mejor el presente y ambicionar el futuro. O, dicho de otro modo, reflexionar sobre las *certezas históricas* es un ejercicio más para, a su vez, ejercitar la capacidad crítica. ¿Para qué sirve la historia si no? ¿Para ganar concursos de investigación, para mantener un puesto en alguna universidad, para leer, escribir y publicar tarde mal y nunca?

Perdónenme la insistencia, pero reflexionar sobre el pasado sirve para interpretarlo, aterrizarlo, hacernos de él, entenderlo, comprenderlo, mirarlo, no abjurar de él, asombrarse, despertarlo, recordarlo luego que lo hemos olvidado.

En efecto, *es fundamental olvidar*, en el sentido básico aquel de que es natural olvidar. No olvidan los que reprimen el pasado, ésos tan sólo se trauman, se vuelven amnésicos, lo esconden y entierran prematuramente hasta que finalmente vuelve a aparecer y pena. No, a lo que voy es a otra cosa: olvidar porque uno siempre olvida, por último, para que después de un tiempo, uno pueda recordar, al igual que con la *madeleine* proustiana, con el psicoanálisis freudiano... Lo otro es atosigarse con el pasado, volverlo *funesto*, aferrarse como si éste estuviera aún vivo, transformarlo en mero fetiche nostálgico del que uno se alimenta cual parásito. Hay que aterrizar el pasado y recordarlo, o lo que es lo mismo, definir nuestra relación con él, no mantenerlo en estado latente. En definitiva, se trata de historiarlo.

Hacer del pasado algo tan difuso y cambiante, para de ese modo salvarnos, para que no nos descubran, decir que sí, me arrepiento pero pensándolo mejor, no, no me arrepiento, *regrets I've had a few but then again too few to mention*, la filosofía del «My Way», del *camino propio*, lo único que esto hace es dificultar nuestro reconocimiento de nosotros mismos. Lo cual nos impide tener ese grado mínimo de certeza y de realismo del que he venido abogando.

Esto no quiere decir que debamos despreciar las sutilezas o la ironía, esos claroscuros del pensamiento. La realidad no tiene por qué ser tosca, burda o vulgar. Uno puede abrirse al asombro y a la realidad, pero eso no impide obviar nuestra responsabilidad ética, el tomar decisiones, hacer opciones y ojalá mantenerlas por un tiempo relativamente largo. El cambio constante suele exponenciar la confusión. ¿Qué opciones? Las que se quiera, pero explicándolas. Lo otro es admirarse de la realidad pero sin cuestionamientos. Es renunciar a pensar críticamente. Es irse por lo fácil. *La medida de lo posible* no sólo es un engaño, es una mala, una pésima excusa. *La medida de la oportunidad* también. Ambas creen ser realistas, pero no lo son, son *fácticas*. El realismo ético siempre nos exige volcarnos a lo mejor. El realismo fáctico y oportunista nos dice que no tenemos más opción, salvo embobarnos, mantenernos en estado de asombro permanente frente a lo que los profesionales del poder nos quieren mostrar. Atengámonos mejor a lo que hemos sido, optemos siempre, pero como dice la Yourcenar, *con los ojos abiertos*. En fin, seamos plenamente realistas.

Claro que ser realista en Chile es difícil en nuestros días. Todo conspira. Cuesta tan poco que lo corrompan a uno; cuesta tan sólo el precio que uno mismo se pone. Y ocurre que la mayoría se regatea a sí mismo y eso abarata el mercado.

Pero quizá lo que más conspira en contra del realismo es nuestra extraordinaria capacidad de arrancarnos literalmente con los tarros, volvernos épicos, exponiéndonos a que luego nos terminen por aterrizar forzosamente. De ahí todos esos conversos, si es que realmente lo son. Y eso que en sí mismo ser epopéyico no está siempre mal. He ahí Ercilla, después de todo. No está mal si sabemos los límites, si reconocemos de antemano que ésa no es la realidad. Es a lo más la realidad que queremos, pero que aún no somos. De modo que ¿por qué no? Sigamos soñando.

Sigamos soñando lo imposible, lo que aún no somos. A modo de mera sugerencia pienso que este país ganaría mucho si los militares volvieran a sus tareas de siempre, si los empresarios no le tuvieran temor a la disidencia y menos a la cultura, en otras palabras, que en vez de seguir siendo gerentes se transformaran en una auténtica burguesía ilustrada, y por último, ganaríamos también si los políticos valoraran un poco más su propia actividad, de las más nobles en cualquier lugar, y en este país de las que más prosapia aún tiene.

En el fondo, hoy por hoy, *soñar lo imposible* es una manera de esquivar los extremos, no caer en las dos trampas que se nos ofrecen: en *la medida de lo posible* o en *la medida de la oportunidad*. Hoy por hoy, *soñar lo imposible* es ser realista. Soñar lo imposible es dejar abierta la opción ética. Digamos realmente «No», esta vez sin ningún miedo, soñemos verdaderamente lo imposible.

El que nos arranquemos con los tarros o exageremos la nota, nos impide otro aspecto más. Nos impide el equilibrio, otro requisito esencial del realismo. Para qué pedir libertad, por ejemplo, cuando basta con tratar de crear, quizá lo crucial, *las condiciones de la libertad*. A eso apunta la apuesta del pluralismo, esa tierra intermedia. El pluralismo y el equilibrio son llamadas a la moderación, a la tolerancia. Nos ha faltado eso en Chile. Lo hemos pasado bien mientras tanto, mientras no nos aterrizan y no nos cansamos. Está bien. Tuvimos la fiesta. Volvámonos, ahora, sensatos, al menos, para que no nos obliguen a ello. Como dice Gregorio Marañón,

> [...] la gran lección que la historia nos da cada día y que nosotros no queremos nunca aprender, es que no ha habido jamás tiranía que no hayan merecido los que la sufren. En realidad, el tirano es siempre el vengador de nuestras propias culpas, y para que desaparezca, no es a él a quien hemos de vencer, sino a nosotros mismos.
>
> Mientras esta verdad no se clave para siempre en el alma de los hombres, seguiremos con el mismo juego de hoy, de matar a un gesto violento con otro gesto violento, a una tiranía con otra tiranía. Del gesto del domador sólo nos liberará para siempre el que cada cual tenga su tirano en su propia conciencia.

Interioricemos al tirano en la conciencia, y así exorcisaremos el que nos anda empujando desde fuera. En fin, volvámonos moderados. Dejémosle el extremismo a los otros, a los bárbaros.

Escribo de un lugar que no existe, eso me hermana algo con cierta irrealidad de lo onírico, del sueño, no de la nostalgia. La nostalgia añora, vuelve todo ideal. La historia, en cambio, es como volver de una amputación y «sentir» todavía los miembros cercenados, pero después de un rato «saber» que está uno cojo, manco, castrado... Los nostálgicos «sienten» todavía el órgano funcionando, aunque se hayan vuelto impotentes. Son los *viagradictos* de la historia. Los hay de todo tipo: papirólogos, archiveros, museólogos, restauradores, custodios de la moral, confesores, directores espirituales... La historia es realista, no nostálgica. *No. Nunca lloraré sobre ningún recuerdo, / porque todo recuerdo es un difunto / que nos persigue hasta la muerte.*

Decía que escribo desde un lugar que no existe. Me corrijo. Escribo de una derecha, en el fondo, de un mundo tradicional que no existe, pero que sí existió en su momento. Escribo de un lugar que ya no pueden expropiar. Un mundo tradicional que no es el ogro que se nos quiere hacer creer, tampoco aquel del cual el patrimonialismo tradicionalista le encanta vestirse, para arribar, y luego, como si no quiere la cosa, seguir arribando. Una derecha que ya no existe pero que tenía ciertos rasgos cruciales. Era realista, pragmática, escéptica, apreciaba el gradualismo, no era reaccionaria. Tenía un fuertísimo sentido del poder, pero también de sus límites. Se sabía que eventualmente iba a desaparecer, aunque fue eso precisamente lo que la llevó a jugar con mucho realismo sus cartas. Escribo desde esa derecha. No pretendo que vuelva a existir. Sí que lo que venga tenga en cuenta este capital, digo capital porque «patrimonio» es una de esas palabras que simplemente huelen a naftalina. Patrimonio es lo que en el mundo democratizante se ofrece como sucedáneo de herencia, legado o tradición. Es la versión tradicionalista de lo que alguna vez verdaderamente valió, pesó, y se transmitió. Patrimonio es ese barniz lustroso de lo que alguna vez se «visita» pagando a la entrada.

Pertenezco además a una generación aporreada. Con todo, pienso que la generación de los 80, la que llega a cierta conciencia en los 80, al igual que la que en su momento tomó conciencia en los 30, es la más capacitada para comprender nuestro tiempo. Releyendo hace poco la magnífica novela *Santiago Cero* de Carlos Franz reparé en este punto. La nuestra fue la primera generación chilena que habría de desengañarse a concho, volverse adulta ya en plena desilusión; en el entretanto se han sucedido otras. No éramos, desde luego, la generación que había protagonizado los años 60. No nos correspondió ni la épica de la esperanza utópica ni el aporreo violento que traería su posterior colapso y derrota. Éramos una generación que amanecía huérfana. Nos sabíamos huérfanos. De historia, de progenitores, de modelos. La historia era algo que ocurría definitivamente en otra parte. Rescato, por tanto, el que nos hayamos anticipado al desengaño que ha cundido en Occidente desde que cayeran todos los muros. Un desengaño tanto más hondo que la mera desilusión. La generación que nos precedió, la de los 60, de tanto ilusionarse ha terminado por abrazar el pragmatismo. En cambio, a nosotros, no habiendo abrigado ilusiones no nos ha cabido desilusionarnos. A lo más nos ha quedado la alternativa de guardar cierta honestidad con nosotros mismos. En el fondo, nos ha tocado como destino mirar el escepticismo cara a cara.

Está por verse si nuestra generación va a ser capaz de aterrizar al principio ese de la realidad, y hacer posible márgenes, condiciones, que permitan la libertad en este país. Queda tiempo aún; además, dado nuestro escepticismo a concho, el *discreto encanto de nuestro desengaño*, ¿qué otra alternativa tenemos? Volviendo a Cioran: sobran los bárbaros, agreguémoles los confusos, los que han sido y no han sido, los resentidos, los del medio, esa amplia mayoría del medio en este país, los que se ponen y sacan las convicciones, los *prêt-à-porter* de esta historia, los bárbaros en clave revolucionaria modernizante, los que –sigo a Cavafis– ya llegaron, están aquí, desde hace rato.

En realidad, hemos sido, somos, y podemos aún llegar a ser. Seamos, entonces, lo que históricamente nos corresponde. Volvamos a ser auténticamente optimistas. Seamos realistas, soñemos lo imposible, seamos moderados.

Qué pasa(rá)

(A MODO DE COLOFÓN)

Los últimos acontecimientos que han rodeado la detención del general Pinochet en Londres, justo cuando este libro entra en prensa, me obliga a unos someros comentarios al cierre de la edición. Son los riesgos de incursionar en historia viva, aún testarudamente latente.

A la luz de este último incidente está visto que, entre nosotros, el peso del anacronismo es todavía mayúsculo. En la medida que Pinochet es un *sobreviviente*, este país seguirá girando –quiérase o no– alrededor de su persona, trayectoria e injerencia. Es más, en la medida que se le apoya, entiéndanse adherentes a la par con el gobierno de la Concertación sospechosamente coludido en su defensa, seguiremos avanzando sin transar a la par que transando sin parar, respectivamente.

Es notable y preocupante a la vez cómo Pinochet logra encapsular en si mismo la médula de estos últimos cuarenta años. ¿Significa ello que una vez convertido en personaje plenamente histórico, respecto al cual no cabe redactar más «colofones», habremos *llegado* finalmente a algún lugar, y no sólo estaremos condenados a *transitar*? La historia dirá.

Insisto sí, que es el itinerario de Pinochet el que se sigue cumpliendo. Desde Chacarillas en 1977 hasta el cierre de este libro es él quien sigue mandando, «pactos», temores, propensión autoritaria atávica, lo que sea, de por medio. Así y todo, el que ello no nos asegure estabilidad, debiera quizá *alegrarnos* de verdad. Cierta alegría finalmente llegó; por primera vez Pinochet aparece haciendo un papel ridículo. Lo digo muy en serio. Después de todo, se trata de un antecedente más de un largo prontuario histórico acumulado que se ha ido convirtiendo en urgente desafío y pesa-dilla constante. En efecto, hay que resolver el problema pendien-te, el que al cierre de *El peso de la noche* yo estimaba como el pro-blema crucial en este país: el de la brutalidad. De consiguiente, ante la interrogante de si seremos o no capaces de enfrentar ade-cuadamente el desafío, me temo que es la historia, una vez más, la que dirá.

Hay en todo caso, ciertos signos positivos. Señal que avan-zamos. El principal es que se sigue pidiendo justicia. Para mu-chos eso pone en jaque a la supuesta transición, a sus negocios, a su afán por el borrón y cuenta nueva, y así sucesivamente. Para otros, el pedir justicia, concédase o no, es una manera de exigir derecho, por eso de que si no hay justicia, simplemente no hay derecho. Y, bueno, si no hay derecho, volvemos al punto anterior, retrocedemos al salvaje. Por tanto, que se pida justicia, que se enjuicie a Pinochet, que no es lo mismo que condenarlo, es a to-das luces un avance. No hacerlo es simplemente postergarlo. Y, a falta de otras instancias, le corresponderá a la historia pronun-ciarse, y ella –me temo– raramente perdona.

El otro signo positivo que se desprende de todo este *affaire* es que el poder puede hasta ahí no más. La historia, después de todo, se las arregla para sorprendernos una y otra vez. En otras pala-bras, hasta antes de escribir este colofón, no me imaginé que tu-viera que escribir este colofón. Señal que avanzamos sin parar y sin transar.

Por último, qué duda cabe, qué falta hace entre nosotros el que seamos moderados. De lo contrario, somos lo que somos: amén de detenidos en el pasado, unos detenidos en el presente, al compás de espera, que nuestras «locuras» y «excesos» se pur-guen en ese manicomio, ese *madhouse*, donde lo tienen y nos tie-nen, (im)pacientemente aún en ascuas. ¿Por cuánto tiempo? La historia nos dirá. La historia siempre termina por decir.

ABARCA, LUCHO y FORCH, JUAN E. *Viaje por la juventud*, Santiago, 1972.

AHUMADA, EUGENIO *et al, Chile la memoria prohibida*, Santiago, 1989.

AHUMADA C., JORGE, *En vez de la miseria*, Santiago, 1973.

ALESSANDRI PALMA, ARTURO, *Recuerdos de gobierno*. 3 tomos, Santiago, 1967.

ALONE, *En la batalla política*, Santiago, 1974.

ALONE, *Pretérito imperfecto, Memorias de un crítico literario*, Santiago, 1976.

ALTAMIRANO ORREGO, CARLOS, *Dialéctica de una derrota*, México, 1978.

ANGELL, ALAN, *Chile de Alessandri a Pinochet: en busca de la utopía*, Santiago, 1993.

ANNAN, NOEL, *Our Age, The Generation that Made Post-War Britain*, London, 1991.

ARANCIBIA, PATRICIA *et al, Jorge Alessandri, 1896-1986, una biografía*, Santiago, 1996.

ARRIAGADA H., GENARO, *De la «vía chilena» a la «vía insurreccional»*, Santiago, 1974.

ARRIAGADA H., GENARO, *La política militar de Pinochet*, Santiago, 1985.

ARRIAGADA H., GENARO, *Por la razón o la fuerza. Chile bajo Pinochet*, Santiago, 1998.

AYLWIN, MARIANA *et al, Chile en el siglo XX*, Santiago, 1990.

AYLWIN AZÓCAR, PATRICIO, *La transición chilena. Discursos escogidos, marzo 1990-1992*, Santiago, 1992.

AYLWIN AZÓCAR, PATRICIO, *Crecimiento con equidad. Discursos escogidos, 1992-1994*, Santiago, 1994.

AYLWIN AZÓCAR, PATRICIO, *El reencuentro de los demócratas; del golpe al triunfo del No*, Santiago, 1998.

BALCELLS, FERNANDO; FERRER, RITA *et al, Retratos de Carlos Altamirano*, s/f.

BAÑO, RODRIGO, *De augustus a patricios*, Santiago, 1992.

BASCUÑÁN EDWARDS, CARLOS, *La izquierda sin Allende*, Santiago, 1990.

BELLANGE, EBE, *El mural como reflejo de la realidad social en Chile*, Santiago, 1995.

BENITEZ, ANDRES, *Chile al ataque,* Santiago, 1991.

BETHELL, LESLIE, *Chile since independence,* Cambridge, 1993.

BITAR, SERGIO, *Transición, socialismo y democracia. La experiencia chilena,* México, 1979.

BITAR, SERGIO, *Isla 10,* Santiago, 1988.

BOENINGER, EDGARDO, *Democracia en Chile. Lecciones para la gobernabilidad,* Santiago, 1997.

BOIZARD, RICARDO, *Historia de una derrota (25 de octubre de 1938),* Santiago, 1941.

BOIZARD, RICARDO, *La Democracia Cristiana en Chile,* Santiago, 1963.

BOOKER, CHRISTOPHER, *The Neophiliacs; the Revolution in English Life in the fifties and sixties,* London 1992.

BOWERS, CLAUDE G., *Misión en Chile. 1939-1953,* Santiago, 1957.

BREVE HISTORIA DE LA UNIDAD POPULAR, Documento de «El Mercurio», Santiago, 1974.

BRUNNER, JOSÉ JOAQUÍN, *Cartografías de la modernidad,* Santiago, s/f.

BRUNNER, JOSÉ JOAQUÍN, *Bienvenidos a la modernidad,* Santiago, 1994.

CABERO, ALBERTO, *Chile y los chilenos,* Santiago, 1926.

CADEMÁRTORI, JOSÉ, *Chile: el modelo neoliberal,* Santiago, 1998.

CÁNOVAS E., RODRIGO, *Novela chilena. Nuevas generaciones, el abordaje de los huérfanos,* Santiago, 1997.

CARRASCO PIRARD, EDUARDO, *Quilapayún. La revolución y las estrellas,* Santiago, 1988.

CASH MOLINA, JORGE, *Bosquejo de una historia,* Santiago, 1986.

CASTEDO-ELLERMAN, ELENA, *El teatro chileno de mediados del siglo XX,* Santiago, 1982.

CASTILLO INFANTE, FERNANDO, *La Flecha roja,* Santiago, 1997.

CAVALLO, ASCANIO, et al, *La historia oculta del régimen militar,* Santiago, 1988.

CAVALLO, ASCANIO, *Memorias. Cardenal Raúl Silva Henríquez.* Tres volúmenes, Santiago, 1991.

CAVALLO, ASCANIO, «La historia oculta de la transición» en revista *Hoy,* 1998.

CAVALLO, ASCANIO, *Los hombres de la transición,* Santiago, 1992.

CLAUDE, MARCEL, *Una vez más la miseria. ¿Es Chile un país sustentable?,* Santiago, 1997.

COHN-BENDIT, DANY, *La revolución y nosotros, que la quisimos tanto,* Barcelona, 1987.

COLLIER, SIMON y SATER F. WILLIAM, *A History of Chile, 1808-1994,* Cambridge, 1996.

COMITÉ DE DEFENSA DE LA CULTURA CHILENA, *Muralismo,* Berlín, 1990.

CONSTABLE, PAMELA y VALENZUELA, ARTURO, *A Nation of Enemies, Chile Under Pinochet,* New York, 1991.

CORREA PRIETO, LUIS, *El Presidente Ibáñez. La política y los partidos políticos,* Santiago, 1962.

CORREA SUTIL, SOFÍA, «Iglesia y política: El colapso del Partido Conservador» en *Mapocho,* N° 30, 1991, pp 137ss.

CORREA SUTIL, SOFÍA, «Algunos antecedentes históricos del proyecto neoliberal en Chile (1955-1958)» en *Opciones* No. 6, mayo-agosto 1985, pp 106-146.

CORREA SUTIL, SOFIA, «La derecha en Chile contemporáneo: la pérdida del control estatal» en *Revista de Ciencia Política*, vo. XI, No. 1, 1989.

CORREA SUTIL, SOFIA, «The Chilean Right After Pinochet» en *The Legacy of Dictatorship: Political, Economic and Social Change in Pinochet´s Chile* edited by Alan Angell and Benny Pollack, Liverpool, 1973, pp. 164-174.

CORREA SUTIL, SOFIA, «The Politics of the Chilean Right. From the Popular Front to 1964», tesis doctoral inédita, Oxford University, 1994.

CORREA, RAQUEL y SUBERCASEAUX, ELIZABETH, *Ego sum Pinochet,* Santiago, 1990.

CORVALÁN, LUIS, *De lo vivido y lo peleado. Memorias,* Santiago, 1997.

COVARRUBIAS, MARÍA TERESA, *1938. La rebelión de los jóvenes,* Santiago, 1987.

CHILE, AYER HOY, Santiago, s/f.

CHILE 96, NUEVA SERIE FLACSO, Santiago, 1997.

DANNEMANN, MANUEL, *Enciclopedia del folclore de Chile,* Santiago, 1998.

DAVIS, NATHANIEL, *The Last Two Years of Salvador Allende,* London, 1985.

DE CASTRO, SERGIO, *El Ladrillo. Bases de la política económica del gobierno militar chileno,* Santiago, 1992.

DE LA PARRA, MARCO ANTONIO, *La mala memoria; historia personal de Chile contemporáneo,* Santiago 1997.

DE LA PARRA, MARCO ANTONIO, *Carta abierta a Pinochet. Monólogo de la clase media chilena con su padre,* Santiago, 1998.

DE MAISTRE, CONDE JOSÉ, *Las Veladas de San Petersburgo,* Madrid, 1946.

DE TOCQUEVILLE, ALEXIS, *El antiguo régimen y la revolución,* 2 tomos, Madrid , 1982.

DÍAZ, JORGE, *El velero en la botella. El cepillo de dientes,* Santiago, 1973.

DIVISIÓN DE CULTURA, MINISTERIO DE EDUCACIÓN, *Utopía(s), Seminario Internacional, Santiago de Chile, 1993,* Santiago, 1993.

DOONER, PATRICIO, *Cambios sociales y político,* Santiago, 1984.

DOONER, PATRICIO, *Periodismo y política. La prensa de derecha e izquierda, 1970-1973,* Santiago, 1989.

DOONER, PATRICIO, *Crónica de una democracia cansada. El Partido Democrata Cristiano durante el gobierno de Allende,* Santiago, 1985.

DORFMAN, ARIEL y MATTELART, ARMAND, *Para leer al Pato Donald,* Valparaíso, 1973.

DRAKE, PAUL W., *Socialism and Populism in Chile, 1932-1952,* Urbana Illinois, 1978.

DRAKE, PAUL W. y JAKSIC, IVAN, *El difícil camino hacia la democracia en Chile, 1982-1990,* Santiago, 1993.

EDWARDS BELLO, JOAQUÍN, *Crónicas*, Santiago, 1964.

EDWARDS BELLO, JOAQUÍN, *Recuerdos de un cuarto de siglo*, Santiago, 1966.

ELIZONDO, JOSÉ RODRÍGUEZ, *Crisis y renovación de las izquierdas*, Santiago, 1995.

ESCÁRATE, TITO, *Frutos del país. Historia del Rock chileno*, Santiago, s/f.

FALETTO, ENZO *et al*, *Génesis histórica del proceso político chileno*, Santiago, 1972.

FAÚNDEZ, JULIO, *Izquierdas y democracia en Chile, 1932-1973*, Santiago, 1992.

FERNÁNDEZ, SERGIO, *Mi lucha por la democracia*, Santiago, 1994.

FERMANDOIS, JOAQUIN, *Abismo y cimiento, Gustavo Ross y las relaciones entre Chile y Estados Unidos, 1932-1938*, Santiago, 1997.

FLEET, MICHAEL, *The Rise and Fall of Chilean Christian Democracy*, Princeton, New Jersey, 1985.

FLORES, FERNANDO, *Inventando la empresa del siglo XXI*, Santiago, 1989.

FLORES, FERNANDO, *Creando organizaciones para el futuro*, Santiago, 1995.

FONTAINE ALDUNATE, ARTURO, *Los economistas y el presidente Pinochet*, Santiago, 1988.

FONTAINE TALAVERA, ARTURO, «El miedo y otros escritos. El pensamiento de Jaime Guzman E.» en revista *Estudios Públicos*, No. 42, Otoño, 1991, pp 251-570.

FOXLEY, ALEJANDRO, *Chile puede más*, Santiago, 1988.

FOXLEY, ANA MARÍA y TIRONI, EUGENIO, *1990-1994, la Cultura Chilena en transición*, Santiago 1994.

FRANZ, CARLOS, *Santiago Cero*, Santiago, 1997.

FREI MONTALVA, EDUARDO, *Chile desconocido*, Santiago, 1937.

FREI MONTALVA, EDUARDO, *La política y el espíritu*, Santiago, 1946.

FREI MONTALVA, EDUARDO, *La verdad tiene su hora*, Santiago, 1956.

FREI MONTALVA, EDUARDO, *Memorias, (1911-1934) y correspondencias con Gabriela Mistral y Jacques Maritain*, Santiago, 1989.

GAMBOA NÚÑEZ, HORACIO, *En la ruta del 2 de abril*, Santiago, 1962.

GARCÉS, JOAN E., *1970. La pugna política por la presidencia en Chile*, Santiago, 1971.

GARCÉS, JOAN E., *Allende y la experiencia chilena. Las armas de la política*. Santiago, 1991.

GARCÍA, FERNANDO D.; SOLA, OSCAR, y ROJAS, ALEJANDRA, *Salvador Allende, una época en blanco y negro*, Buenos Aires, 1998.

GARRETÓN, MANUEL ANTONIO, *El proceso político chileno*, Santiago, 1983.

GARRETÓN, MANUEL ANTONIO *et al*, *Por la fuerza sin razón, Análisis y textos de los bandos de la dictadura militar*, Santiago, 1998.

GARRETÓN, MANUEL ANTONIO y MOULIAN, TOMAS, *La Unidad Popular y el conflicto político en Chile*, Santiago, 1993.

GIACONI, CLAUDIO, *La difícil juventud, cuentos*, Santiago, 1970.

GIL G., FEDERICO, *El sistema político de Chile*, Santiago, 1969.

GIL G., FEDERICO *et al*, *Chile, 1970-1973. Las lecciones de una experiencia*, Madrid, 1977.

GÓMEZ MOREL, ALFREDO, *El río*, Santiago, 1997.

GÓNGORA, MARIO, *En sayo histórico sobre la noción de Estado en Chile en los siglos XIX y XX*, Santiago, 1981.

GONZÁLEZ CAMUS, IGNACIO, *El día en que murió Allende*, Santiago, 1988.

GONZÁLEZ PINO, MIGUEL Y FONTAINE TALAVERA, ARTURO, *Los mil días de Allende*. 2 tomos, Santiago, 1997.

GONZÁLEZ VIDELA, GABRIEL, *Memorias*, Santiago, 1975.

GRAYSON JR., GEORGE W., *El Partido Demócrata Cristiano Chileno*, Buenos Aires, 1968.

GUASTAVINO, LUIS, *Caen las catedrales*, Santiago, 1990.

GUMUCIO, RAFAEL AGUSTÍN, *Apuntes de medio siglo*, Santiago, 1994.

GUZMÁN ERRÁZURIZ, ROSARIO, *Mi hermano Jaime*, Santiago, 1991.

HALBERSTAM, DAVID, *The Fifties*, New York, 1993.

HAMUY, EDUARDO *et al*, *El primer satélite artificial. Sus efectos en la opinión púbica*, Santiago, 1958.

HOJMAN, EUGENIO, *1973-1989, Memorial de la dictadura*, Santiago, s/f.

HOWARD, GERALD, editor, *The Sixties, Art, Politics and Media of our Most Explosive Decade*, New York 1991.

HUNEEUS, CARLOS, *Los chilenos y la política. Cambio y continuidad en el autoritarismo*, Santiago, 1987.

HUNEEUS, CRISTIAN, *Autobiografía por encargo*, Santiago, 1985.

HUNEEUS, PABLO, *En aquel tiempo; historia de un chileno durante Allende*, Santiago, 1985.

HURTADO CRUCHAGA, ALBERTO, *¿Es Chile un país católico?*, Santiago, 1995.

HURTADO RUIZ-TAGLE, CARLOS, *De Balmaceda a Pinochet*, Santiago, 1988.

IBÁÑEZ SANTA MARÍA, ADOLFO, «Los ingenieros, el estado y la política en Chile: del Ministerio de Fomento a la Corporación de Fomento, 1927-1939» en *Historia*, No. 18, Santiago, 1983.

INFORME DE LA COMISIÓN NACIONAL DE VERDAD Y RECONCILIACIÓN, 2 tomos, Santiago, 1991.

JAURETCHE, ARTURO, *El medio pelo en la sociedad argentina*, Buenos Aires, 1991.

JOBET, JULIO CESAR, *Ensayo critico del desarrollo económico-social de Chile*, Santiago, 1955.

JOBET, JULIO CESAR y CHELEN R., ALEJANDRO, *Pensamiento teórico y político del Partido Socialista de Chile*, Santiago, 1972.

JOCELYN-HOLT LETELIER, ALFREDO, *El Peso de la Noche, Nuestra Frágil Fortaleza Histórica*, Buenos Aires, 1997.

JOCELYN-HOLT LETELIER, ALFREDO, *La Independencia de Chile; Tradición, modernización y mito*, Madrid, 1992.

JOCELYN-HOLT L., ALFREDO, «El liberalismo moderado chileno (Siglo XIX)», en *Estudios Públicos*, No. 69, 1998, pp. 439-485.

JOHNSON, JOHN J., *La transformación política de América Latina*, Buenos Aires, 1961.

LA CAMPAÑA DEL NO, Santiago, s/f.

LABBE GALILEA, CRISTIAN, *Un compromiso de honor*, s/f.

LAFOURCADE, ENRIQUE, *Palomita blanca*, Santiago, 1971.

LAGOS E., RICARDO, *La concentración del poder económico*, Santiago, 1962.

LATCHAM, RICARDO A., *Antología. Crónica de varia lección*, Santiago, 1965.

LATCHAM, RICARDO A., *Páginas escogidas*, Santiago, 1969.

LAVÍN, JOAQUÍN, *Chile revolución silenciosa*, Santiago, 1987.

LECHNER, NORBERT, *Los patios interiores de la democracia*, Santiago, 1988.

LEHMANN, DAVID A., «Land Reform in Chile. 1965-1972», tesis doctoral inédita, Oxford University, 1974.

LIBRO BLANCO, del cambio de gobierno en Chile. 11 de septiembre de 1973, Santiago, s/f.

LIHN, ENRIQUE, *Porqué escribí*, Santiago, 1995.

LIHN, ENRIQUE *et al*, *La cultura en la vía chilena al socialismo*, Santiago, 1971.

LIRA MASSI, EUGENIO, *La cueva del senado y los 45 senadores*, s.f.

LITTÍN, MIGUEL, *El Chacal de Nahueltoro*, Santiago, 1970.

LOVEMAN, BRIAN, *Chile, The Legacy of Hispanic Capitalism*, Oxford, 1979.

MAIRA, LUIS, *Chile: dos años de Unidad Popular*, Santiago, 1973.

MAIMONIDES, MOSES, *The Guide of the Perplexed*, Chicago, 1963.

MARRAS, SERGIO, *Confesiones*, Santiago, 1988.

MARRAS, SERGIO, *Carta abierta de Pinochet a un siquiatra chileno*, Santiago, 1998.

MARTÍN, BERNICE, *A Sociology of Contemporary Change*, Oxford, 1981.

MARTÍNEZ, JAVIER y DÍAZ, ALVARO, *Chile. The Geat Transformation*, Geneva, 1996.

MATTELART, ARMAND y MATTELART, MICHELE, *Juventud chilena. Rebeldía y conformismo*, Santiago, 1970.

MELLER, PATRICIO, *Un siglo de economía política chilena (1890-1990)*, Santiago, 1996.

MEMORIAS EN BLANCO Y NEGRO, IMÁGENES FOTOGRÁFICAS 1970 / 73, Santiago 1993.

MEISELAS, SUSAN, editor, *Chile from within, 1973-1988*, New York, 1990.

MELFI, DOMINGO, *Páginas escogidas*, Santiago, 1993.

MILLAS, ORLANDO, *Memorias. 1957-1991. Una disgresión*, Santiago, 1996.

MOLINA, SERGIO, *El proceso de cambio en Chile*, Santiago, 1972.

MONTERO M., RENÉ, *La verdad sobre Ibáñez*, Buenos Aires, 1953.

MONTERO M., RENÉ, *Confesiones políticas (Autobiografía cívica)*, Santiago, 1958.

MOULIÁN, TOMÁS, «Desarrollo político y estado de compromiso, desajustes y crisis estatal en Chile» en *Colección Estudios Cieplan 8*, Julio 1982, pp 105-168, Estudio No. 64:

MOULIÁN, TOMÁS, *La forja de ilusiones. El sistema de partidos, 1932-1973*, Santiago, 1993.

MOULIÁN, TOMÁS, *Chile actual. Anatomía de un mito*, Santiago, 1997.

MOULIÁN, TOMÁS, *Conversación interrumpida con Allende*, Santiago, 1998.

MOULIÁN, TOMÁS y TORRES DUJISIN, ISABEL, *Discusiones entre notables, candidaturas presidenciales de la derecha 1938-1946*, Santiago, s/f.

MUNIZAGA, GISELLE, *El discurso público de Pinochet*, Santiago, 1988.

MUÑOZ GOMA, OSCAR (Compilador), *Transición a la democracia, marco político y económico*, Santiago, 1990.

MUÑOZ GOMA, OSCAR, editor, *Historias personales, políticas públicas*, Santiago, 1993.

OLAVARRÍA BRAVO, ARTURO, *Chile entre dos Alessandri. Memorias políticas*, Santiago, 1962.

OLAVARRÍA BRAVO, ARTURO, *Chile bajo la democracia cristiana*, Santiago, 6 volúmenes, Santiago, 1965.

ORELLANA BENADO, MIGUEL, *Allende, alma en pena. Una mirada libre*, Santiago, 1998.

ORTEGA, LUIS *et al*, *Corporación de Fomento de la Producción. 50 años de realizaciones*, Santiago, 1989.

ORREGO V., CLAUDIO, *et al*, *7 ensayos sobre Arturo Alessandri Palma*, Santiago, 1979.

OSORIO, VICTOR y CABEZAS, IVÁN, *Los hijos de Pinochet*, Santiago, 1995.

OTANO, RAFAEL, *Crónica de la transición*, Santiago, 1995.

PARRINI ROCES, VICENTE, *Matar al minotauro*, Santiago, 1992.

PETRAS, JAMES y LEIVA, FERNANDO IGNACIO, *Democracy and Poverty in Chile*, San Francisco, 1994.

PIBLE (PABLO) GARI MIRABAL, *«Graffitis: cosa de rayados»*, Santiago, 1998.

PINOCHET DE LA BARRA, OSCAR, *Pensamiento de Eduardo Frei*, Santiago, s/f.

PINOCHET DE LA BARRA, OSCAR, *Eduardo Frei Montalva, 1911-1982. Obras escogidas (Período 1931-1982)*, Santiago, 1993.

PINOCHET UGARTE, AUGUSTO, *El día decisivo. 11 de septiembre de 1973*, Santiago, 1980.

PINOCHET UGARTE, AUGUSTO, *Camino recorrido, memorias de un soldado*, tomo I, Santiago, 1990.

PINTO, ANÍBAL *et al*, *Chile, hoy*, México, 1970.

PINTO, ANÍBAL, *Chile, un caso de desarrollo frustrado*, Santiago, 1973.

PIÑA, CARLOS, *Crónicas de la otra ciudad*, Santiago, 1987.

PLATH, ORESTE, *Geografía del mito y la leyenda chilenos*, Santiago, 1983.

PNUD, PROGRAMA DE LAS NACIONES UNIDAS PARA EL DESARROLLO, *Desarrollo humano en Chile 1998*, Santiago, 1998.

POIROT, LUIS, *Ropa tendida, 1964-1997*, Santiago, 1997.

PORTALES, DIEGO; SUNKEL, GUILLERMO *et. al., La política en pantalla,* Santiago, 1989.

PRATS GONZALEZ, CARLOS, *Memorias. Testimonio de un soldado,* Santiago, 1985.

PRODUCCIONES DEL ORNITORRINCO, *Se abren las alamedas,* Santiago, 1992.

POLITZER, PATRICIA, *Miedo en Chile,* Santiago, 1985.

POLITZER, PATRICIA, *La ira de Pedro y los otros,* Santiago, 1988.

POLITZER, PATRICIA, *Altamirano,* Santiago, 1989.

PUCCIO, OSVALDO, *Un cuarto de siglo con Allende, recuerdos de su secretario privado,* Santiago, 1985.

PUELMA L., RICARDO, *Arenas del Mapocho,* Santiago, 1998.

REYES MATTA, FERNANDO *et. al., Investigación sobre la prensa en Chile (1974-1984),* Santiago, 1986.

RICHARD, NELLY, *La insubordinación de los signos. (Cambio político, transformaciones culturales y poéticas de la crisis),* Santiago, 1994.

RICHARD, NELLY, *Residuos y Metáforas. (Ensayos de crítica cultural sobre el Chile de la transición),* Santiago, 1998.

RIVAS MATIAS y ROBERTO MERINO, editores, *¿Qué hacía yo el 11 de septiembre de 1973?,* Santiago, 1997.

ROJAS, GONZALO, *Antología de aire,* Santiago, 1994.

ROMERO, GRACIELA «TOTO» y TORRES CAUTIVO, XIMENA, *El evento,* Santiago, 1991.

ROMERO, GRACIELA «TOTO» y TORRES CAUTIVO, XIMENA, *La moral light,* Santiago, 1995.

ROMERO, GRACIELA «TOTO» y TORRES CAUTIVO, XIMENA, *Chile, la copia (in)feliz del edén,* Santiago, 1992.

RUIZ-TAGLE VIAL, PABLO, «Apuntes sobre libertad de expresión y censura en Chile» en *Revista Derecho y Humanidades,* Universidad de Chile, Facultad de Derecho, No. 5, 1997, Santiago, 1997.

SAGREDO BAEZA, RAFAEL (compilador), *Escritos del padre Fernando Vives Solar,* Santiago, 1993.

SALAS, FABIO, *Utopía, antología lírica del Rock chileno,* Santiago, 1993.

SALAZAR, GABRIEL, *Violencia política popular en las grandes alamedas. Santiago de Chile, 1947-1987,* Santiago, 1990.

SALAZAR, MANUEL, *Guzmán. Quién, cómo y por qué,* Santiago, 1994.

SAUL, ERNESTO, *Pintura social en Chile.* Santiago, 1972.

SAUL, ERNESTO, *Artes visuales 20 años. 1970-1990,* Santiago, 1991.

SCHELER, MAX, *El resentimiento en la moral,* Madrid, 1927.

SHKLAR, JUDITH N., *Vicios ordinarios,* México, 1990.

SIGMUND, PAUL E., *The Overthrow of Allende and the Politics of Chile, 1964-1976,* University of Pittsburgh Press, 1980.

SILVA ESPEJO, RENÉ, *Jr. Crónicas,* Santiago, s/f.

SMITH, BRIAN H., *The Church and Politics in Chile,* Princeton, New Jersey, 1982,

SOTO B., FRANCISCO, *Altamirano. Juicio histórico... Juicio constitucional*, tesis inédita, Facultad de Derecho, Universidad Diego Portales, 1995.

STABILI, MARÍA ROSARIA, *Il sentimento aristocratico, Elites cilene allo specchio (1860-1960)*, 1996.

SUBERCASEAUX, BERNARDO, *Chile, ¿un país moderno?*, Santiago, 1996.

SUNKEL, GUILLERMO, *El Mercurio, 10 años de educación político-ideológica, 1969-1979*, Santiago, 1983.

TAGLE D., MATIAS (Editor), *La crisis de la democracia en Chile. Antecedentes y causas*, Santiago, 1992.

TEITELBOIM, VOLODIA, *En el país prohibido*, Santiago, 1998.

TEITELBOIM, VOLODIA, *Huidobro, la marcha infinita*, Santiago, 1993.

TIRONI, EUGENIO, *La invisible victoria*, Santiago, 1990.

TIRONI, EUGENIO, *La torre de Babel*, Santiago, 1984.

TIRONI, EUGENIO, *El liberalismo real*, Santiago, 1986.

TIRONI, EUGENIO, *Autoritarismo, modernización y marginalidad. El caso de Chile 1973-1989*, Santiago, 1990.

TIRONI, EUGENIO, *El régimen autoritario*, Santiago, 1998.

TOLOZA, CRISTIAN y LAHERA, EUGENIO, editores, *Chile en los noventa*, Santiago, 1998.

TÓTORO TAULIS, DAUNO, *La cofradía blindada. Chile civil y Chile militar: trauma y conflicto*, Santiago, 1998.

UNDURRAGA VERGARA, SERGIO, *Jorge Cauas: Una nueva fórmula de desarrollo*, tesis inédita, Escuela de Historia, Universidad Finis Terrae, 1995.

URIBE, ARMANDO, *Ces «Messieurs» du Chili*, 1978.

URIBE, ARMANDO, *Carta abierta a Patricio Aylwin*, Santiago, 1998.

UTTERNUT, SILLIE, traducción de Guillermo Blanco y Carlos Ruiz-Tagle, *Revolución en Chile*, Santiago, 1962.

VALDES, HERNAN, *Tejas Verdes. Diario de un campo de concentración en Chile*, Santiago, 1996.

VALENZUELA, ARTURO, *The Breakdown of Democratic Regimes. CHILE*, London, 1983.

VALENZUELA J. SAMUEL y VALENZUELA ARTURO, *Military Rule in Chile. Dictatorship and Oppositions*, London, 1986.

VARAS, FLORENCIA y GONZÁLEZ, MÓNICA, *Chile entre el Sí y el No*, Santiago, 1988.

VERDUGO, PATRICIA, *Los zarpazos del puma*, Santiago, 1989.

VERDUGO, PATRICIA, *Interferencia secreta. 11 de septiembre de 1973*, Santiago, 1998.

VERDUGO, PATRICIA y HERTZ, CARMEN, *Operación Siglo XX*, Santiago, 1990.

VICUÑA, CARLOS, *La tiranía en Chile*, Santiago, s/f.

VIERA-GALLO, JOSÉ ANTONIO, *11 de septiembre; testimonio, recuerdos y una reflexión actual*, Santiago 1998.

VODANOVIC, SERGIO, *Deja que los perros ladren Viña*, Santiago, 1990.

WALLS, MURS, MAUERN, *Photographs of Magnum Photos*, Paris, 1998.

WHELAN, JAMES R., *Desde las cenizas. Vida, muerte y transfiguración de la democracia en Chile. 1833-1988*, Santiago, 1993.

WINN, PETER, *Weavers of Revolution. The Yarur Workers and Chile´s Road to Socialism*, Oxford, 1986.

WOLFF, EGON, *El signo de Caín, Discípulos del miedo*, Santiago, 1971.

WOLFF, EGON, *Parejas de trapo y La balsa de la medusa*, Santiago, 1987.

WOLFF, EGON, *Los invasores, José*, Santiago, 1990.

YOCELEVZKY, RICARDO, *La Democracia Cristiana chilena y el gobierno de Eduardo Frei (1964-1970)*, México, 1987.

ZEITLIN, MAURICE y RATCLIFF, RICHARD EARL, *Landlords & Capitalists. The Dominant Class of Chile*, Princeton, New Jersey, 1988.

PRENSA y LITERATURA PERIODICA:

Diarios: *El Mercurio, La Epoca, La Segunda, La Tercera, Las Ultimas Noticias,*

Revistas: *Capital, Ercilla, Estudios Públicos, Hoy, Paula, Proposiciones, Punto Final, Qué Pasa, Zig-Zag, Revista de Crítica Cultural*